RENKOU LAOLINGHUA BEIJINGXIA
CHENGZHEN ZHUFANG BAOZHANG ZHENGCE
JI JIZHI YANJIU

# 人口老龄化背景下
## 城镇住房保障政策及机制研究

罗锐

著

中国财经出版传媒集团

经济科学出版社
Economic Science Press

**图书在版编目（CIP）数据**

人口老龄化背景下城镇住房保障政策及机制研究/罗锐著.
—北京：经济科学出版社，2019.7
ISBN 978 – 7 – 5218 – 0581 – 9

Ⅰ.①人… Ⅱ.①罗… Ⅲ.①城镇 – 住房政策 –
研究 – 中国 Ⅳ.①F299.233.1

中国版本图书馆 CIP 数据核字（2019）第 106808 号

责任编辑：周国强
责任校对：蒋子明
责任印制：邱 天

人口老龄化背景下城镇住房保障政策及机制研究
罗 锐 著
经济科学出版社出版、发行 新华书店经销
社址：北京市海淀区阜成路甲 28 号 邮编：100142
总编部电话：010 – 88191217 发行部电话：010 – 88191522
网址：www. esp. com. cn
电子邮件：esp@ esp. com. cn
天猫网店：经济科学出版社旗舰店
网址：http://jjkxcbs. tmall. com
固安华明印业有限公司印装
710×1000 16 开 15.25 印张 230000 字
2019 年 7 月第 1 版 2019 年 7 月第 1 次印刷
ISBN 978 – 7 – 5218 – 0581 – 9 定价：76.00 元
（图书出现印装问题，本社负责调换。电话：**010 – 88191510**）
（版权所有 侵权必究 打击盗版 举报热线：**010 – 88191661**
**QQ：2242791300** 营销中心电话：**010 – 88191537**
电子邮箱：**dbts@ esp. com. cn**）

# 前　言

　　改革开放四十多年来，中国进入了新时代。一方面，经济发展迅速，居民人均收入水平有了大幅度的提高，生活质量得到了大幅改善。但在经济增长的同时，居民的收入差距逐步扩大，根据中国国家统计局的统计，2017年基尼系数为0.4670。我国城镇居民因职业差异导致的收入差距非常明显。另一方面，随着物质生活水平的不断提高，人口寿命不断延长以及生育率的持续降低，人口老龄化已成为全球面临的客观现实。2000年，我国60岁以上人口占总人口的比例达到了7%，标志着我国已经进入了老龄化社会。截至2017年底，中国60岁及以上老年人口已达2.41亿，占总人口的17.3%。今后几十年，人口老龄化将成为我国社会经济发展过程中所必须面对的现实。

　　自住房商品化改革至今，我国房地产市场迅速发展，人口高度聚集的大中型城市商品住房的平均销售价格有了大幅上涨，同期居民人均可支配收入的增长速度远低于房价的增幅，作为现阶段最重要公共政策之一的住房保障政策，在解决中低收入家庭的住房问题上发挥着重要的作用，一定程度缓解了由于城镇化改变城市人口结构所带来的住房矛盾，维护社会的稳定。在新时代和人口老龄化双重背景下，我国社会人口结构正在发生重要变化，表现为在岗劳动者（年轻人口）逐渐减少、老年人口不断增加。这一客观变化影响着公共政策的制定，即要考虑人口老龄化因素对公共政策的影响。

本书认为，在人口老龄化背景下，原有住房保障制度应该调整和完善。住房保障目标应将人口老龄化因素考虑进来。众所周知，住房保障制度的目标是保障基本居住需求，我国经济适用房、公租房等对房屋面积有着严格规定，一般面积不能超过 90 平方米，这是从成本以及普通三口之家的居住面积来考虑的。这种规定在一定历史条件下具有合理性和积极意义。随着我国老龄化社会的到来，我国的公共政策必然要以适应老龄化为目标（全面二孩政策实际是积极老龄化政策之一）。老龄化带来家庭人口变化导致的住房需求变化（子女增加、老人增加），原有标准显然不能保障基本住房需求。因此必须重新制定保障房面积标准。本书希望通过研究和分析家庭人口变化以及老年人口的需求，为住房保障政策的调整提供客观依据，尽可能满足保障对象的基本需求（包括养老），同时也要秉承防止资源浪费的原则，尽量节约公共资源。我国的住房保障政策在未来的调整中，应该以积极的态度应对人口老龄化，尽力化解社会人口老化带来住房方面的困难和挑战。

本书是深圳大学人文社会科学青年教师扶持项目"人口老龄化背景下的中国住房保障机制研究"（编号：85202）的最终研究成果。本书得到教育部人文社会科学重点研究基地重大项目"经济特区转型与中国模式研究"（编号：13JJD790043）后期研究的资助。

罗　锐

2019 年 5 月 6 日

# 目 录
CONTENTS

| 第一章 | 新中国成立后住房保障制度变迁 / 1

第一节 住房保障相关理论 / 3

第二节 新中国成立后住房保障制度及政策演变 / 9

| 第二章 | 我国保障性住房分类及发展趋势 / 35

第一节 保障性住房的种类 / 35

第二节 我国保障性住房制度现状及面临的问题 / 52

| 第三章 | 国外典型国家的住房保障制度与启示 / 79

第一节 美国住房保障制度 / 79

第二节 德国住房保障制度 / 107

第三节 新加坡的组屋政策 / 114

| 第四章 | 城镇中低收入群体住房保障问题研究 / 125

第一节 城镇中低收入群体住房问题简介 / 125

第二节 城镇外生型低收入群体住房保障研究 / 133

第三节 城市内生型低收入群体住房保障研究 / 153

| 第五章 | **住房"租购同权"探析** / 173

第一节　住房"租购同权"政策简介 / 173

第二节　住房"租购同权"的权利 / 182

第三节　住房"租购同权"的社会学思考 / 203

| 第六章 | **新时代人口老龄化背景下的住房保障研究** / 214

第一节　新时代住房的特点和人口老龄化时代 / 214

第二节　人口老龄化背景下城镇老年人住房保障
　　　　政策探析 / 223

**参考文献** / 230

第一章
# 新中国成立后住房保障制度变迁

早在 19 世纪中期，恩格斯在《论住宅问题》一文中指出："当一个古老的文明国家这样从工场手工业和小生产向大工业过渡，并且这个过渡还由于情况极其顺利而加速的时期，多半也就是'住宅缺乏'的时期。一方面，大批农村工人突然被吸引到发展为中心城市的大城市里来；另一方面，这些旧城市的布局已经不适合新的大工业的条件和与此相适应的交通，街道在加宽，新的街道在开辟，铁路铺到市里。正当工人成群涌入城市的时候，工人住宅却在大批拆除，于是就突然出现了工人以及以工人为主顾的小商人和小手工业者的住宅缺乏现象。"[①] 无论是发达国家还是发展中国家，都或多或少存在住房方面的问题，如居住条件拥挤、提供基本服务的经费不足、缺少适当的住房、基础设施每况愈下等等。

新中国成立以来至改革开放前，我国实行高度集中的计划经济体制，在城镇住房制度方面实行住房公共福利的分配模式，由于当时的经济发展水平以及人口政策，造成我国城镇居民住房长期处于供不应求的紧张状况。改革开放以后，我国开始探索走市场经济发展道路，为了适应经济社会的发展，更好地解决城镇居民住房严重不足的问题，1998 年取消了计划经济

---

① 恩格斯. 论住宅问题 [M]//马克思恩格斯选集：第 3 卷. 北京：人民出版社，1995：574.

时代单一的福利分房制度，推行住房货币化改革，从此，住房由国家提供的公共品变成由市场供应的商品。城镇住房领域的市场化改革，改善了城镇居民的住房条件，居民的住房面积、房屋质量得到显著的提高。1999～2009 年间我国城镇年均住宅竣工面积达到 6.13 亿平方米，达到历史最高水平，这其中由房屋开发商供应的商品住宅已累计达到 3900 万套，解决了我国 1 亿多居民的住房居住问题。[①] 我国住房市场的迅速发展得益于城镇化的大力推进。

当前，我国正处于城镇化高速发展的进程中，城市面貌日新月异，城市人口数量剧增，不可避免地出现了恩格斯所说的住房短缺问题。我国城镇的住房问题是由于住房商品化、社会化以及市场化带来的一系列问题，表现为住房价格的上涨幅度远远超过居民收入的增长幅度，导致越来越多的城镇居民特别是中低收入居民无法通过市场方式满足其住房需求。房价的过快上涨导致住房问题成为广受社会各界关注的重大民生问题。中央政府和地方政府为解决居民的住房问题做了大量的工作，保障房建设成为各级政府的政治任务。2013 年 11 月 12 日，中共十八届三中全会通过《中共中央关于全面深化改革若干重大问题的决定》，提出建立更加公平可持续的社会保障制度。健全符合国情的住房保障和供应体系，建立公开规范的住房公积金制度，改进住房公积金提取、使用、监管机制。把住房保障问题纳入我国最高决策中，可以看出党和政府对住房保障问题的重视程度，同时也说明了我国住房保障制度存在着许多急需解决的问题。由于房屋与土地的特殊关系，在城市人口持续增长的背景下，城镇住房保障问题变得越来越复杂，住房保障制度也应随着社会发展的变化而变化。

---

① 张跃松. 住房保障政策——转型期的探索、实践与评价研究［M］. 北京：中国建筑工业出版社，2015：2.

# 第一节 住房保障相关理论

## 一、住房保障相关概念

### （一）住房保障

住房保障是指一个国家或地区的政府和社会为满足中低收入家庭的基本居住需要而采取的政策形式，是包括住房供应、分配、补贴、协调机制等一系列要素的总称。简要地说，住房保障就是为有需要的人提供住房需求。住房保障与住房的属性紧密相关。住房的属性随着社会制度的不同具有不同的属性，在计划经济时期，国家统一供给和分配住房，住房的属性是公共品。在市场经济条件下，住房是一种特殊的商品，其特殊性在于它既是商品也是公共品。商品属性表现为中高收入人群通过自行购买渠道获取住房；公共品属性在于低收入群体因收入低不能自行购买住房，需要得到政府的帮助。住房保障是体现住房公共品性质的表现形式，其目的在于政府利用行政手段帮助（中）低收入群体解决住房需求。

### （二）保障性住房

政府为中低收入群体建设的住房称之为保障性住房。具体说，保障性住房指的是中低收入群体依靠政府供给（财政补贴）从而实现基本居住需求的住房。保障性住房主要是由政府组织实施建设或筹集，包括公共租赁房、经济适用房、限价商品房等。保障性住房一般都列入地方政府住房保障规划和年度计划，目的在于增加中低收入家庭住房供应，解决其住房困难。

住房保障的政策目标是保证"居者有其居"，即主要保障中低收入群体的住房需要。我国的保障性住房包括政府直接投资建设的廉租房（公租房）

或经济适用房，以及政府通过发放货币补贴等途径间接供应的房屋。通常来讲，我国保障性住房的区域是在城镇，其保障对象是城镇的中低收入群体。政府提供的保障住房售价（租金价格）低于市场商品房，两者之间的价差一般由政府承担。

保障性住房具有以下基本特征：第一，从保障对象的认定来看，保障性住房主要指政府提供给城镇中低收入群体的住房，对于中低收入群体一般的划分是按照国际上通行的收入五等分划分法①来区分。第二，从房屋提供者（政府）来讲，保障性住房的目的是保障社会成员人人有房住，实现社会公平。保障房的资金来源以政府投资或银行贷款为主，房屋的来源可以由政府或其委托机构兴建，也可以是按照保障房价格支付的市场商品房，政府向房屋所有者支付差价。保障房作为一种社会保障产品是政府通过行政手段进行国民收入的二次分配，保障低收入群体的基本权益。第三，从经济效益的角度来说，保障性住房是政府提供的公共产品，需要政府长期、大量的资金投入，保障房资金的使用不以盈利为目标，其社会效益远远大于经济效益。

（三）住房政策

住房政策这个名词本身没有规范性的表述。1998年《住房百科全书》仅仅是说明了不同住房政策的具体类型。国内外许多学者都曾对住房政策的含义做过常识性的界定。劳德（Loud）认为，住房政策是政府介入住房市场的原因、方式和效果等内容的综合表述。② 布莱克莫尔（Blakemore）认为，住房政策是指对住房的价格、供给、住房税收政策、住房标准或住房占有形式等有直接或间接作用的政府行动、立法或经济政策。③ 张跃松认为，住房政策是政府在一定的经济、社会背景下，为了调节住房的规模、价格、质量以

---

① 等分法是国际上经常使用的研究方法，其原理是将全部居民（家庭）按其收入水平由低到高顺次排序，然后依次按相同人数分为五个收入组。通过计算和比较各收入组的收入在总收入中的份额或者不同收入组的平均收入的差距，可以得到全体居民总收入按收入组分布的情况。

② Lund B. Understanding Housing Policy [M]. Bristol: The Policy Press, 2011.

③ Blakemore K. Social Policy: An Introduction [M]. Maidenhead: Open University Press, 1998.

及住宅的相关权利而制定的一系列的住房调控措施。①

综上所述，所谓住房政策，一般是指政府干预和解决住房及其相关问题的措施，具有经济功能和社会功能。在大多数市场经济国家，住房政策既是一项经济政策，又是一项社会政策。② 作为经济政策，其主要目标是维护房地产市场的运行秩序，推动以住房为主的房地产经济和房地产市场的发展，拉动国民经济的增长，并促成人们依据其购买能力从市场上获取住房，注重资源的配置效率。作为社会政策，其主要目标则是利用公共财政及现有的社会资源，扩大住房供应方式和供应量，增进社会的整体福利，以保障全体社会成员的住房权利，保障社会财富的公平分配，维护社会公平正义。③

基于学者们的研究，可以认为，住房政策主要是以政府干预的方式来分配社会资源，通过提出住房问题、制定政策、实施策略、反馈和修正等一系列行动，目的在于使住房市场运行更加有效率。住房政策产生的原因在于市场机制提供公共产品低效率的天生缺陷。根据西方经济学理论可知，市场机制在提供私人物品方面比提供公共物品更有效率，由于住房具有满足人类基本生存和发展的重要功能，从某种程度来说，住房具有公共品的性质。仅通过市场手段满足所有人的住房问题显然是不现实的，一个可能的后果是越来越多的人可能无家可归，从而引发社会问题。因此，住房政策实际上是政府弥补在住房领域市场机制的缺陷而做出的一系列政策安排。

（四）住房保障政策

住房保障政策是政府为了帮助无法通过市场方式购买商品房的中低收入群体，为了满足其住房需求而采取的一系列制度安排。从政策的目标来说，广义的住房保障政策是为了改善居民的住房条件，实现居者有其屋。狭义的

---

① 张跃松. 住房保障政策——转型期的探索、实践与评价研究 [M]. 北京：中国建筑工业出版社，2015.

② 郭魏清，江绍文. 混合福利视角下的住房政策分析 [J]. 吉林大学社会科学学报，2010（12）.

③ 李国敏，卢珂. 公共性：中国城市住房政策的理性回归 [J]. 中国行政管理，2011（7）.

住房保障政策是通过经济适用房、廉租房、公共租赁房等方式解决中低收入群体的居住需求。

基于中低收入群体的住房问题已成为重要的民生问题，本书采用狭义上的住房保障政策概念。

## 二、住房保障相关理论

### （一）马斯洛的需要层次理论

马斯洛在《人类激励理论》（1943 年）一文中提出了著名的"需要层次论"，后在《动机与人格》（1954 年）一书中具体表述为生理、安全、爱与归属、尊重以及自我实现等五个层次。

依马斯洛之见，人都具有五种需要，且这五种需要之间呈现递升关系。其中最基本且似乎最明显的是生理需要，因为人作为有机体而存在，不免需要饮食、居住和睡眠等，"毋庸置疑，这些生理需要在所有需要中占绝对优势"。[1] 但人之所以为人在于并不止步于此，当生理需要得到基本满足之后，较高一级的安全需要就凸显了，包括要求稳定的生活，免受恐吓和混乱的折磨等。生理与安全的需要若得到满足，爱、情感和归属的需要就会成为新的中心，个人空前强烈地渴望建立一个充满情感的生活圈子，为此而不懈努力。从家庭延伸至社会，除了少数病态的人之外，所有的人都有一种对于自尊、自重和来自他人尊重的需要：一方面表现为对于实力、胜任和成就等的追求，另一方面也表现为对于名誉和威信的渴望。最高的一层是自我实现的需要，即人对于自我发展和完成的欲求，人的天性中总是存在着一种趋向，祈盼自己成为自己所期望的那个样子，不断地寻求一个更加充实的自我，追求更加完美的自我实现。[2]

---

① 马斯洛. 动机与人格 [M]. 许金声，程朝翔，译. 北京：华夏出版社，1987.
② 胡家祥. 马斯洛需要层次论的多维解读 [J]. 哲学研究，2015（8）.

在马斯洛的层次需要体系中，住房所扮演的角色尤为重要。首先住房是作为庇护所满足人的基本生存需要，以及在此基础上获得安全的需要。其次，住房作为"家"的重要物质载体，为人的发展以及自我实现提供保障。

（二）市场失灵理论

西方主流经济学认为，在完全竞争的市场上，由供求关系决定价格，调节着资源的配置，当整个社会在市场机制调节下实现供求平衡时，就达到了帕累托最优状态。此时，生产者实现了利润最大化，消费者实现了效用最大化，整个社会则实现了资源配置的最优化。但这是以完全竞争的市场为前提的，而在现实生活中，由于存在市场的机能性障碍和缺陷，市场往往会"失灵"（market failure），市场机制并不能自发地引导经济达到帕累托最优。市场的机能性障碍是指在现实中，完全竞争和完全垄断的市场只是两种极端的状况，大量的市场都是垄断和竞争并存的，即是不完全竞争的市场，价格不完全由供求关系决定，从而难以引导经济实现资源的有效配置。市场缺陷包括内部缺陷和外部缺陷，内部缺陷是市场机制本身所固有的不足，如公共物品供应的存在、信息的不完全等；市场的外部缺陷则不是市场机制本身所固有的，如收入分配不公等。市场机制在解决住房配置效率问题上无疑是有效的，理论上可以达到住房生产可能性边界。

在市场经济条件下，住房作为重要商品，其价格、数量及最终去向交由市场供求决定，由市场这只"看不见的手"将住房交给拥有最多"货币选票"的人。居民的住房需求能否得以满足完全取决于他的个人收入水平，居民收入又决定于他的生产要素投入的数量和质量，但残疾人、经济上处于不利地位的人，往往由于其生产要素禀赋较差而导致在积累"货币选票"的过程中始终处于"劣势"地位，这是市场机制本身无法解决的问题。市场化解决不了所有人的住房问题，解决城镇居民住房问题要靠两条腿走路。一条腿是市场，即通过商品房的供应来解决一部分住房需求；另一条腿是政府提供保障房，满足广大中低收入阶层的住房需求。如果听凭市场配置，很可能"弱势"群体基本生活住房的需要都难以满足，因此需要政府建立住房保障制度对市场运行做某种程度的修正。①

（三）住房过滤理论

在市场经济国家，住房过滤现象是住房市场中的常见现象。在 20 世纪 20 年代就有经济学家对城市住房过滤现象进行了研究，提出了住房过滤的初步概念。1953 年，拉特可立夫对住房过滤过程定义如下：这是一个很容易观察到的现象，住房随时间推移，质量和价值水准下降。这样，最高价值的住房就逐渐下降到更低的层次。用过的住宅将释放到更低层次直到市场的最底端。②

简单地说，住房过滤就是高收入阶层对于新房需求相当于对其间接补贴，进而满足不同收入阶层的人群特别是低收入人群购房的需要。高收入人群对住房的新需求创造了消费者对新建住房质量的需求。也就是说，假如把住房质量分为不同等级的话，那么开发商在同等价格情况下为了吸引更多的消费者购房会提高住房的质量。购房者搬到质量更好的住房的同时留下了旧住房，这些旧住房会让市场价格下降，可以让低收入家庭负担得起相应质量的住房，即价格的下降可以让低收入阶层负担得起质量相对较好的住房。③

过滤理论具有以下优点：一是充分地考虑旧有住房对新建商品房数量的影响，把新旧住房数量作为一个整体来考虑，从新旧住房的联动来预测供求。二是充分认识到住房的"持久性"，比较真实地反映了住房的生命周期，反映了住房市场的运行机理。三是"过滤"的方法是分房客的收入阶层来考虑对不同等级住房的需求的，因此该方法较适宜考察住房供求的结构性问题，为不同收入阶层提供不同结构的住房提供了理论依据。住房的耐久性与过滤

---

① 张振勇，郭松海. 国内外住房保障理论与政策述评及对我国的启示 [J]. 山东经济，2010 (1).

② 刘友平，张丽娟. 住房过滤理论对建立中低收入住房保障制度的借鉴 [J]. 经济体制改革，2008 (4).

③ 尚教蔚. 住房过滤理论在美国的应用及对我国住房保障的启示 [J]. 福建省委党校学报，2013 (12).

模型有着密切的关系。住房与一般的消费品不同，住房一般的消费寿命至少有几十年上百年，有的甚至几百年。因此，住房存在着由新变旧的老化过程，但有些住房由于特殊的时代背景、区位条件或建筑风格等，成为较难复制的带有"文物"性质的稀缺物品，故某些旧住房随着时间的推移其市场价值反而增值。然而对于大多数住房而言，住房自新而旧其市场价值逐渐贬值，需要成本的再增，进行翻修或重建。

"过滤"模型概括了旧住房市场的一些必不可少的特征。它描述了不同住房市场之间的相互作用，以及住房从一种用途到另一种用途的过程。"过滤"过程具有两个基本特点：第一，住房服务的减少。产生于特定住房的住房服务数量在一定时期内减少，服务数量的下降源于住房的物理性耗损、技术性无形磨损以及住房样式的变化。第二，居住者收入的下降。房屋被收入减少的家庭居住，当服务数量下降时，房屋被这样一些家庭居住，它们对住房服务的需求量逐渐减少，特别是那些低收入家庭。①

## 第二节　新中国成立后住房保障制度及政策演变

新中国住房制度的演进，主要分为以下两个重要时期，一个是从1949年新中国成立初期到1979年改革开放，这个时期住房制度的性质是计划经济时代的福利性分配制度；另一个重要时期是1979年改革开放以后实行市场经济体制下的住房保障制度。这中间还有一个关键点，即1998年住房商品化改革。1979~1998年，中国住房制度实际上仍然带有以计划为主导的统筹分配的性质，1998年以后住房制度基本实行市场化。改革开放以前，农村住房在人民公社"一大二公"体制下实行"宅基地"政策，即农民在宅基地上自建房屋解决居住需要，而城镇则实行"福利分房"。这与其他传统保障制度一样都明确划分为两大板块，是"包办+不干预"的保障模式。本书主要研究

① 褚超孚. 城镇住房保障模式及其在浙江省的应用研究［D］. 杭州：浙江大学, 2015.

城镇中的住房保障机制。[①]

## 一、住房制度变迁

自 1953 年开始，至 1978 年改革开放之前，中国城镇住房保障制度具有福利性、非商品性和产权模糊性。这一时期主要强调住房的福利性，忽视了其市场资源配置的功能，住房的供给和分配由国家统一调控。由于国家财力有限，城镇住房短缺普遍严重。传统的福利性住房分配制度已经不能满足人民群众的住房需求，改革住房制度已成大势所趋。1978 年中国的住房制度进入探索时期，同年 9 月，邓小平同志提出："解决住房问题能不能路子宽些，譬如允许私人建房或者私建公助、分期付款，把个人手中的钱动员出来，国家解决材料，这方面潜力不小。"[②] 此后，1979 ~ 1980 年，进行了全价出售公共住房的试点，但是没有改变当时的低租金、实物分配的住房制度。

1980 年 4 月 2 日，邓小平同志就住宅问题再次发表重要讲话，他指出："城镇居民个人可以购买房屋，也可以自己盖。不但新房可以出售，老房子也可以出售。可以一次付款，也可以分期付款，10 年、15 年付清。住宅出售后，房租恐怕要调整。要联系房价调整房租，使人们考虑到买房合算。因此要研究逐步提高房租。房租太低，人们就不买房子了。繁华的市中心和偏僻地方的房子，交通方便地区和不方便地区的房子，城区和郊区的房子，租金应该有所不同。将来房租提高了，对低工资的职工要给予补贴。这些政策要联系起来考虑。建房还可以鼓励公私合营或民建公助，也可以私人自己想办法"。[③]

1980 年 6 月，中共中央、国务院批转《全国基本建设工作会议汇报提纲》，正式宣布我国将实行住宅商品化的政策。

1982 年，开始实行"三三制"销售公有住房的政策，即由政府、单位、

---

① 孙蕾. 中国城市住房政策选择——住房保障中的政府责任问题 [J]. 科教文汇, 2007 (2).
②③ 邓小平文选: 第三卷 [M]. 北京: 人民出版社, 1993.

个人各负担房价的 1/3。

1986 年，国务院住房制度改革领导小组成立，同时下设办公室，负责领导和协调全国的住房改革工作。

1988 年 1 月，国务院召开第一次全国住房制度改革领导工作会议。同年 2 月，国务院批准印发《关于在全国城镇分期分批推行住房制度改革的实施方案》，这是我国第一个关于住房改革的法规性文件。

1991 年，国务院办公厅下发《关于全面进行城镇住房制度改革的意见》，确定了城镇住房制度改革的四项基本原则。

1992 年 5 月 1 日，上海正式实施《上海市住房制度改革实施方案》，推行住房公积金制度，开辟了新的稳定的住宅资金筹集渠道。

1994 年 7 月，国务院颁布《国务院关于深化城镇住房制度改革的决定》，提出"建立以中低收入家庭为对象、具有社会保障性质的经济适用住房供应体系和以高收入家庭为对象的商品房供应体系；建立住房公积金制度，发展住房金融和住房保险，建立政策性和商业性并存的住房信贷体系。"其目标是要建立与社会主义市场经济体制相适应的新型城镇住房制度。

1995 年 2 月 6 日，国务院办公厅转发了国务院住房制度改革领导小组制定的《国家安居工程方案》，提出了加快解决中低收入家庭住宅的居住问题，建立具有社会保障性质的住宅供给体制，在住宅制度改革中首次明确提出了住房保障方面的问题。

1998 年 7 月 3 日，国务院《关于进一步深化城镇住房制度改革，加快住房建设的通知》宣布，从 1998 年下半年开始，全国城镇停止住房实物分配，实行住房制度分配货币化，建立和完善以经济适用房为主的住房供应体系，培育和规范住房市场，发展住房金融。按时任住房和城乡建设部部长姜伟新 2009 年所说的"各级政府对住房保障的认识也有一个过程"。[1] 1998 年大规模房改起的十年几乎是住房保障"失去的十年"。[2]

---

[1] 王炜. 城乡和谐　住有所居 [N]. 人民日报，2009–09–03.

[2] 张清勇. 中国住房保障百年：回顾与展望 [J]. 财贸经济，2014（4）.

2003 年，由建设部等发布的《城镇最低收入家庭廉租房管理办法》，该办法自 2004 年 3 月 1 日起开始实施。该办法以法规形式明确规定解决城镇最低收入家庭住房问题为各级政府的责任，标志着我国廉租房制度初步建立（1998 年开始提出廉租房构想）。

2005 年 3 月 14 日，国家部委联合发布《城镇廉租住房租金管理办法》，规定廉租房的租金实行政府定价。

2007 年 12 月 1 日起，我国开始实施新的经济适用房和廉租房管理办法，即《经济适用住房管理办法》和《廉租住房保障办法》。同年国务院《关于解决城市低收入家庭住房困难的若干意见》提出："把解决城市低收入家庭住房困难作为维护群众利益的重要工作和住房制度改革的重要内容，作为政府公共服务的一项重要职责，加快建立健全以廉租住房制度为重点、多渠道解决城市低收入家庭住房困难的政策体系"。同年中共十七大报告提出"住有所居"的目标。年底国务院印发《关于促进房地产市场健康发展的若干意见》，规定"争取用 3 年时间基本解决城市低收入住房困难家庭住房及棚户区改造问题"。同年，住建部等颁布《关于加快发展公共租赁住房的指导意见》，指出"发展公共租赁住房实行省级人民政府负总责、市县人民政府抓落实的责任制"。

根据《国务院批转发展改革委关于 2013 年深化经济体制改革重点工作意见的通知》和《国务院办公厅关于保障性安居工程建设和管理的指导意见》等文件精神，从 2014 年起，各地公共租赁住房和廉租住房并轨运行，并轨后统称为公共租赁住房。

## 二、保障房供应体系

在计划经济体制下，我国由政府统筹，实行统一住房实物分配制度。住房实物分配制度讲究的是社会公平，房屋不能自由买卖，追求的目标是"人人有房住"。在市场经济体制下，收入分配呈现两极分化，高收入阶层与中低收入阶层差距明显，使得住房市场也呈现两极分化①，具体表现为两种情况：一种情况是以政府为主导，提供廉租房、廉价房以及经济适用房，以满足中低收入阶层的住房需要；另一种情况是以市场调控为主，提供中高档商品房，以满足中高收入阶层的住房需求，见图 1 - 1。

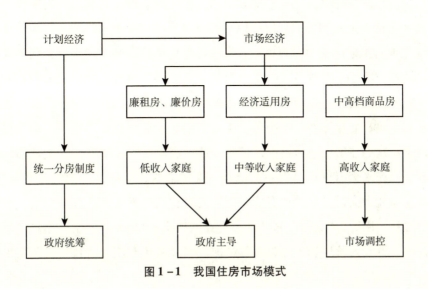

**图 1 - 1　我国住房市场模式**

国务院于 2007 年 8 月 7 日发布的《国务院关于解决城市低收入家庭住房困难的若干意见》指出："经济适用房"和"廉租房"本质上都属于"保障性住房"。新中国成立以来，我国住房制度进行了从统一分房制度到住房分配货币化，再到建立保障性住房制度等一系列的重大改革，房地产市场逐渐形成。但是，在国内经济泡沫式发展②和国际经济形势变幻莫测的双重影响下，中国房地产市场面临严峻考验。为了稳定房地产市场，促使房地产市场

---

① 李俊夫，等. 新加坡保障性住房政策研究及借鉴 [J]. 国际城市规划，2012（4）.

② 经济泡沫式发展主要体现在三个方面：第一指标是经济货币化指数，即广义货币供应量 M2 与 GDP 之比，2012 年中国已达 188%，这个指标本身，反映出通货膨胀及经济泡沫化的严重程度；第二指标是固定资产投资占 GDP 的比重，2012 年中国首次突破 70%，这一比重长期保持过高反映出经济增长不平衡、不健康；第三指标是 PPI 和 CPI 长时间背离这样的现象，反映出产能出现长期过剩现象，企业生产形势不景气，在持续的"去产能化"过程中，通胀压力犹在。

良性发展，从 2003 年开始，中央政府加强调控房地产市场，并强调建立健全住房保障制度。国务院先后颁发了"国八条"①"国六条"②"新国八条"③ 等一系列重要文件，提出保持住房价格特别是廉租房和经济适用房价格的相对稳定，在此基础上，加快建立和完善适合我国国情的住房保障制度。

当前我国住房供应体系主要以市场为主，政府调控为辅，住房来源以开发商（土地由土地储备中心招挂拍）开发建设的市价商品房为主，住房保障局（土地由土地储备中心划拨）开发建设提供的保障性住房为辅。两种住房的不同性质决定了两种住房的供给数量，虽然都是通过缴纳住房公积金和按揭贷款的方式购买，但购买市场价商品房以预售的形式向开发商购买，供应量相对充足，而保障性住房则是以摇号的形式向住房保障局购买，数量极其有限。在这一住房供应体系中，高收入或中高收入阶层能够轻松地从市场上购买一套或多套市价商品房，而低收入或中低收入阶层只能通过摇号排队，在满足有能力支付首付款和有能力还按揭贷款的条件下，才能购买到一套保障性住房。因此，"租房"成为普遍存在的现象。"租者有其居"是真实情况的反映，低收入阶层和中低收入阶层即使同时满足有能力支付首付和按揭贷

---

① 2005 年，国务院办公厅为了抑制住房价格过快上涨，促进房地产市场健康发展，而推出的八条房地产市场调控措施，称为"国八条"：第一条，高度重视稳定住房价格工作；第二条，切实负起稳定住房价格的责任；第三条，大力调整和改善住房供应结构；第四条，严格控制被动性住房需求；第五条，正确引导居民合理消费预期；第六条，全面监测房地产市场运行；第七条，积极贯彻调控住房供求的各项政策措施；第八条，认真组织对稳定住房价格工作的督促检查。

② 国务院九部委于 2006 年颁布的关于调控房地产市场的六条政策，称为"国六条"：第一条，切实调整住房供应结构；第二条，进一步发挥税收、信贷、土地政策的调节作用；第三条，合理控制城市房屋拆迁规模和进度，减缓被动性住房需求过快增长；第四条，进一步整顿和规范房地产市场秩序；第五条，加快城镇廉租住房制度建设，规范发展经济适用住房，积极发展住房二级市场和租赁市场，有步骤地解决低收入家庭的住房困难；第六条，完善房地产统计和信息披露制度，增强房地产市场信息透明度，全面、及时、准确地发布市场供求信息，坚持正确的舆论导向。

③ 2011 年 1 月 26 日，国务院常务会议再度推出八条房地产市场调控措施，要求强化差别化住房信贷政策，对贷款购买第二套住房的家庭，首付款比例不低于 60%，贷款利率不低于基准利率的 1.1 倍，称为"新国八条"：第一条，进一步落实地方政府责任；第二条，加大保障性安居工程建设力度；第三条，调整完善相关税收政策，加强税收征管；第四条，强化差别化住房信贷政策；第五条，严格住房用地供应管理；第六条，合理引导住房需求；第七条，落实住房保障和稳定房价工作的约谈问责机制；第八条，坚持和强化舆论引导。

款的条件，也只能够租房。要想实现"租者有其居"向"居者有其屋"转变，需要改善目前的住房供应体系，建立完善的规范的住房供应体系，如图 1 – 2 所示。

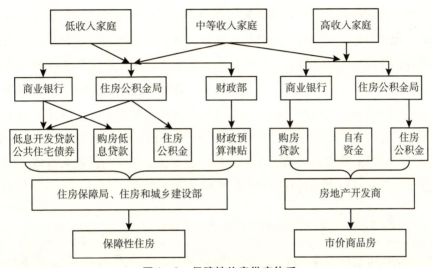

**图 1 – 2 保障性住房供应体系**

加强住房供应体系改革，建立完善的保障性住房制度，才能满足低收入或中低收入阶层的基本住房需求。[①] 总的方向是构建以政府为主提供基本保障、以市场为主满足多层次需求的住房供应体系。

## 三、住房制度演变特征

### （一）全民福利性向群体福利性转变

改革开放前我国传统的住房保障制度是实行以国家统一建设、分配的实

---

① 黄安永，朱新贵. 我国保障性住房管理机制的研究与分析——对加快落实保障性住房政策的思考 [J]. 现代城市研究，2010（10）.

物住房保障制度。这种住房制度是计划经济的产物，在市场经济条件下严重阻碍了人民生活水平的提高。居民住房需求具有多样性，国家福利分房的单一性难以有效满足城镇居民的住房需求。传统住房保障制度难以适应市场经济发展的要求。住房制度改革以来，房地产行业的市场化满足了中高收入群体的高层次住房需求，即收入高的居民可以购买房屋面积大、户型好、环境优越、配套设施齐全的高档商品房。原来的住房制度将全体社会成员纳入保障范围，具有全民福利性，现行的住房保障制度只保障特定群体（低收入群体）的住房需求，住房制度实现全民福利性向群体福利性转变。这里群体福利性中的群体是指城市的低收入群体（包括城市内生型低收入群体和外生型低收入群体）。住房保障制度提供的保障房只能满足居民的基本居住权，这样一方面能够节约资金从而提供更多住房以覆盖更广泛的低收入群体，另一方面激励保障对象通过自身努力获取更加优质的住房。

（二）住房性质由公共品向商品转变

住房保障制度改革之前住房作为国家统一分配的公共品，居民获取住房的途径是国家分配，住房的性质只是政府提供的一项公共产品。住房制度改革后，人们获取住房的途径发生改变，由原来的政府提供变成了由政府提供和通过市场交易相结合。实行住房货币化制度以后，我国逐渐停止了住房的实物分配，住房的获取只能通过市场交易（购买和租赁）或者自建获得。住房政策的改革改变了住房的公共品性质，住房的市场化赋予了住房商品的性质，影响着住房保障政策的改变。原有的保障政策主要是政府通过国家拨款的方式建设、管理住房，国家在住房保障中统包统揽。改革后引入了市场手段，吸收了社会资本的参与，政府逐渐减少直接投资建设保障房，通过开展金融创新以及委托代理（包括招投标制度）等手段，政府在保障房的建设中转变了角色，从主要参与者转变成监管者（或者间接参与者）。

（三）住房双轨制

我国城镇的住房供应和分配实行的是双轨制，一种是新中国成立后维系了几十年，从 20 世纪 80 年代开始逐步改革，到 90 年代末确立新框架的住房实物分配或特定群体普惠制（经济适用房等）的住房供应渠道及分配方式，其运行机制从非市场化，逐步演变为半市场化；另一种是自 20 世纪 80 年代开始萌生，至 90 年代确立的城市商品住宅供应渠道及分配方式，其运行机制完全是市场化的。[①]

我国大部分领域的改革都是渐进式的，也是从双轨制开始的，如价格改革、物资改革等，都是在旧体制之外，或在削弱旧体制基础上培育新体制，并使新体制逐步发展壮大，取代旧体制从而达到改革的目的。城镇住房双轨制同样也是适应渐进式住房改革的需要。当整个社会的认识、心理准备，以及新体制所必需的制度建设（软件及硬件）达不到住房改革最终目标时，只能在旧体制外进行住房商品化、社会化试验，为住房改革的进一步发展积累经验。商品住宅的发展不完全是出于住房改革的需要，它有其自身产生的背景和发展要求，因而成为与旧体制（包括住房改革后的发展、变化）并行的两条城镇住房供应、分配轨道。"体制外"单位和个人（主要是民企、涉外企业及其雇员）的住房需求，特别是台港澳同胞、海外华侨要求在大陆城市购买完全产权的商品住宅的想法，是我国城市商品住宅发展的一个重要原因。另外，几十年城市建设欠账太多，财政捉襟见肘，而在城市搞房地产开发（其中重要一项就是商品住宅开发）可为国家、城市政府积累大量资金的诱惑，促使政府鼓励房地产业的发展。商品住宅的这两方面成因都不是与住房改革直接相关的，因此商品住宅的发展在很大程度上是与旧体制、与住房改革相分离的，各自按自身的要求与规律向前发展，成为名副其实的双轨——两种住宅建设方式，两种分配、流通渠道，两种税费政策，两种价格，两个需求群体。商品住宅价格过高，而广大城镇居民支付能力过低（同时国家、单位也无力给予足够的补贴），是两个轨道不能并轨，而且还将持续下去的重要原因。

---

① 孙弘. 住房双轨制的成因和发展 [J]. 城市开发，2000 (8).

## 四、住房保障政策梳理

1954 年，宪法明确规定：任何组织或者个人不得侵占、买卖、出租或者以其他形式非法转让土地。当时的房产除了国家承认一般私人所有以外，其他房产全部清理、没收归国有。

1955 年，中共中央书记处《关于目前城市私有房产基本情况及进行社会主义改造的意见》提出"经租房"的改造思路，国家统一管理房产，实行以租养房。

1978 年，国家计委、国家建委、财政部、国家物资总局联合颁发《关于自筹资金建设职工住房的通知》。

1979 年，第五届全国人民代表大会第二次会议通过《中华人民共和国中外合资企业经营法》，第一次提出"土地使用费"的概念。

1980 年，《邓小平关于建筑业和住宅问题的谈话》发表，讲话的精神是开始尝试买卖公有住房，改变计划经济体制下的福利性分房制度，建立政策性和商业性相结合的规范性住房分配、交易市场和房屋维修市场。

1982 年，国家选定常州、郑州、沙市、四平 4 个城市开始进行将公共住房出售给职工的试验，原则是个人、单位和政府各支付房价的 1/3，即所谓住房"三三制"试点。

1986 年，原城乡建设环境保护部发出《关于城镇公房补贴出售试点问题的通知》，停止"三三制"补贴售房，城镇公房原则上全价出售。

1988 年 4 月 12 日，第七届全国人民代表大会第一次会议通过宪法修正案，第一次明确了国有土地使用权可以依照法律的规定进行转让。早在 1982 年，深圳经济特区依照《关于中外合营企业建设用地的暂行规定》，率先对外资企业用地征收土地使用费。

1988 年 2 月 15 日，国务院住房制度改革领导小组颁布《关于在全国城镇分期分批推行住房制度改革的实施方案》，方案提出我国城镇住房制度改革的目标是：按照社会主义市场经济的要求，实现住房商品化。从改革公房低租金制度着手，将现行的实物分配逐步改变为货币分配，由住户通过商品交换，取得住房的所有权或使用权，使住房这个大商品进入消费品市场，实现住房资金投入产出的良性循环，从而走出一条既有利于解决城镇住房问题，又能够促进房地产业、建筑业和建材工业发展的新路子。政策对象为企业职工。具体内容包括两方面：一是改变资金分配体制，把住房消费基金逐步纳入正常渠道，使目前实际用于职工建房、修房资金的大量暗贴转化为明贴，并逐步纳入职工工资范畴。二是调整公房租金，按折旧费、维修费、管理费、投资利息、房产税五项因素的成本租金计租，抑制不合理的住房需求，促进职工个人买房，并从政策、立法、社会舆论等方面采取措施，引导和调节居民消费，使消费结构趋向合理，为实现住房商品化奠定基础。同年2月25日，国务院办公厅印发《关于转发国务院住房制度改革领导小组鼓励职工购买公有旧住房意见的通知》，鼓励职工购买公有旧房，在房屋的售价、贷款期限和利率方面给予职工优惠，公房出售价款用于新建、改建、扩建住房和发放住房券。

1991年6月，国务院发布《关于继续积极稳妥地进行城镇住房制度改革的通知》，该通知要求合理调整现有公有住房的租金，有计划有步骤地提高到成本租金。住房建设应推行国家、集体、个人三方面共同投资体制，积极组织集资建房和合作建房，大力发展经济实用的商品住房，优先解决无房户和住房困难户的住房问题。各级人民政府要在用地、规划、计划、材料、信贷、税收等方面给予扶持。对个人自建住房，要加强规划和用地管理。同年10月，国务院住房制度改革领导小组印发《关于全面推进城镇住房制度改革的意见》，要求推行个人购房抵押贷款，提出在1992~1993年在全国范围内全面推进城镇住房制度改革。

1992年，建设部转发《北京市实施〈中华人民共和国城镇国有土地使用权出让和转让暂行条例〉办法》的通知。

1994年，国务院颁发《关于深化城镇住房制度改革的决定》，提出深化城镇住房制度改革，促进住房商品化和住房建设的发展。城镇住房制度改革作为经济体制改革的重要组成部分，其根本目的是：建立与社会主义市场经济体制相适应的新的城镇住房制度，实现住房商品化、社会化；加快住房建设，改善居住条件，满足城镇居民不断增长的住房需求。同年，建设部、国务院住房制度改革领导小组、财政部发布《城镇经济适用房住房建设管理办法》，要求建立以中低收入家庭为对象，具有社会保障性质的经济适用住房供应体系，加快经济适用住房建设，提高城镇职工、居民的住房水平，加强对经济适用住房建设的管理。

1995 年，国家安居工程实施方案出台，其指导思想（基本原则）：实施国家安居工程要为推进城镇住房制度改革提供政策示范；要实行政府扶持、单位支持、个人负担的原则；要以大中城市为重点，有计划、有步骤地推进。严格执行《国务院关于深化城镇住房制度改革的决定》。普遍推行住房公积金制度，建立住房公积金制度的职工一般要达到60%以上；积极推进租金改革，制定并公布到 2000 年的租金改革规划；按国家统一规定的房改政策确定售房价格。根本目的：实施国家安居工程的目的是结合城镇住房制度改革，调动各方面的积极性，加快城镇住房商品化和社会化进程，促进城镇住房建设。政策对象：国家安居工程住房直接以成本价向中低收入家庭出售，并优先出售给无房户、危房户和住房困难户，在同等条件下优先出售给离退休职工、教师中的住房困难户，不售给高收入家庭。具体内容：国家安居工程的建设规模、资金来源和资金运用；国家安居工程的规划和建设；国家安居工程住房的出售和管理；实施国家安居工程城市的条件和申报、审核程序。同年 2 月，国务院办公厅转发《国务院住房制度改革领导小组国家安居工程实施方案的意见》，主要内容包括："安居工程"正式启动，计划用 5 年左右的时间新建 1.5 亿平方米住宅。安居工程资金按照国家贷款40%、城市配套资金 60% 的比例筹集，所需建设用地按行政划拨方式提供，并相应减免有关费用。住房建成后，直接以成本价出售给中低收入家庭。

1998 年，国务院印发《关于进一步深化城镇职工住房制度改革加快住房建设通知》，其指导思想：稳步推进住房商品化、社会化，逐步建立适应社会主义市场经济体制和我国国情的城镇住房新制度；加快住房建设，促使住宅业成为新的经济增长点，不断满足城镇居民日益增长的住房需求。具体内容：明确全面实行住房分配货币化，建立和完善以经济适用住房为主的多层次住房供应体系，即高收入者购买或租赁市场价商品住房、中低收入者购买经济适用住房、最低收入者租用政府或单位提供的廉租住房。该通知终结实行了几十年的住房实物福利分配制度，实行住房分配货币化。

1999 年，《城市廉租房管理办法》出台，明确提出应健全完善的廉租房保障住房政策。同年 5 月 1 日，建设部制定《关于已购公有住房和经济适用房上市出售管理暂行条例》，该条例规定了开放住房二级市场的基本条件和上市交易程序，明确了上市准入规则。7 月，财政部、国土资源部和建设部联合下发《已购公有住房和经济适用住房上市出售土地出让金和收益分配管理的若干规定》，进一步明确了已购公有住房和经济适用住房上市出售中所涉及的土地出让金缴纳和收益分配的有关政策。

2001 年，"十五"规划纲要要求"建立廉租住房供应保障体系"。

2003 年，国务院下发《关于促进房地产持续健康发展的通知》，第一次明确房地产是支柱产业，经济适用房是具有保障性质的商品住房。自 2002 年，我国开始实行土地招投标制度，并于 2004 年 8 月 31 日起，对所有六类土地全部实行公开的土地出让制度，采取公开招标、公开拍卖、公开挂牌的方式。同年 6 月，中国人民银行出台《关于进一步加强房地产信贷业务管理的通知》，规定房地产开发企业申请银行贷款，自有资金不低于总投资 30%，严格控制土地储备贷款的发放；强化个人贷款管理等。7 月，国务院办公厅出台《关于清理整顿各类开发区加强建设用地管理的通知》，对各类开发区全面清查，加强对开发区建设用地集中统一管理等。国家税务总局出台《关于房产税、城镇土地使用税有关政策规定的通知》，明确房地产开发企业开发的商品房征免房产税问题以及房产税、城镇土地使用税纳税义务发生的时间等问题。8 月，国土资源部出台《关于严禁非农业建设违法占用基本农田的通知》。严禁擅自调整土地利用总体规范占用基本农田，严格执行非农建设占用基本农田审批制度；加强监督检查等。11 月，国务院出台《关于加大工作力度进一步治理整顿土地市场秩序的紧急通知》，要求严肃查处土地违规行为，抓紧建立完善土地管理各项制度等。

2004 年 1 月，建设部、国家发改委、财政部等部委出台《关于加强协作共同做好房地产市场信息系统和预警预报体系有关工作的通知》。要求做好房地产市场信息系统和预警预报体系有关工作。4 月，国务院出台《关于调整部分行业固定资产投资项目资本比例的通知》，规定房地产开发项目资本金比例由 20% 及以上提高到 35% 及以上。国务院办公厅又出台《关于清理固定资产投资项目的通知》，要求对所有在建、拟建项目进行全面清查、审核。10 月，国务院出台《关于深化改革严格土地管理的决定》，要求严格执行土地审批和占用耕地补偿制度等。11 月，财政部、国土资源部、中国人民银行联合下发《关于进一步加强新增建设用地土地有偿使用费征收使用管理的通知》，要求严格用地审批、开展土地有偿使用费的清欠工作，调整土地有偿使用费的缴库方式。

2005 年 3 月，国务院办公厅下发《关于切实稳定住房价格的通知》（简称"旧国八条"）。要求严格控制被动性住房需求；大力调整和改善住房供应结构；正确引导居民合理消费预期；全面监测房地产市场运行等。4 月，国务院又出台《加强房地产市场引导和调控的八条措施》（简称"新国八条"）。当月，建设部、发改委、财政部等七部委出台《关于做好稳定住房价格工作的意见》，要求改善住房供应结构；加大土地供应调控力度；调整住房环节营业税政策（2 年规定）；加强信贷管理；加强经济适用房假设。5 月，国家税务总局出台《关于进一步加强房地产税收管理的通知》，要求以契税征管为抓手，全面掌控税源信息；加强房地产各环节的税收管理等。当月出台的《国务院办公厅转发建设部等部门关于做好稳定住房价格工作的意见》，要求遏制投机性炒房，控制投资性购房，加强经济适用房建设，完善廉租住房制度。7 月，国家税务总局、财政部、国土资源部联合出台《关于加强土地税收管理的通知》，要求加强土地税收管理。8 月，国土资源部印发《关于坚决制止"以租代征"违法违规用地行为的紧急通知》，要求制止"以租代征"违法违规用地行为，从严从紧控制建设用地总量。

2006 年 5 月，国务院出台《关于调整住房供应结构稳定住房价格的意见》（简称"国六条"），要求重点发展中低价位、中小套型普通商品住房、经济适用住房和廉租住房，合理控制城市房屋拆迁规模和进度，减缓被动性住房需求过快增长以及进一步整顿和规范房地产市场秩序等内容。当月，国务院转发《关于调整住房供应结构稳定住房价格的意见》，对"国六条"进一步细化，而且在套型面积、小户型所占比例、新房首付款等方面做出量化规定，提出 90 平方米、双 70% 的标准。该意见明确了新建住房结构比例，在"十一五"时期，要重点发展普通商品住房。保证中低价位、中小套型普通商品住房土地供应。加快城镇廉租住房制度建设，规范发展经济适用住房，积极发展住房二级市场和房屋租赁市场，有步骤地解决低收入家庭住房困难[①]。同月，国家税务总局下发《关于加强住房营业税收征收管理有关问题的通知》，规定个人将购买不足 5 年的住房对外销售全额征收营业税。国土资源部出台《招标拍卖挂牌出让国有土地使用权规范》《协议出让国有土地使用权规范》，要求对招标拍卖挂牌或协议出让国有土地使用权的范围作了细化，进一步明确六类情形必须纳入招标拍卖挂牌出让国有土地范围：供应商业、旅游、娱乐和商品住宅等各类经营性用地以及有竞争要求的工业用地。7月，建设部、发改委、工商管理总局联合印发《关于进一步整顿规范房地产交易秩序的通知》，规定房地产开发企业取得预售许可证后，应当在 10 日内开始销售商品房；未取得商品房预售许可证的房地产项目，不得发布商品房预售广告。建设部、商务部、发改委等六部门又联合发布《关于规范房地产市场外资准入和管理的意见》（"外资限炒令"），要求规范外商投资房地产市场准入；加强外商投资企业房地产开发经营管理；严格境外机构和个人购房管理；进一步强化和落实监管责任。国家税务总局出台《关于个人住房转让所得征收个人所得税有关问题的通知》。规定全国范围内统一强制性征收二手房转让个人所得税。8月，建设部出台《关于印发〈城镇廉租房工作规范化管理实施办法〉的通知》，要求加强城镇廉租住房制度建设，规范城镇廉租住房管理。

2007 年 5 月，商务部、国家外汇管理局等部门出台《关于进一步加强、

---

① 贾康，等. 中国住房制度与房产税改革［M］. 北京：企业管理出版社，2017：71 - 76.

规范外商直接投资房地产业审批和监管的通知》，要求依法加强外商投资房地产企业的审批和监管，严格控制外商投资高档房地产。同年 8 月，国务院印发《关于解决城市低收入家庭住房困难的若干意见》，提出要进一步建立健全城市廉租住房制度，改进和规范经济适用住房制度。加快建立健全以廉租住房制度为重点、多渠道解决城市低收入家庭住房困难的政策体系，建立梯级住房保障体系，实行住房分类供应体制。9 月，中国人民银行、中国银监会等出台《关于加强商业性房地产信贷管理的通知》，规定购买第二套住房首付比例不得低于 40%；商业用房购房贷款首付款比例不得低于 50%；严格房地产开发贷款管理；严格规范土地储备贷款管理等。同月，国土资源部分别出台《关于进一步加强土地供应调控的通知》（以下简称《通知》）和《招标拍卖挂牌出让国有建设用地使用权规定》（以下简称《规定》）。《通知》要求优先安排用于解决城市低收入家庭住房困难的住房用地；加强土地供应管理，保证住宅用地供应，每宗土地的开发建设时间原则上不得超过三年。《规定》强调建设用地使用权证书必须在完全付清土地款的情况下才能获得，不得进行按比例分期发放，目的在于打击部分开发商蓄意囤积土地的行为。11 月，《廉租住房保障办法》和《经济适用住房管理办法》相继出台。12 月 3 日，国土资源部、财政部、中国人民银行联合颁布《土地储备管理办法》。同月，国务院办公厅出台《关于严格执行有关农村集体建设用地法律和政策的通知》，重申城镇居民不得到农村购买宅基地；严格规范使用农民集体所有土地进行建设；严格禁止和严禁查处"以租代征"转用农用地的违法违规行为。

2008 年 1 月 7 日，国务院印发《关于促进节约集约用地的通知》，明确规定闲置满两年依法应当无偿收回的土地坚决无偿收回，重新安排使用；同时，国务院第一次对土地价值增值部分展开征缴。同年 2 月，中国人民银行出台《经济适用住房开发贷款管理办法》，规定开发经济适用房，房地产开发企业的贷款利率可以下浮 10% 以内，开发企业的建设项目资本金不低于项目总投资的 30%，贷款期限最长不超过 5 年。3 月，财政部、国家税务总局出台《关于廉租住房、经济适用住房和住房租赁有关税收政策的通知》，从税收上支持廉租住房、经济适用住房建设和住房租赁市场的发展。7月，国土资源部规定小产权房不给宅基地证。开展集体建设用地流转试点和集体建设用地清理，因被小产权房占用而未得到"合法使用"的宅基地不具备登记发证的资格。

2008年，财政部、国家税务总局等出台《关于调整房地产交易环节税收政策的通知》，规定对个人首次购买90平方米及以下普通住房的，契税税率暂统一下调到1%；个人销售或购买住房暂免征收印花税；对个人销售住房暂免征收土地增值税。当年10月，中国人民银行通过扩大商业性个人住房贷款利率下浮幅度，支持居民首次购买普通住房，将商业性个人住房贷款利率的下限扩大为贷款基准利率的0.7倍；最低首付款比例调整为20%。12月，国务院办公厅出台《关于促进房地产市场健康发展的若干意见》（简称国"13"条），要求加大对自主型和改善型住房消费的信贷支持力度，将现行个人购买普通住房超过5年（含5年）转让免征营业税，改为超过2年（含2年）转让免征营业税。同时，要加大保障性住房建设力度，进一步改善人民群众的居住条件。通过廉租住房和棚户区改造住房、结合发放住房租赁补贴的方式，解决城市低收入住房困难家庭的住房问题；加强经济适用住房建设，增加经济适用住房供给。同月，中国人民银行、中国银监会出台《廉租住房建设贷款管理办法》，要求新建廉租住房项目资本金比例不低于项目总投资20%；改建廉租住房项目资本金比例不低于项目总投资30%。

2009年1月，中国银行、中国农业银行、中国工商银行、中国建设银行宣布实行优惠利率政策，规定2008年10月27日前执行基准利率0.85倍优惠、无不良信用记录的优质客户，原则上都可以申请七折优惠利率。当年5月，国家税务总局出台《土地增值税清算管理规程》，对土地增值税清算的前期管理、清算受理、清算审核和核定征收等具体问题做出具体规定。国土资源部出台《关于切实落实保障性安居工程用地的通知》，要求对廉租房和经济适用房用地将给予减免费用的政策支持。住建部、国家发改委、财政部等联合颁布《2009~2011年廉租住房保障规划》，计划用三年时间，基本解决747万户现有城市低收入住房困难家庭的住房问题。国务院颁发《关于调整固定资产投资项目资本金比例的通知》，规定保障性住房和普通商品住房项目的最低资本金比例为 20%，其他房地产开发项目的最低资本金比例为 30%。这是自 2004 年以来执行 35% 自有资本金贷款比例后的首次下调，紧缩了数年的房地产开发信贷政策开始"松绑"。6 月，中国银监会出台《关于进一步加强按揭贷款风险管理的通知》，要求加强信贷管理，切实防范按揭贷款风险，促进按揭贷款业务健康有序发展。8 月，国土资源部出台《关于严格建设用地管理促进批而未用土地利用的通知》，要求依法纠正和遏制违法违规使用农村集体土地等行为，切实防止未批即用、批而未征、征而未供、供而未用等现象发生，严厉打击囤地行为。10 月，住建部等七部委联合出台《关于利用住房公积金贷款支持保障性住房建设试点工作的实施意见》，将 50% 以内的住房公积金结余资金贷款支持保障性住房建设，贷款利率按照五年期以上个人住房公积金贷款利率上浮 10% 执行，"公积金"和"保障房"实现"对接"。11 月，财政部等五部委联合发布《关于进一步加强土地出让收支管理的通知》，明确土地受让人拿地首次缴纳比例不得低于全部土地出让价款的 50%，开发商拿地后分期缴纳全部土地出让价款的期限原则上不超过一年。12 月，财政部、国家税务总局等出台《关于调整个人住房转让营业税政策的通知》，规定自 2010 年 1 月 1 日起，个人将购买不足 5 年的非普通住房对外销售的，全额征收营业税。12 月 9 日，国务院常务会议规定，自 2010 年 1 月 1 日起，个人住房转让营业税征免时限由两年恢复到五年。主要目的在于遏制炒房现象，但契税、个人买卖印花税、个人转让出售的土地增值税继续维持。12 月 14 日，国务院常务会议出台"国四条"，要求增加普通商品住房的有效供给；继续支持居民自住和改善型住房消费，抑制投机性购房；加强市场监管；继续大规模推进保障性安居工程建设。

2010 年 1 月，国务院办公厅出台《关于促进房地产市场平稳健康发展的通知》，重申二套房贷首付比例不得低于 40%、房源需一次性全部公开并明码标价等。中央加大对保障性安居工程建设的支持力度，提高对中西部地区廉租住房建设的补助标准。力争到 2012 年末，基本解决 1540 户低收入住房困难家庭的住房问题。国土资源部出台《关于改进报国务院批准城市建设用地申报与实施工作的通知》，要求申报住宅用地的，经济适用住房、廉租住房和中低价位、中小套型普通商品住房用地占住宅用地的比例不得低于70%。当年3月，国土资源部出台《关于加强房地产用地供应和监管有关问题的通知》，明确规定开发商竞买保证金最少两成、1个月内付清地价50%、囤地开发商将被"冻结"等19条内容。财政部、国家税务总局出台《关于首次购买普通住房有关契税政策的通知》，对两个或两个以上个人共同购买90平方米及以下普通住房，其中一人或多人已有购房记录的，该套房产的共同购买人均不适用首次购买普通住房的契税优惠政策。国资委要求78户不以房地产为主业的中央企业，要加快进行调整重组，在完成企业自有土地开发和已实施项目等阶段性工作后要退出房地产行业，并在15个工作日内制定有序退出的方案。4月，银监会要求银行业金融机构要增加风险意识，对投机投资购房贷款如无法判断，则应大幅度提高贷款的首付款比例和利率水平，加大差别化信贷政策执行力度。住房和城乡建设部出台《关于进一步加强房地产市场监管完善商品住房预售制度有关问题的通知》，要求房地产开发企业应将取得预售许可的商品住房项目在10日内一次性公开全部准售房源及每套房屋价格，并严格按照预售方案申报价格，明码标价对外销售。国务院出台《关于坚决遏制部分城市房价过快上涨的通知》，要求对价格过高、上涨过快、供应紧张的地区，商业银行可暂停发放购买第三套及以上住房贷款；对不能提供1年以上当地纳税证明或社会保险缴纳证明的非本地居民暂停发放购买住房贷款。住房和城乡建设部出台《关于加强经济适用住房管理有关问题的通知》，要求经济适用住房购房人在取得完全产权以前，只能用于自住，不得出售、出租、闲置、出借，也不得擅自改变住房用途。4月14日，国务院常务会议出台"新国四条"，要求对贷款购买第二套住房的家庭，贷款首付款不得低于50%，贷款利率不得低于基准利率的1.1倍。4月30日，北京市政府出台"限购令"。规定同一购房家庭只能新购买一套商品住房；暂停对购买第三套及以上住房以及不能提供1年以上本市纳税证明或社会保险缴纳证明的非本市居民发放贷款。此后，其他一些城市陆续实行"限购令"。5月，国家税务总局先后下发《关于土地增值税清算有关问题的通知》和《关于加强土地增值税征管工作的通知》，前者规定如房地产开发企业逾期开发缴纳的土地闲置费不得在土地增值税中扣除、土地增值税清算时收入确认的问题等，后者要求除保障性住房外，东部地区省份预征率不得低于2%，中部和东北地区省份不得低于1.5%，西部地区省份不得低于1%。住建部、中国人民银行、中国银监会等出台《关于规范商业性个人住房贷款中的第二套房认定标准的通知》，就商业性个人住房贷款中第二套住房的认定标准进行了明确的规范。当年6月，住建部、国家发改委等七部委联合印发《关于加快发展公共租赁住房的指导意见》，对发展公共租赁住房提出了保障土地供应等相关政策支持，弥补了长期以来"夹心层"住房政策缺位，是解决"夹心层"住房困难的有力举措。9月，国土资源部、住房和城乡建设部等联合出台《关于进一步加强房地产用地和建设管理调控的通知》，规定企业违约开发土地、因自身原因土地闲置一年的，都将禁止竞买资格。财政部、国家税务总局、住建部等联合下发《关于调整房地产交易环节契税个人所得税优惠政策的通知》，对个人购买普通住房，且该住房属于家庭（成员范围包括购房人、配偶以及未成年子女）唯一住房的，减半征收契税等。中国人民银行、中国银监会等七部委联合发布房地产调控新政"国五条"，要求加大楼市宏观调控的力度；完善差别化的住房信贷政策；调整住房交易环节的契税和个人所得税优惠政策；增加住房有效供给；加大检查力度。其中，暂停发放居民家庭购买第三套及以上住房贷款；首付款比例调整到30%及以上；对贷款购买第二套住房的家庭，严格执行首付款比例不低于50%、贷款利率不低于基准利率1.1倍的规定以及其他相关规定。财政部下发《关于支持公共租赁住房建设和运营有关税收优惠政策的通知》，要求对公租房建设期间用地及公租房建成后占地免征城镇土地使用税。对公租房经营管理单位建造公租房涉及的印花税予以免征。对公租房经营管理单位购买住房作为公租房，免征契税、印花税；对公租房租赁双方签订租赁协议涉及的印花税予以免征。对企事业单位、社会团体以及其他组织转让旧房作为公租房房源，且增值额未超过扣除项目金额20%的，免征土地增值税。企事业单位、社会团体以及其他组织捐赠住房作为公租房，符合税收法律规定的，捐赠支出在年度利润总额 12% 以内的部分，准予在计算应纳税所得额时扣除。对经营公租房所取得的租金收入，免征营业税、房产税。10 月，财政部、国家发改委、住建部联合下发《关于保障性安居工程资金使用管理有关问题的通知》，规定允许土地出让净收益用于发展公共租赁住房，允许住房公积金增值收益中计提的廉租住房保障资金用于发展公共租赁住房，提高中央财政廉租住房保障保障专项补助资金使用效率，利用贷款贴息引导社会发展公共租赁住房，加强政府投资建设的公共租赁住房租金"收支两条线"管理，加快保障性安居工程资金预算执行进度。同年 11 月 1 日起，各家银行全面取消房贷七折利率，首套房首付最低 30%，利率优惠下限调整为同档期基准利率的 85%；二套住房最低首付 50%，利率执行同档期基准利率的 1.1 倍。11 月，住建部、财政部、中国人民银行、中国银监会等出台《关于规范住房公积金个人住房贷款政策有关问题的通知》，规定套型建筑面积在 90 平方米及以下的，贷款首付款比例不得低于 20%；套型建筑面积在 90 平方米以上的，贷款首付款比例不得低于 30%；全面叫停第三套住房公积金贷款。12 月，财政部《关于印发中央补助廉租住房保障专项资金管理办法的通知》明确了中央补助廉租住房保障转型资金的分配与计算、拨付和使用、监督管理等各项办法。

2011 年，"十二五"规划纲要指出，整个"十二五"时期，新建保障性住房 3600 万套，建立健全以公共租赁租房为主的住房保障体系。强化各级政府政府保障性住房、公共租赁住房的供应责任。建立稳定投入机制，加大财政资金、住房公积金贷款、银行贷款的支持力度，引导社会力量参与保障性住房建设运营。同年 1 月，国务院办公厅出台《关于进一步做好房地产市场调控工作的有关问题的通知》（简称"新国八条"），要求将第二套房的房贷首付从原来的不低于 50% 改为不低于 60%。同时要求各直辖市、计划单列市、省会城市和房价过高、上涨过快的城市，在一定时期内，要从严制定和执行住房限购措施。要求加大保障性安居工程建设力度，全年全国建设保障性住房和棚户区改造住房 1000 万套。各地要通过新建、改建、购买、长期租赁等方式，多渠道筹集保障性住房房源，逐步扩大住房保障制度覆盖面。中央将加大对保障性安居工程建设的支持力度，地方人民政府要切实落实土地供应、资金投入和税费优惠等政策，引导房地产开发企业积极参与保障性住房建设和棚户区改造，确保完成计划任务。加强保障性住房管理，健全准入退出机制，切实做到公开、公平、公正。有条件的地区，可以把建制镇纳入住房保障工作范围；要求努力增加公共租赁住房供应。各地要在加大政府投入的同时，完善体制机制，运用土地供应、投资补助、财政贴息或注入资本金、税收优惠等政策措施，合理确定租金水平，吸引机构投资者参与公共租赁住房建设和运营。鼓励金融机构发放公共租赁住房建设和运营中长期贷款。要研究制定优惠政策，鼓励房地产开发企业在普通商品住房建设项目中配建一定比例的公共租赁住房，并持有、经营，或由政府回购。当月，重庆、上海两地人民政府出台房产税试点办法。重庆对个人拥有的独栋商品住宅、新购的高档住房以及同时无户籍、无企业、无工作的个人新购的第二套（含第二套）以上的普通住房征收房产税；上海对家庭第二套及以上住房、非本市居民家庭在本市新购的住房征收房产税。同年 2~7 月，中国人民银行三次上调金融机构人民币存贷款基准利率，同时上调个人住房公积金存贷款利率。3月，国务院在政府工作报告中提出扩大保障性住房建设规模。要求开工建设保障性住房、棚户区改造住房共 1000 万套，改造农村危房 150 万户，重点发展公共租赁住房。当月，十一届全国人大通过了"十二五"规划，对提高住房保障水平提出了要求，要求健全住房供应体系，加大保障性住房供给，改善房地产市场调控。国家发改委出台《关于商品房销售明码标价规定的通知》，要求商品房经营者应当在商品房交易场所的醒目位置放置标价牌、价目表或者价格手册；商品房销售明码标价实行一套一标；商品房经营者应当对每套商品房进行明码标价。7月，财政部下发《关于多渠道筹措资金确保公共租赁住房项目资本金足额到位的通知》，要求尽快将公共租赁住房建设任务分解落实到具体项目，确定投资模式并测算项目资本金需求；按照公共租赁住房投资主体，分别由企业和政府解决项目资本金；加大政府筹资力度，确保公共租赁住房项目资本金及时足额到位；按照工程进度支付建设资金，保障建设资金专款专用。7月12日，国务院常务会议制定"国五条"：房价上涨过快的二三线城市也要采取必要的限购措施。要求严格落实地方政府房地产市场调控和住房保障职责；加大政府投入和贷款支持力度，确保 2011 年 1000 万套保障性住房 11 月底前全部开工建设；继续严格实施差别化住房信贷、税收政策和住房限购措施；确保保障性住房用地；规范住房租赁市场，抑制租金过快上涨。9 月，国务院办公厅颁发《关于保障性安居工程建设和管理的指导意见》，要求把住房保障作为政府公共服务的重要内容，建立健全中国特色的城镇住房保障体系。到"十二五"期末，全国保障性住房覆盖面达到 20% 左右，力争使城镇中等偏下和低收入家庭住房困难问题得到基本解决，新就业职工住房困难问题得到有效缓解，外来务工人员居住条件得到明显改善。

2012 年 3 月，住建部《关于做好 2012 年城镇保障性安居工程工作的通知》要求，全面推进 2012 年城镇保障性安居工程建设，进一步加强保障性住房分配和质量管理工作。

2013 年 2 月 20 日，国务院常务会议出台"新国五条"，要求完善稳定房价工作责任制；坚决抑制投机投资性购房；增加普通商品住房及用地供应；加快保障性安居工程规划建设；加强市场监管。[①] 同年 9 月 25 日，国务院常务会议研究部署进一步加大力度推进保障性安居工程建设，强调保障性安居工程建设是政府的硬任务、硬承诺。会议明确三项任务：第一，适当增加中央补助资金，重点支持保障性安居工程特别是已建成保障房的配套设施建设。研究多渠道资金支持保障房建设。有保障房空置的地方，要采取措施努力予以消除。第二，要加快制定城镇住房保障条例，规范和促进保障性住房建设、管理和运营，稳定人民群众对"住有所居"的预期。第三，要加快推进公租房和廉租房并轨运行。各地要制定和完善公开透明的公租房配租政策，充分运用租金杠杆强化准入退出管理。根据困难家庭不同收入情况，实施差别化补贴。[②]

2015 年 12 月，中央经济工作会议对 2016 年房地产市场正式定调去库存。

---

① 贾康，等. 中国住房制度与房产税改革 [M]. 北京：企业管理出版社，2017：208 – 227.
② 李克强. 保障性安居工程建设是政府的硬任务、硬承诺 [EB/OL]. 中华人民共和国住房城乡建设部官网，http://www.mohurd.gov.cn/xwfb/201309/t20130926_215712.html，2013 – 09 – 25.

会议指出，要扩大有效需求，打通供需通道，消化库存。其中对于扩需方面，表示要按照加快提高户籍人口城镇化率和深化住房制度改革的要求，通过加快农民工市民化，扩大有效需求。落实户籍制度改革方案，允许农业转移人口等非户籍人口在就业地落户，使他们形成在就业地买房或长期租房的预期和需求。中央提出去库存的根本原因在于部分三四线城市的人口净流出导致购买需求减少，同时减小房地产高库存的负面影响。

2016年5月4日，国务院常务会议确定发展住房租赁市场，倡导购租并举。会议指出，实行购租并举，发展住房租赁市场，是深化住房制度改革的重要内容，有利于加快改善居民尤其是新市民的住房条件，推动新型城镇化进程。会议确定将发展住房租赁企业，支持利用已建成住房或新建住房开展租赁业务。鼓励个人依法出租自有住房。同时，允许将商业用房等按规定改建为租赁住房。此外，公租房将推进货币化安置，政府对保障对象通过市场租房给予补贴。其中，在城镇稳定就业的外来务工人员、新就业大学生和青年医生、教师等专业技术人员，凡符合条件的应纳入公租房保障范围。将增加租赁住房用地供应，并鼓励金融机构加大对租赁行业支持。在管理上，将强化监管，推行统一的租房合同示范文本，规范中介服务，稳定租赁关系，保护承租人合法权益。①

2017年12月，中央经济工作会议要求加快建立多主体供应、多渠道保障、租购并举的住房制度。会议提出要发展住房租赁市场特别是长期租赁市场，完善促进房地产市场平稳健康发展的长效机制。

2018年12月24日，在全国住房和城乡建设工作会议上，住建部对2019年楼市调控明确提出"稳地价、稳房价、稳预期"的目标，并强调坚持"房子是用来住的，不是用来炒的"的定位不变。我国当前房地产市场存在分化行情，一线城市的降温尤其是房价的下探空间非常有限，二三线城市将呈现明显的地区性差异。②

---

① 国务院常务会议确定发展住房租赁市场 倡导购租并举［EB/OL］. 人民网，http：// finance. people. com. cn/n1/2016/0505/c1004 – 28326012. html，2016 – 05 – 05.

② 明年楼市怎么调控？住建部发话：目标是"三稳"［EB/OL］. 腾讯网，http：//new. qq. com/ omn/20181225/20181225A01732. html，2018 – 12 – 25.

## 五、住房保障制度改革面临的难点

改革开放后我国住房保障制度的确解决了许多问题和取得了一定的成就。同时，随着城镇化的深入发展，房地产市场的复杂性导致我国住房保障制度改革面临着以下难点。

（一）居民住房支付能力不足

我国住房货币化改革以来，国家逐步停止住房的实物分配，原来通过获取福利分房的城镇居民只能依靠市场购买商品房来满足其住房需求，住房的市场价格由于没有国家补贴，价格往往高于福利房。虽然随着经济快速发展居民收入有较大幅度提高，但总体上看，与城镇化以来房地产市场迅猛发展带来的房价数倍甚至数十倍的增长相比，居民住房支付能力明显不足。住房支付能力与商品房价格水平成反比。目前，我国一线城市的商品房价格仍然居高不下，这些城市的低收入群体购买商品房的承受能力严重不足，例如，刚毕业的大学生、农民工的收入难以承受高昂的房价（房租）。

（二）住房保障的范围和标准问题

住房保障制度面临的又一个难点是如何确定住房保障的范围和标准问题。我国住房制度保障制度主要包括公租房（包括原来的廉租房）制度和经济适用房制度以及两限房（限房价、限户型）制度。每种制度所覆盖的人群范围（保障范围）和保障的标准是不统一的。以经济适用房和公租房做比较，经济适用房的保障对象规定为广大中低收入群体，公租房的保障对象为城镇低收入群体（以民政部门认定的低保对象为主），显然经济适用房的保障对象比公租房的保障对象的范围要广，涉及的人群更多。经济适用房与公租房的性质不同，经济适用房是保证"居者有其屋"，而公租房是保证"居者有其居"。经济适用房的保障目标比公租房高，它是帮助中低收入群体实现住房梦的有效途径。公租房解决的是基本居住困难，其覆盖的人群应该更广，原因在于城镇化以来我国城市出现大量住房困难群体，例如，农民工、大学生以及在城市住房有困难的群体。公租房的性质可以暂时解决他们的住房困难。经济适用房应该限定为低收入群体中的收入较高者，因为经济适用房是将房子出售给个人，对个人的资产要求比公租房的要求要高得多，因此对经济适用房住房对象的限定能够阻止一些低收入群体盲目购买住房，避免增加其自身的住房负担。诚然，居者有其屋是每个公民的权利，也是我国住房保障制度的奋斗目标，但保障对象应该从自身条件出发，合理选择获取住房的形式（租赁或购买）。从成本收益来看，经济适用房所覆盖的受益人群有限，因为它是出售给个人且对房屋的转让有着严格的限制，而公租房是将房屋出租给个人，居住对象可以流动，受益的人数更多。

经济适用房属于一次性交易，显然经济适用房的资金投入、土地需求要高于公租房。现阶段经济适用房的保障范围高于公租房的保障范围是不合理的，应该扩大公租房的保障范围，缩小经济适用房的保障范围。例如，规定经济适用房申请者的资产要求或者居住公租房的年限。这对政府来讲，一方面，可以减少经济适用房的开发量，节约资金修建公租房；另一方面，限制低收入群体购房，向他们提供公租房服务期间，由于租金费用低廉，实际上是帮助他们进行财富的积累，有助于以后购买经济适用房甚至商品房，缓解短期内的经济压力。

至于保障标准，应该以保障基本居住需求为主，不宜过高。根据经济适用房和公租房的性质，两者的标准应该有所区别。除了配套设施、周边环境以及物业管理等指标，房屋面积是衡量保障房保障标准的重要指标。对于公租房来讲，由于保障对象的流动性高，其居住时间不会太长，面积在60平方米以内最佳；而经济适用房的居住时间长，考虑到抚养子女以及赡养老人，其房屋面积应该在90平方米左右，面积过小难以保障居民的基本住房需求。面积过大则造成铺张浪费，违背了保障性住房的设计初衷，有失公平。有些地区经济适用房面积超过150平方米以上，这样的住房实际上已经失去了保障房的意义，成为少数利益团体牟利的工具，应该坚决予以制止。

当然，随着经济发展水平和社会环境的变化，住房保障的保障范围和标准也应该随之变化。

第二章

# 我国保障性住房分类及发展趋势

　　保障性住房建设是重要的民生工程，其目的在于解决城镇中低收入群体的住房困难，满足人民的基本住房需求。同时，保障性住房建设对于抑制房价过快上涨、破除房地产泡沫起着重要的作用，是房价的稳定器。经过多年的探索和实践，我国已初步建立以市场供给和政府保障相结合的住房保障制度。住房保障形式可分为实物保障和货币补贴两种形式。作为实物保障形式的保障性住房，按照供应方式又可分为租赁型住房和购置型住房。

## 第一节　保障性住房的种类

　　具体来说，我国保障性住房的类型主要有：廉租房、公共租赁房、经济适用房、安居房、限价房、棚户区改造安置房等。

### 一、廉租房

（一）廉租房的含义

关于廉租住房的定义可谓见仁见智。有人认为，廉租房是由公共财政出资建设，以低廉的租金面向城镇低收入住房困难家庭配租，建筑面积控制在50平方米以内的保障性住房。[①] 也有人认为，廉租住房是指政府在住房领域履行社会保障职能，向具有城镇常住居民户口的最低收入家庭提供的租金相对低廉的普通住房，或由私人机构开发经营、政府提供补贴的商品住房。[②] 目前，比较一致的看法是由住房和城乡建设部提出的：城镇廉租住房是指政府和单位在住房领域实施社会保障职能，向具有城镇常住居民户口的最低收入家庭提供的租金相对低廉的普通住房。[③]

（二）廉租房制度的特点

我国的廉租房制度具有以下特点：第一，具有明显的社会保障性质。廉租房制度是住房保障的核心内容之一，是政府行使社会保障职能的具体体现。城镇最低收入家庭因其家庭收入根本无法购买商品房和经济适用房，只能依靠政府提供具有住房保障性质的廉租房才可能解决其住房问题。[④] 第二，公益性。廉租房不但可以直接使城镇最低收入家庭获得生存空间，真正实现有家可归，而且还将产生一系列的社会效益和经济效益，如提高城镇居民整体的居住水平。

（三）廉租房制度的内容

我国廉租房制度包括保障对象、保障标准、保障方式、房源来源、资金来源、退出方式、惩罚机制等内容。廉租房制度的保障对象为城镇低收入家庭，保障对象审核的标准有两个：家庭收入标准和住房困难标准，这两个标准由城市人民政府根据统计部门统计的家庭人均可支配收入和人均住房水平

---

① 中国发展研究基金会. 中国城镇化进程中的住房保障问题研究 [M]. 北京：中国发展出版社，2013：43 – 45.

② 柯年满. 美国的公共住宅政策及启示 [J]. 中外房地产导报，2000 (11).

③ 申振东，张旭日，钟娜. 廉租房制度研究综述 [J]. 中南林业科技大学学报（社会科学版），2008 (4).

④ 王祎，等. 论我国城镇廉租房的房源及其资金保障 [J]. 资源与产业，2004 (5).

的一定比例，结合当地经济发展水平及住房价格水平确定，并实行动态管理。廉租房的保障标准由城市人民政府根据当地家庭住房条件及财政承受能力确定。廉租房的保障方式包括货币补贴和实物配置两种方式，以发放租赁补贴为主。廉租房的房源包括政府新建、收购、改建以及社会捐赠等形式，并鼓励房地产开发商开发小户型产品面向社会出资。廉租房的资金来源包括地方政府纳入年度预算安排的住房保障资金、提取贷款风险准备金及管理费用之后的住房公积金增值收益、每年提取不得低于土地出让净收益。廉租房只能通过政府回收的方式退出，不能用于转租、转让、出售等用途。廉租房制度还规定了相应的惩罚机制，主要通过罚款的形式防止不符合条件的家庭占用保障房资源。

（四）廉租房制度的政策对象

从廉租房的需求方层面分析，廉租房要保障的应是住房弱势群体的居住问题。住房弱势群体在我国至少包含以下几层含义：

第一，在现实生活中的居住水平处于社会平均居住水平以下。在一定的条件下，住房弱势群体的概念与"最低收入"家庭是高度关联的，他们在购房的现实支付能力上与其他群体有很大的差距，无法依靠自身的力量在房地产商品市场上进行正常的住房消费。反过来，由于我国处在经济转型中，"最低收入"家庭不一定是住房弱势群体，如原单位有集资建房的下岗职工。

第二，在未来的一定时间内存在无法改变自己住房现状的可能。由于其就业技能、知识水平等劳动力素质在社会中处于一种相对不利的地位，因而很难增加自己未来的收入，其未来的住房消费意愿也很难得到实现。

第三，在社会、政治、经济生活中往往处于弱势地位。弱势群体在一个社会的存在是一种必然现象，尤其是在经济转型时期，产业结构的升级与优化，必然导致某些行业的从业者从某些领域中退出，形成结构性失业人群。除了这些人群以外，其他传统意义上的中老年人、妇女、儿童、城市打工者、农村贫困农民以及体制外的其他人也构成弱势群体中的一部分。世界各国为了保证经济转型中不发生大的动荡，以最小的代价换取最大的发展，都尽可能完善社会保障体系，尤其是最低收入者住房保障体系。①

（五）廉租房的供应主体

依据我国《城镇最低收入家庭廉租住房管理办法》，廉租房的供给主体为政府和单位。但从各地的实践来看，廉租房的供给主要由政府承担，企业并无直接的驱动力向住房弱势群体提供住房。而市场上的房地产开发企业出于利润的考虑，也很少参与政府的廉租房保障体系的运作。毕竟廉租房不同于商品房，也不同于经济适用房。建设商品房可以获得较高的利润，建设经济适用房在房价中除了可以打入1%～3%的管理费，土地可以采用划拨的方式以外，还可以有3%左右的合理利润，可实现保本微利。但廉租房只能租给城镇弱势群体家庭居住，其租金实行政府限价，部分补贴，租金标准较低，无法形成建设资金投入产出的良性循环。因此，一般房地产开发企业不愿意从事廉租住房的开发建设。

由政府和单位两个主体同时提供廉租房，在实际操作中容易产生以下问题：一是不能对廉租房实行统一的开发建设和统一的管理；二是不利于促进住宅社会化，各单位会留有一块自管住房，造成新的房改遗留问题；三是由于两个供应主体责任边界不清，容易引起两者协调困难，甚至相互推诿，造成廉租家庭的利益受损。因此，廉租房的供应主体应该是以政府为主，社会各界共同参与的供应体系，不排除企业为了社会责任而参与到廉租房的建设中来。政府作为廉租房的供给主体，以确保廉租房的供应能满足城市住房弱势群体的需求。

（六）廉租房房源

根据2004年3月1日起正式实施的《城镇最低收入家庭廉租住房管理办法》的有关规定，我国廉租房的来源有五类：第一类是腾退的并符合当地人民政府规定的廉租房标准的原有公有住房；第二类是最低收入家庭承租的符

---

① 王吓忠，巫月娥. 廉租房相关问题研究 [J]. 城市问题，2006 (6).

合当地人民政府规定建筑面积或者使用面积和装修标准的现公有住房；第三类是政府和单位出资兴建的用于廉租的租房；第四类是政府和单位出资购置的用于廉租的租房；第五类是社会捐赠的符合廉租房标准的住房。前两类属于现有公房，其他三类为不同方式获取的住房。

1. 腾空的公有住房

主要是指已腾退的简易房，其特点是已使用多年、面积小、设施差的公有住房。此类住房明显的优点是政府投入成本低，由于住房是现成的，只需进行必要的修缮，就能保证房屋的安全和正常使用。虽然此类房屋居住条件较差，但是可以为那些最低收入者中最急需救济的家庭提供帮助，以解燃眉之急。

由于历史的原因，这一类住房有的居民已经通过公房出售政策购买了产权，有的居民虽然没有购买，但私下已将富余的公有住房出租，政府很难让其腾退。因此，真正能够腾退并符合当地人民政府规定的廉租住房标准的原有公有住房为数极少，根本无法解决最低收入家庭的住房问题。然而这一类住房仍然有其优点：第一，这一类房源的廉租住房政府几乎没有什么成本投入，大大地减轻了政府财政资金的压力，只要属于符合居住条件的低标准住房，政府可将其以低廉的租金分配给最低收入阶层及特殊家庭居住，不仅可以体现国家的社会保障职能，使居民安居乐业，又减轻政府公共财政负担。第二，这一类房源的廉租房地理位置多在中心地段，生活交通比较方便，物管费用极低，较适合最低收入者居住。① 其缺点在于：该类房屋维修费用高昂，由于原有公有住房建筑物年代较长，年久失修，设备损害严重，需要政府大量投入。目前，几乎无闲置的原公有住房。

2. 现存公有住房

主要是指目前政府提供的住房，并已先后由上海、福州、成都等地进行了试点，政府拿出符合规定的一定数量的经济适用房通过公开摇号的方式，以极低的租金给经审查合格的最低收入家庭居住。其优点在于维修费用低，

---

① 秦丽，赵正佳. 关于廉租房几种房源的优劣分析 [J]. 中国房地产，2001 (7).

操作方法方便。但其缺点是显而易见的，那就是成本太高。房屋租出以后，则很难收回，从而又一次陷入过去福利分房的恶性循环。因此，这一类也不能作为我国廉租房保障的主要方式。

3. 政府或单位出资建设的廉租房

政府和单位出资兴建廉租房，廉租房建设的土地政府无偿划拨，税费减免优惠。大规模新建公共住宅，是西方国家在解决住房极其短缺问题时普遍采取的做法。这一举措为解决西方国家住房严重短缺，起到了极好的社会效应，从而为促进西方国家经济发展奠定了基础。

这类房的特点在于政府对廉租房的开发商提供政策扶持，如无偿划拨给开发商土地、简化审批程序等。此种房源的优点在于：可以在短时期内解决房源严重不足的问题，规划合理，房屋质量好，配套设施齐全，方便当事人居住生活。其缺点是：资金投入量过大，建设这种小区需要政府投入巨额的资金，政府财政负担过重；政府投入的精力大，责任负担过重，从土地划拨到监督工程质量及帮助当事人入住都要政府始终关注；成片建设廉租房小区容易形成新的"贫民窟"，造成当事人心理失衡，成为社会治安的隐患，并且对当事人的子女成长不利。这类房源在短时期内不可能成为廉租房的主要来源，必须在经济发达、政府财政收入十分充足的时候才可能成为主要房源。

4. 政府出资收购的住房

主要指政府或单位出资，廉价收购符合规定的空置住房。由于我国目前空置房的数量很大，占用大量的住房资金，这主要是由于之前房屋建设投资过快、住房结构不合理、生活配套设施跟不上等原因造成的。不仅给银行造成了大量的不良资产，而且也给国有商业银行的发展带来了沉重的包袱。再加上我国住房抵押贷款二级市场尚未建立，空置房的销售举步维艰。政府可以抓住消化空置房的契机，通过廉价收购的方法将空置房转化为廉租房。这样既可以达到盘活空置住房资金的目的，又可以降低廉租房的成本，尤其是那些逾期贷款金额较大的空置商品住宅。政府可通过组建专业的国有房地产资产经营公司，授权其对空置商品住宅进行评估，确定收购价格。待收购空置商品房签约以后，将银行逾期贷款转化为国有房地产经营公司贷款，为开发企业盘活资产,实行资产重组或资产清算创造契机。政府在收购工作完成后,对其按廉租房标准进行重新设计并改造成适合低收入家庭居住的低标准住房。

这类房源的优点是有利于消化并利用现有存量住房资源,并能较快地获得廉租房;住房质量高,设施齐全;能够提供较多数量的廉租住房而资金需求量又远远低于出资兴建廉租住房。其不足之处在于房源分散不容易管理,且住房户型和面积标准不一定符合廉租房的要求;需要政府强制干预,实施难度较大。

5. 社会捐赠的住房

此外,廉租房的房源还有社会捐赠的住房和其他渠道筹集的住房,这一类住房属于特殊情况。当居民遭遇洪涝灾害、地震、火灾等意外事故时,社会向这些无家可归者献上爱心和关怀,充分体现了社会主义大家庭的优越性。这类住房数量极少,不可能成为廉租房来源的支撑力量。[1]

## 二、经济适用房

### (一)经济适用房的含义

经济适用房是在政府提供优惠政策扶持下由组织开发商或者单位组织集资建造的,面向城镇中低收入家庭出售的具有经济性、适用性的限价产权房。[2]

### (二)经济适用房的特点

经济适用房与商品房不同,因为经济适用房有保障房的属性。但作为有产权的保障房,在保障性住房的范畴内,经济适用房与廉租房、公用租赁房

---

① 王吓忠,巫月娥. 廉租房相关问题研究 [J]. 城市问题,2006 (6).

② 罗应光,向春玲. 住有所居——中国保障性住房建设的理论和实践 [M]. 北京:中共中央党校出版社,2011.

不同，具有以下特点：

第一，社会保障性。经济适用房不同于市场主导的商品房，旨在让中低收入人群也可以拥有自己的房屋产权，经济适用房制度的设立目的表明了其同时属于社会保障的范畴。现代社会秩序的稳定要求国家为人民提供有力的保护，满足人性尊严和人的价值所要求的基本生存条件，以达至人之为人的基本要求。经济适用房通过政策调节，以公平分配为宗旨，建立更为合理的住房分配秩序，不仅有效保障了公民的住房权，也是维护社会稳定、协调社会矛盾的有力工具。

第二，政策指导性。经济适用房制度并非在房地产市场中自发生成，而是国家出于保障中低收入家庭居住权的考虑，人为设计并通过政策推动的住房类别。该制度受住房制度改革等宏观政策影响较大，其建设应当接受政府的指导和调控，经济适用房的建设标准要经过建设主管部门审定，住房建设标准侧重实用性，不能像别墅、高级公寓一般豪华，但也应当设立一定标准，满足一般家庭对住宅面积、周边环境、房屋质量最基本的生活需求。经济适用房用地由国家划拨，在税费方面还要适当减免，以确保经济适用房建造成本在合理范围之内；经济适用房的销售价格接受政府调控，以不超出中低收入阶层家庭的经济承受能力为限，不偏离微利商品房的定位，利润率应当控制在3%以内，一般相当于市场价格的50%~80%。

第三，有限产权性。相比较仅享有居住权不享有所有权、居住者需定期交纳房屋租金的公共租赁房而言，经济适用房是有产权的，可以被继承，一定条件下也可以被处分；相比拥有所有权可以占有、使用、出租和处分的商品房，经济适用房的产权是有限的，经济适用房的购房者仅拥有对该房屋占有、使用的权利，没有出租房屋的权利，处分房产也受到限制。《经济适用住房管理办法》第三十条规定：经济适用住房购房人拥有有限产权。购买经济适用住房不满5年，不得直接上市交易，购房人因特殊原因确需转让经济适用住房的，由政府按照原价格并考虑折旧和物价水平等因素进行回购。只有在满足特定条件之后，才能享有完全的房屋所有权。

第四，适用对象的特定性。《经济适用住房管理办法》规定，经济适用住房供应对象为城市低收入住房困难家庭，并与廉租住房保障对象衔接。经济适用住房供应对象的家庭收入标准和住房困难标准，由城市人民政府确定，实行动态管理，每年向社会公布一次。低收入住房困难家庭要求购买经济适用住房的，由该家庭提出申请，有关单位按规定的程序进行审查，对符合标准的，纳入经济适用住房供应对象范围。过去享受过福利分房或购买过经济适用住房的家庭不得再购买经济适用住房。已经购买了经济适用住房的家庭又购买其他住房的，原经济适用住房由政府按规定回购。对于城市低收入住房困难家庭的认定，《经济适用住房管理办法》第二十五条规定："城市低收入家庭申请购买经济适用住房应同时符合下列条件：第一，具有当地城镇户口；第二，家庭收入符合市、县人民政府划定的低收入家庭收入标准；第三，无房或现住房面积低于市、县人民政府规定的住房困难标准。"第二十六条规定："经济适用住房资格申请采取街道办事处（镇人民政府）、市（区）、县人民政府逐级审核并公示的方式认定。审核单位应当通过入户调查、邻里访问以及信函索证等方式对申请人的家庭收入和住房状况等情况进行核实。申请人及有关单位、组织或者个人应当予以配合，如实提供有关情况。"

（三）经济适用房制度的由来

我国经济适用房制度源于住房制度的改革。在经济体制改革的初期，邓小平就针对城镇居民住房困难的现状提出了改革设想，认为可以通过允许私人建房或政府资助私人建房等方式将私人手中的余钱利用起来，解决城镇住房难题。

1986年，全国住房体制改革领导小组由国务院牵头成立，主要就改变过去城镇住房低租金的状况以及租金市场化提出改革思路。1992年，我国福利分房制度逐步取消，将住房问题推向市场。住房改革初期，大部分地方政府将工作重点放在鼓励商品房的建设开发上，并没有将中低收入群体的住房需求和购房能力充分考虑在内。这一时期，住房私有化率快速提高，居民住房条件得到很大改善，但也导致一部分无力购房者的出现。为解决中低收入者的住房困难问题，各省市也做了不同的尝试。以武汉市为代表的一批城市，在20世纪90年代初期即成立经济适用房发展中心，试点建设经济适用住房。[①] 1994年国务院颁布了《关于深化城镇住房制度改革的决定》，第一次明确地提出"经济适用房"的概念，强调针对中低收入群体，要建立一个以经济适用房为主的住房供应体系。

（四）经济适用房制度的发展

1994年12月国务院与建设部联合发布的《城镇经济适用住房建设管理办法》对经济适用房目标群体、建设资金供给、价格结构等做了具体规定，经济适用房政策体系初步形成。[②] 1995年国务院出台《国家安居工程实施办法》，安居工程可以看成后来全国推广的经济适用房的前身，这一时期的安居工程与经济适用房有很多相似点：如供应对象都是城镇中低收入者，销售定价低廉，仅相当于当时市场房价的三成左右。

1998年《国务院关于进一步深化城镇住房制度改革加快住房建设的通知》最终确定了我国的城镇住房供应体系——以经济适用住房为主的多层次城镇住房供应体系。该通知是我国住房体制改革进程中的里程碑，它不仅终止了我国城镇福利分房制度，而且也确立了住房供给商品化、社会化的改革方向。至此，我国以经济适用房为主的城镇供房体系基本建立，具体表现为高收入者购买或租住市场化的商品房，中低收入者购买经济适用住房，最低收入者租住由政府或单位提供的廉租住房。随着住房体制改革的推进，我国经济适用房的政策体系也随之不断完善。经济适用房也由改革初期的住房供应性质被重新定义为"具有保障性质的政策性商品住房"。

2003年，建设部颁布《经济适用住房价格管理办法》，对经济适用房的价格构成、资金来源做了更加细致地规定，要求各级政府按照合理标准建设，

---

① 张祚，等. 经济适用房空间分布对居住空间分异的影响——以武汉市为例 [J]. 城市问题，2008 (7).

② 孟星. 中国住房保障制度建设20年 [J]. 中国房地产，2012 (22).

向城镇住房困难的中低收入家庭提供具有保障性质的政策性住房。2006年5月，国务院九部委联合发布《关于调整住房供应结构稳定住房价格意见的通知》，强调要首先确保经济适用住房和廉租住房的土地供应，并规定该类房屋的土地总量不得低于住宅用地总量的70%，标志着政府开始着手调控住房供应结构，政策导向向保障性住房转移。2007年11月，建设部联合发改委、财政部等七部委共同颁布了《经济适用住房管理办法》，分别从建设管理、价格管理、住房管理等层次对经济适用住房政策进行阐述，我国以经济适用房为主体的城镇住房供应体系得到进一步完善。

（五）经济适用房制度现状

经济适用房政策在推行初期，受到各级政府的重视。为在短期内增加存量住宅，政府投入了大量的财力、物力。根据建设部的报告，从1998年经济适用房建立至2003年全国推广，这期间全国经济适用房累计竣工面积近4.8亿平方米，600余万户中低收入家庭得到妥善安置。[①]

随着经济适用房的持续推进，高供给量给地方财政带来了巨大的压力，各省份的经济适用房供给量开始缩紧。2001~2003年，全国经济适用房占住宅总量的比例一度高于10%，但随着政策的深化，虽然各年度的开工面积有所增加，但整体的占比却是逐年下降。根据《中国房地产统计年鉴》的资料显示，2010年我国住宅新开工面积为12.94亿平方米，其中经济适用房新开工面积为4909万平方米仅占到住宅总量的3.8%。据相关研究表明，适中的经济适用房覆盖率应在10%~15%区间内，这样既能保证中低收入者的住房需求得到满足，又不会给地方财政带来过大的压力。[②] 目前我国大部分省份的经济适用房覆盖率都不足10%，大量中低收入者面临无房可买的状况，经济适用房住房供应主体的功能并没有完全地发挥出来。

---

① 罗萍，等. 浅谈我国经济适用住房制度 [J]. 金卡工程，2009（9）.

② 倪鹏飞，姜雪梅. 中国住房发展报告（2012~2013）[M]. 北京：社会科学文献出版社，2012：282-283.

## 三、安居房

（一）安居房产生的背景

安居工程是在特殊的背景下提出来的。1993 年国家开始对房地产业实施收紧的调控政策，使房地产业过快发展速度大幅回落。考虑到房地产投资的下降会造成许多相关产业的低迷，如钢材、水泥、玻璃等产品会大量积压，同时考虑到全国人均 4 平方米以下的住房特困户的"解困"问题，国务院有关部门提出"安居工程"的基本思路。初步计划国家每年向安居工程贷款 50 亿元，地方自筹资金 75 亿元，在全国 59 个城市实施，每年建造 1200 万平方米的"安居房"，实施 5 年，共建 600 万平方米，以消化积压的建材产品和解决人均 4 平方米以下困难户的住房问题，优先售给住房困难户中的教师和离退休职工。①

安居房来源于 1995 年的《国家安居工程实施方案》。安居工程是国家针对贫困居民居住条件而实施的一项惠民工程。安居房是指国家实施"安居工程"而建设的住房，是党和国家安排贷款和地方自筹资金建设的面向城市居民中的中低收入家庭的销售价格低于成本、由政府补贴的非营利性住房。目前，安居房分为出售或出租两类，属于准成本房、全成本房、全成本微利房和社会微利房。该方案实施以来，各地根据实际情况在国家安居工程政策指导下制定了相应的配套政策。例如，北京推出"康居工程"、武汉推出的"汉康工程"以及沈阳推出"安居 234 工程"等，这些都是地方政府结合地方实际而实施的安居工程指导方案。②

根据规定，安居房要直接以成本价向中低收入家庭出售。安居房成本价由征地和拆迁补偿费、勘察设计和前期工程费、建筑安装工程费、住宅小区

---

① 梁运斌. 安居房，你能走多远 [J]. 外向经济，1998 (1).
② 杨善华. 解决安居房建设隐患的几点思考 [J]. 玉溪师范学院学报，2011 (11).

基础设施建设费（包括50%小区级非经营性公建配套费）、管理费、贷款利息和税金构成。购房人可按安居房成本价购买，也可按职工当年配置公房的价格购买，但差价由所在单位承担，或由家庭成员各自单位协商承担。

（二）安居房的特点

从安居工程本身来分析，安居房是一种政策补贴性的商品房，它具有以下几个特点：一是政策性（计划性）；二是福利性；三是商品性；四是筹资的贷款性；五是销售对象的单一性（即面向低收入住房困难户）。如果以上五个特点有一条不存在就失去了安居工程的性质了。

（三）安居房存在的问题

安居房建设在一定程度上发挥了积极的作用，但在实践中仍存在着许多亟待解决或澄清的问题。

第一，造成城镇商品房屋重复建设，加大了房屋空置量。安居房也是商品房，是一种政策补贴的商品房，不是无偿分配，它是向低收入者出售产权，它的销售同样遇到很大的困难。由于安居工程中的地方配套资金大部分是由建设单位贷款负担的，开发建设单位名为扣取3%的管理费，实际上部分成品房空置一年就得赔息，使承建单位叫苦不迭。

第二，加大城市财政负担。改革开放以来，房地产业发展为城市建设提供了大量资金和实物条件，安居工程由于不交土地出让金，免收基础设施配套费及其他的相关税费，变成由城市财政负担的开发任务，由此产生必要的交通、道路、供水、供电、通信设施等支出都需要地方政府负担，使本级财政紧缺的状态更加突出。[①]

第三，间接抬升其他商品住宅的价格。大多数城市政府财政本来就很困难，难于承担安居工程配套设施任务，因此实际上这些配套设施的开发费用只能用各种形式转嫁到其他商品住宅的开发上，造成了市场化为主导的商品

---

① 杨善华. 解决安居房建设隐患的几点思考［J］. 玉溪师范学院学报，2011（11）.

住宅成本抬升，从而间接地提高了这部分住宅的价格。换言之，这些商品住宅的土地费用和市政设施费用客观上包含了安居工程的土地费用和市政费用。

第四，造成商品房价格"双轨制"。由于安居房具有补贴性质，所以价格较低，而同一地区的其他商品住宅价格由于各种原因价格较高，造成同一房地产市场上出现了价格"双轨制"。前些年物资供应上的双轨制价格曾诱发"官倒"等社会腐败现象。

第五，造成不正当竞争。为了促进安居房的销售，有些地区就改变安居工程的初衷，扩大了销售对象，冲击了正常的商品房市场，由此造成商品房开发和"安居房"的不公平竞争。

第六，住房建设质量问题突出。虽然国家要求安居工程应同普通商品住宅具有同样质量，大部分安居工程房屋能保证基本质量，但确有一些房屋粗制滥造，存在着严重的质量问题。安居房在质量上存在的普遍问题一是户型设计差，二是规划设计标准低，其中有些建造质量和配套条件较差。

第七，使贫富差距在居住区域内显性化。从"安居工程"的本意上讲，是为了安置低收入者，以成片开发为主。但从社会学角度来看，有可能引发出一个问题，即成片的安居房居住的都是低收入者，形成实际上的"贫民区"，不利于居住软环境的改善。

第八，较多占用耕地，造成土地资源浪费。城市开发和发展理应走内涵式发展的道路，即通过旧城和危旧房拆迁改造，适当提高容积率，从而在解决居民住房问题的同时，实现城市土地的集约化利用，而安居工程为了达到低成本，往往只能避开旧城改造和拆迁安置，一般选址在城市郊区和边缘地带，占用大量耕地，这对于一个人多地少、粮食紧张的大国来讲不是一条良好途径。

随着城市化进程的不断推进，进城定居的人员和城区改造民居越来越多，安居工程项目逐渐加大，由此给政府在资金上带来很大压力。由于筹措资金困难，一些财政困难省、州、县安居房建设速度很难快起来，尤其是建设过程中政府和企业、需房户多方利益关系的妥善处置往往难度很大，导致这一民心工程在实施过程中困难重重。

## 四、限价房

限价房又称限价商品房、"两限"（限套型、限房价）商品房，是我国典型的政策性商品住房。限价房的提法最早出现在 2006 年 5 月建设部等九部委发布的《关于调整住房供应结构稳定住房价格的意见》，该意见提出"土地供应应在限套型、限房价基础上，采取竞地价、竞房价的办法，以招标方式确定开发建设单位。"由此可以看出，限价房是在事先确定"限套型、限房价"指标的基础上，引入"竞地价、竞房价"的竞争机制，所以限价房又称为"两限两竞房"。2008 年 1 月，广州市公布《广州市限价商品住宅销售管理办法（试行）》指出，限价商品住宅"是指政府公开出让商品住宅用地时，提出销售价格、住宅套型面积、销售对象等限制性要求，由开发建设单位通过公开竞争取得土地使用权，并严格执行限制性要求开发建设和销售的商品住宅。"2008 年 3 月，北京市出台《北京市限价商品住房管理办法（试行）》对限价房做出了明确的定义，指出"限价商品住房是指政府采取招标、拍卖、挂牌方式出让商品住房用地时，提出限制销售价格、限制住房套型面积、限制销售对象等要求，由开发企业通过公开竞争取得土地，并严格执行限制性要求开发建设和定向销售的普通商品住房。"[①]

（一）限价房的性质

虽然对于限价房目前没有权威的定义，但是上述各种表述清楚地界定了限价房的性质，即限价房本质上仍然是商品住房，但具有保障性住房的特征。首先，限价房是商品住房。限价房由开发商按照政府设定的价格与套型面积等指标进行开发建设，并通过房地产市场销售。购房者虽然五年内不能用于出租与出让，但是可以办理房地产权登记并在一定前提下允许上市交易，购房者拥有受限制的产权，因此限价房本质上仍然是商品住房。其次，限价房

---

① 郑云峰. 中国城镇保障性住房制度研究 [D]. 福州：福建师范大学，2014.

具有保障性住房的特征。虽然政府对保障性住房的优惠政策较少，但限价房却是政府为保障中等收入群体住房权益而实施的一种制度。政府在出让土地之前，预先按照比市场价格低的水平设定了房价以及套型面积标准，并按此标准进行公开竞标。限价房的目的有两个，一是提前锁定房价，保持房价的平稳；二是增加中小户型住房的比重，从而保证适应中等收入群体的住房承受能力。

（二）限价房的内涵

限价房制度包含保障对象、项目建设、退出机制、监督机制等内容。限价房的保障对象是城镇中等收入的住房困难群体、征地拆迁过程中涉及的农民家庭以及当地政府规定的其他家庭，根据申请家庭的家庭收入、家庭资产、家庭住房情况确定保障对象。限价房项目建设按照政府指导、市场运作的方式进行，即由政府事先确定销售价格、套型面积等指标，再公开招标建设单位，限价房用地以公开出让的方式进行。限价房与经济适用房类似，购买者只能取得有限的产权，购买后在规定的年限内不得上市交易、不得用于转让和出租，购房者在规定的年限内如需要转让的由政府按照一定价格回购；限价房购房者购房超过规定的年限上市转让的，应当按照转让时同地段普通商品住房与限价房差价的一定比例向政府交纳土地收益等相关价款，具体比例由当地政府确定。各地的限价房制度制订了严格的监督机制，对执行过程中的各种违规行为进行惩罚。

## 五、公共租赁房

（一）公共租赁房的含义

公共租赁房是指政府或企业持有部分房源，并将这些住房以低于市场价的方式租给特定人群。其租金水平高于廉租房，但低于商品房。综观世界各国，政府住房保障的方式包括实物配租、配售，货币补贴和金融政策支持等。

其中，实物配租方式主要是提供公共租赁住房或类似住房。公共租赁住房保障的基本属性是政府建设或筹集的房源以实物配租方式，或者采用货币补贴形式面向一定社会群体提供的具有社会福利性质的保障。公共租赁住房的基本原则是"人人享有适当的住房"而非"居者有其屋"理念，提供的是过渡性保障。①

（二）公共租赁房的定位

住房保障政策面向三个层面，一种是适用于廉租房使用标准的低收入群体，一种是适用于经济适用房的低收入群体，还有一种是普通的商品房购买群体。由于各个保障群体的具体情况不同，保障制度的覆盖范围也有大小之分，所以在廉租房和经济适用房之间必然会存在两者皆不适用的群体，这些既不符合廉租房标准又买不起经济适用房的群体和超出申请经济适用房标准又买不起商品房的群体被称为"夹心层"。

从现实来看，"夹心层"具体表现为两个层次的群体，即第一层次是不在廉租房保障范围内又无力购买经济适用房的群体；第二层次是不在经济适用房保障范围内又无力购买限价房的群体，他们多为中低收入居民、新职工和长期在城市并有稳定工作的外来务工人员等。② 从"夹心层"群体的具体形式来看，他们的经济实力较弱，难以从市场解决自己适宜的住房问题，特别是在市区住房价格及租赁价格过高的环境下，势必造成城市"夹心层"群体选择城中村、郊区等城市边缘租住价格较低的住房，导致"夹心层"群体的工作地点和居住地点不一致的问题。这种工作与居住空间的不一致，不仅会直接导致"夹心层"群体的上班时间成本增加，也加大了他们的生活成本，而且也给本已拥挤的城市交通增加了巨大压力，同时也严重影响了该部分群体生活的幸福指数，对和谐社会的有序发展造成较大隐患，不利于社会

---

① 成立. 我国公共租赁住房制度建设探析 [J]. 现代商贸工业，2009（14）.

② 郑梓岑，李国敏. 中国城市"夹心层"群体住房问题与对策研究 [J]. 汉江师范学院学报，2018（4）.

治安的综合管理。

公共租赁房是我国现行住房保障制度的创新，能够为不同层次、不同类别的城市居民提供与其消费能力相适应的住房条件。在公共租赁住房保障制度建立以前，我国以廉租房和经济适用房保障制度为主。而廉租住房针对的对象是群体中最低收入者，经济适用房的针对的对象是中等收入群体。公共租赁住房保障制度建立以后，根据国家相关政策规定：公共租赁住房制度作用的人群主要是城市中低收入群体，根据各地具体情况不同，特殊地区可以将新就业员工和有稳定职业并在城市居住一定年限的外来务工人员纳入供应范围。其他地区规定的相关公共租赁住房保障制度供应群体应该更加广泛，照顾更多的中低收入群体。公共租赁房体系的实行对未来有效解决"夹心层"问题，促进住房保障制度完善和维护社会稳定具有长远的影响。

## 第二节　我国保障性住房制度现状及面临的问题

### 一、我国保障性住房制度的现状及实施成效

经过多年的努力，我国确立了以廉租房、公共租赁房、经济适用房等多层次城镇保障性住房制度，对于完善城镇住房供应体系，保障城镇中低收入家庭住房权益起到了重要作用。

我国保障性住房建设在经历了 2003～2007 年逐年收缩之后，自 2008 年金融危机以来在国家的大力支持下，获得了较快发展，全国大部分市县都建立了比较完善的保障性住房制度，保障性住房投资总额增长迅速，国家财政保障性住房支出快速增加，保障性住房建设重新回到保障民生的轨道上来。从我国市县保障性住房制度的建设情况来看，根据审计署发布的 2012 年城镇保障性安居工程跟踪审计的结果，截至 2012 年底，全国所有市县均建立了廉租住房制度，72.97% 的市县建立了公共租赁住房制度，60.06% 的市县建立

了经济适用住房制度，23. 75%的市县建立了限价商品住房制度，80. 47%的市县实施了棚户区改造，地方多层次住房保障体系正在逐步完善，保障性住房制度的保障范围不断扩大，保障水平不断提高。[①]

从保障房支出来看，国家保障性住房支出逐年递增，特别是金融危机以后，住房保障支出成为国家财政主要支出项目之一。根据国家统计局统计，国家财政用于住房保障支出金额 2009 年为 725 亿元，2010 年为 2376 亿元，2011 年达到 3820 亿元。随着住房保障支出的迅速增加，保障范围也迅速扩大，截至 2005 年底，全国仅有 32. 9 万户城镇最低收入家庭享受廉租住房保障，到 2011 年全国城镇已经有 1500 万户中低收入住房困难的家庭依靠城镇保障性住房体系解决住房问题。[②] 未来国家会加大保障性住房支出，国家"十二五"规划就明确提出"十二五"期间全国将建设 3600 万套城镇保障性住房，城镇保障房覆盖率达到 20% 左右，基本解决城镇中低收入群体的住房困难问题。

从保障性住房建设结构来看，逐步转向以租赁方式为主，公共租赁住房将成为我国保障性住房的主体。1998 年房改以来，经济适用住房一度成为我国保障性住房的主体，但在实施过程中出现了大量经济适用住房并不"经济"的现象。2007 年以后，针对城镇最低收入家庭的廉租住房成为建设的重点，经过几年的大力发展，城镇最低收入群体的住房困难得到大大缓解。2010 年以后，针对城镇中低收入家庭、刚就业的大学毕业生、在城镇拥有稳定工作的务工人员的住房问题广受关注，公共租赁住房逐渐成为建设的重点。

总的来说，我国保障性住房制度实施的成效集中表现在以下几个方面。

（一）改善了居民的居住条件

在城镇人口不断增加的情况下，我国城镇人均住房建筑面积从 1978 年的 6. 7 平方米提高到 2011 年的 36. 0 平方米；2011 年全国家庭现住房完全自有

---

① 郑云峰. 中国城镇保障性住房制度研究 [D]. 福州：福建师范大学，2014.

② 张占斌，等. 中国城镇保障性住房建设研究 [M]. 北京：国家行政学院出版社，2013.

率为 84.7%。①

住房的功能和质量全面提高，科技含量增大，基础设施配套水平不断提高，居住环境明显改善。"十一五"期间，我国以廉租房、经济适用房等为主要形式的住房保障制度初步形成，通过各类保障房建设，五年间，全国1140 万户城镇低收入家庭和 360 万户中等偏下收入家庭住房困难问题得到解决。到 2010 年底，我国城镇保障房覆盖率已达 7% ~ 8%，城镇居民人均住房面积超过 30 平方米；农村居民人均住房面积超过 33 平方米。② 可见，为了让在住房保障范围以外的中低收入群的住房需求得到一定程度的满足，缓解我国的住房供需矛盾，以及弥补单纯靠市场调节保障性住房所带来的种种缺陷，政府运用行政和经济手段共同推动保障房建设，在一定程度上是值得肯定的。

(二) 丰富了保障房制度体系

通过住房制度改革，停止福利性实物分配体制，建立了与市场经济体制相适应的住房货币化分配制度，2005 年，城镇住房私有产权比重超过 80%。打破了以国家、单位为主体的住房投资体制，逐渐形成了城镇住房投资主体多元化，以及住房资金来源多渠道的新局面。目前，在廉租房和经济适用房供应和保障方面，我国已经初步建立相对比较规范的投入、准入和审核管理制度；公共租赁房建设也已经在全国部分城市和部分地区进行试点和推广。因此，从整体看，目前我国城镇住房保障的基本框架已经形成，这为今后住房保障的发展提供了坚实的制度基础和体制支撑。

(三) 拓宽了保障房建设的融资渠道

在廉租房建设和供应方面，初步建立了中央政府补助和地方政府投入相

---

① 北大中国社会科学调查中心. 中国民生发展报告 (2012) [R].
② 路君平，糜云. 我国保障房的发展现状与融资渠道探析 [J]. 中国社会科学院研究生院学报，2011 (11).

结合的政府投融资机制；在经济适用房建设和供应方面，建立了由政府减收土地出让金、减免税费和城镇居民低收入居民个人出资购买的、政府和居民投入相结合的投融资体制和机制；在公共租赁房建设和供应方面，开始尝试建立通过政府减免相关税费支持、以社会资本和民间资本投入为主体的社会化、市场化的投融资新体制和运行机制等。这种促进投资主体多元化、资金来源渠道多元化的新型投融资体制和机制，为今后进一步解决城镇住房保障建设资金不足和短缺问题提供了新思路，有利于增强住房保障投融资建设和供应的活力，进一步提高住房保障投融资建设和供应保障的质量、效益和效率。

（四）保障房领域的法规体系建设初见成效

近年来，在促进城镇住房保障发展方面，各级政府住房保障管理部门除了高度重视发挥各类政策性文件的推进作用之外，非常重视住房保障领域的法律法规建设。在国家层面，先后制订出台了《住房公积金管理办法》《经济适用房管理办法》《城镇廉租住房管理办法》等多项行政管理法规，目前正在积极推进《住房保障法》的立法进程等，使得住房保障领域的规范化、法制化水平得到了明显提高。①

## 二、多层次住房保障体系存在的问题

目前，我国绝大部分城市已经建立包括廉租房、公共租赁房、经济适用房、限价房在内的多层次保障性住房体系。

（一）廉租房

我国从 1999 年开始实施廉租住房制度，但是发展缓慢。1998 年国务院发布《关于进一步深化城镇住房制度改革加快住房建设的通知》时就已经提出"最低收入家庭租赁由政府或单位提供的廉租住房"，据此，1999 年建设

---

① 胡子健.中国保障性住房政策演进过程与改进思路［D］.长春：吉林大学，2016.

部发布《城镇廉租住房管理办法》。2004 年 3 月，建设部等五部委出台《城镇最低收入家庭廉租住房管理办法》，标志着我国廉租住房制度的全面启动。然而由于房地产行业被称为拉动经济增长的重要手段以及地方政府筹集财政收入的重要渠道，造成廉租住房投资不足，廉租房建设进展缓慢。直到 2007 年，国务院颁布《关于解决城市低收入家庭住房困难的若干意见》，廉租住房建设被赋予重要的地位，特别是 2008 年金融危机以来，政府将加大廉租住房建设力度作为保障性安居工程的重要内容，廉租住房建设才得到了较快的发展。根据建设部发布的《关于年城镇廉租住房制度建设情况的通报》数据显示，截至 2006 年底，全国累计用于廉租房保障的资金仅有 70.8 亿元，财政资金年均投入不足 10 亿元；全国累计仅有 54.72 万户城镇低收入家庭享受廉租房保障，其中获得租金补贴的家庭 16.7 万户，获得实物配租的家庭 7.7 万户，获得租金核减的家庭 27.9 万户。从 2007 年开始，政府加大了对廉租房建设的支持力度，仅 2008 年一年，政府投入到廉租房建设的资金就达到 145 亿元，是过去 8 年累计投入的 1.3 倍。[1]

1. 我国廉租房制度发展历程

开始起步阶段。1998 年，国务院发布《关于进一步深化城镇住房制度改革加快住房建设的通知》，指出对不同收入家庭实行不同的住房供应政策，最低收入家庭租赁由政府或单位提供的廉租住房，明确提出在全国推行廉租住房制度。这标志着廉租房制度正式成为我国住房供应体系的重要组成部分，廉租房制度开始在我国起步。1999 年，建设部在总结各地试点经验的基础上发布《城镇廉租住房管理办法》，对廉租房的房源、廉租房租金标准、廉租房建设和廉租房的申请程序问题予以明确规定，开始探索规范化的廉租房制度。但直到 2002 年，全国 35 个大中型城市只有不到一半出台了廉租房建设实施方案，进展并不十分迅速。[2]

---

① 郑云峰. 中国城镇保障性住房制度研究 [D]. 福州：福建师范大学，2014.
② 罗娟. 从"按兵不动"到"全面突击"廉租房历经坎坷 [EB/OL]. http：//rent. cd. soufun. com，2008 - 09 - 15.

逐渐完善阶段。2005 年，建设部、民政部印发《城镇最低收入家庭廉租住房申请、审核及退出管理办法》的通知，对城镇最低收入家庭廉租住房申请、审核及退出管理办法做出了普遍、详尽以及更为明确的规定。2006 年 5 月 17 日，国务院总理温家宝主持召开国务院常务会议，针对房地产调控提出了著名的"国六条"，且将城镇廉租房制度建设置于更为显著的位置。之后中央政府在相关会议和相关部委文件中也多次强调廉租房制度是住房制度改革、住房建设，特别是解决最低收入居民家庭的住房问题的一项重要工作。至此，我国廉租房制度进入深化和完善过程之中。①

快速推广阶段。2007 年 8 月 2 日，国务院颁布《关于解决城市低收入家庭住房困难的若干意见》，指出廉租住房制度的基本政策框架是为住房困难的低保家庭和无力购买经济适用住房的低收入家庭发放租赁补贴或提供廉租住房。2008 年 11 月 5 日，国务院常务会议再次强调"加快建设保障性安居工程"，"加大对廉租住房建设支持力度"，廉租房体系建设又一次成为中央及地方政府以及人民群众关注的焦点。2007 年 12 月 1 日，建设部等九部委联合颁布的《廉租住房保障办法》开始实施。2008 年 12 月 17 日，温家宝主持召开国务院常务会议，研究部署促进房地产市场健康发展的政策措施时明确提出，加大保障性住房建设力度，争取用 3 年时间，解决 750 万户城市低收入住房困难家庭和 240 万户林区、垦区、煤矿等棚户区居民的住房问题。随后中央继续加大廉租住房建设和棚户区改造投资支持力度，适当提高中西部地区补助标准。选择部分有条件的地区试点，将本地区部分住房公积金闲置资金补充用于经济适用住房等建设。2009 年 4 月 29 日，国务院常务会议讨论并原则通过《关于 2009 年深化经济体制改革工作的意见》中提出，加快推进医药卫生、教育、文化、社会保障、住房等民生领域改革，改善居民支出预期和消费意愿。在中央的大力推动下，我国的廉租房建设进入快速发展的阶段。

2. 我国廉租房制度发展模式

以租金补贴为主的模式。此模式主要是以上海市、北京市为代表。在廉

---

① 韩立达，李耕倩. 我国廉租房制度发展演变及对策研究［J］. 城市发展研究，2009（11）.

租房补贴方式上，选择以租金补贴为主，向符合申请条件的家庭，按现定标准发放现金补贴。① 租金补贴方式实施初期，确实解决了一部分居民的居住问题。但随着房价的不断变动，廉租房住户有可能需要不断搬家，造成廉租户的生活十分不稳定，人口流动性增大，对社会治安管理带来一系列的问题。

以新建廉租房为主的模式。此模式以天津市为代表，其主要做法是政府统一兴建成片的廉租房，以廉租房租金标准分配给符合双困条件的家庭。由政府统一规划、建设，可以比较统一、有力的执行。但是，大量廉租房聚集在一个区域，会造成所谓的"贫民窟"现象，对社会稳定造成很大的挑战。并且，新建廉租房是一项庞大的工程，需要大量的资金，这对政府的资金保障，以及各环节的管理也提出很高的要求。

实物配租与租金补贴相结合的模式。这是各地政府经过多年探索，结合各地具体情况创新出来更加灵活有效的模式。如长春市的现房认定、租金减免的模式；厦门市以租金补贴为主，实物安置、租金核减为辅的模式；成都市以实物配租起步，逐步过渡到现金补贴的模式等。这些模式有许多好处，相对政府投入较少，能更加有效的盘活既有资源，还可以根据各地区条件的不同而灵活选择以哪种方式为主，加入良好的监督机制，循序渐进的推进，可以更高效的完成廉租房的配置。但是这些模式都是由各地特有的政治、经济条件决定的，如果要在全国大规模实施则需慎重。②

3. 廉租房制度面临的问题

一是供给问题。作为人的基本需要，住房是人类生存和发展必不可少的物质条件，由此可见，住房权利天然具有生存权利的意义。居住需求是人的基本需求，这不仅是指每个人享有满足基本生理需求的一个栖所，更是指安全、和平与尊严地居于某处的权利。因此，不少国家的经济社会发展表明，国民居住问题一般是通过两条路径解决的，一是市场供给；二是政府供给。廉租房是政府住房供给的一种形式。转型时期我国加大廉租房供给以满足低

---

① 武恒聚. 廉租房制度与住房保障 [J]. 学理论，2008（10）.

② 韩立达，李耕倩. 我国廉租房制度发展演变及对策研究 [J]. 城市发展研究，2009（11）.

收入家庭基本居住需求，是构建社会主义和谐社会、全面建设小康社会的必然要求。廉租房供给问题不仅是专家学者研究的热点问题，更是普通民众关心的民生问题。随着我国城市住房制度市场化改革的不断深化，人们逐步形成这样的共识：必须建立以经济适用房、廉租房、住房公积金为主要内容的住房保障体系。但是，多年来住房制度改革"重市场、轻保障"的历史惯性使然，住房保障并没有与住房市场协调发展，保障房尤其是廉租房有效供给严重不足，2000 年以来的 8 年中解决的住房困难户只有 50 万户左右。① 虽然自 2008 年起中央政府再度重视廉租房建设问题，但仍有大部分城市低收入家庭的居住需求无法满足。

廉租房是住房保障的一项重要内容，是收入偏低的社会阶层享有基本居住权利的重要体现，也是实现经济社会持续发展的必要条件。从发展中国家的实践看，强化公共品供给是经济发展的一般规律，因为公共品供给是制度改革深化和经济持续发展的前提条件，公共产品与公共服务供给有保障，国民经济持续发展才有强大的动力和后劲。② 根据社会事业的属地原则，地方政府理所当然是廉租房供给的执行主体。这样也能够有效地发挥地方政府对本地信息相对完全的优势，降低住房保障的实施成本。必须把廉租房制度建设纳入地方政府的目标责任制管理中，作为考核地方政府领导政绩的一项重要内容。

尽管地方政府是廉租房制度的执行主体和廉租房供给的主要力量，并且廉租房制度建设也被纳入地方政府的目标责任制管理中，但是目前由于缺乏具体的廉租房规划指标、政绩考核评价体系以及政策执行的激励约束机制，部分城市在廉租房建设上往往消极对待。从全国范围来看，截至 2010 年底，我国享有低保的人数已达 2311 万人。③ 然而，同期被纳入廉租房保障范围的

---

① 国家发改委课题组. 我国城镇住房保障制度主要问题和建设 [J]. 宏观经济管理，2009 (2).

② 葛扬. 以公共供给为取向的计划经济发展模式的历史评价——基于新中国 60 年经济发展的整体视角 [J]. 经济纵横，2009 (7).

③ 国家发展改革委宏观经济研究院投资所住房保障课题组. 我国城镇住房保障制度主要问题和建议 [J]. 宏观经济管理，2009 (2).

最低收入家庭仅为 500 万户。[①] 如果按三口之家进行粗略估计，被纳入廉租房保障范围的低保人数为 1500 万人，约占低保总人数的 65%。即是说，截至 2010 年底，我国仍有约 35% 的最低收入家庭的住房问题尚未解决。[②]

地方政府廉租房供给偏好不足、供给低效，作为廉租房供给政策的实际执行者，理当成为被问责的对象。但是中国特殊的财政集权体制和政治激励机制对政府行为施加的约束与限制，决定了地方政府廉租房的供给偏好和供给效率。

分税制改革后，所有企业的消费税、增值税 75% 部分及企业所得税 60% 部分划归为中央财政收入。仅增值税 25% 部分和企业所得税 40% 部分划归为地方政府的预算内收入。地方政府为了增加本级财政收入，其预算内收入增长方式发生了明显的转变，即由过去依靠企业税收变成了对其他税收尤其是营业税倚重的进一步加强，其理性选择自然是增加土地开发、基础设施投资和扩大地方建设规模以及发展房地产市场。分税制除了带来预算内收入的结构调整之外，也引致地方政府过度依赖城市土地出让以获取预算外收入。在上述背景下，不提供或少提供廉租房是分税制改革下地方政府的"理性"选择。建设廉租房将同时减少地方政府的预算内和预算外资金。因为地方政府无偿划拨廉租房用地，所以，廉租房用地挤占原本可以出让给开发商的城市土地，减少土地出让金和未能建设商品房而丧失的税收"机会成本"，并且还要使用部分宝贵的预算内收入来承担廉租房等保障房的建筑成本。

此外，地方政府自身投资冲动致使地方政府职能偏好于公共投资。推动经济增长是地方政府职能的第一要务，而中国经济增长主要是由投资拉动，既包括地方政府的自身投资，也包括招商引资。地方政府自身的投资冲动，挤占廉租房供给所需的资金，制约了廉租房供给水平的改善。"招商引资"竞赛引致的基础设施投资，挤占了廉租房供给水平。工业化是城市化的基础

① 贾康，刘军民. 我国住房改革与住房保障问题研究 [J]. 财政研究，2007 (7).
② 葛杨. 廉租房供给不足的事实、根源与突破路径——基于转型期中国地方政府行为视角的分析 [J]. 经济学家，2011 (8).

力量。没有迅速增加的企业投资，就不可能进行大规模的"圈地"和城市化建设，所以招商引资一直是地方政府促进地方经济增长的手段。而地方政府与"招商引资"来的企业之间不存在行政上下级关系，不能依靠行政手段命令其进入当地经济，需要通过改善投资环境吸引其进入，所以各地有很强的建设和改善基础设施等公共投资的动力。于是，地方政府职能逐渐向经济领域倾斜，廉租房投入偏好明显弱化，以至于在廉租房等公共服务提供方面出现了缺位。

以 GDP 为主的政绩考核机制引致了地方政府职能的转移和支出结构的改变，具体表现为：地方政府职能从公共服务上更多的转移到公共投资上；地方政府支出从保障房等"软公共品"上转移到基础设施等"硬公共品"上。供给高速公路等基础建设类的准公共品不但有利于吸引外资，而且能快速提升地方政府的政绩，① 而供给廉租房类的准公共品，虽然长期来看对整体社会经济有所裨益，但没有被纳入政绩考核指标，短期内不会带来直接或明显的政治绩效，在缺乏有效激励机制的条件下，地方政府廉租房供给偏好不可能很强。通常情况下，地方政府会想方设法逃避这种只投入没收入的廉租房供给责任。即使在目标责任的压力下建设廉租房，各地也大都将廉租房建在地价低的区域，致使低收入人群大量积聚，造成城市贫民窟，成为城市发展过程中难以治理的痼疾②，形成廉租房的无效供给。

二是效率与公平问题。在很多城市，地方政府仅仅关注市场发展对当地经济增长的贡献，却不重视廉租房制度本身的建设，也有极少数地方政府把建廉租房仅仅作为短期的"形象工程"来对待，根本没有制定与廉租房制度相配套的、适合本地区经济发展水平、居住状况、财政能力的廉租房实施总体目标和分步实施方案；有的地方廉租房仍停留在方案上，尚未付诸实施③；有的地方政府因无稳定的资金来源，将廉租房实施办法束之高阁，无法执行。

---

① 张军，高远，傅勇，张弘. 中国为什么拥有了良好的基础设施？[J]. 经济研究，2007 (3).
② 丁维莉，章元. 局部改革与公共政策效果的交互性和复杂性 [J]. 经济研究，2009 (6).
③ 王吓忠，巫月娥. 廉租房相关问题研究 [J]. 城市问题，2006 (6).

但是，越是经济发达的地方，其房地产价格就越高，需要提供的保障需求就越多；而越是经济落后的地方，需要提供的保障需求就越少。[①]

三是廉租房配租制度存在弊端。根据《城镇最低收入家庭廉租住房管理办法》的有关规定，目前，各地可以根据其社会经济的具体情况，选择廉租房的"实物配租""租金配租"或"租金减免"中的一种或几种形式，来确定廉租房的具体配租方式。

廉租房的"实物配租"，即由政府直接向享受廉租房的城镇最低收入家庭提供符合基本居住功能要求和面积标准的住房，供其租赁居住。根据《城镇最低收入家庭廉租住房管理办法》的规定，实物配租的住房来源应当以收购现有住房为主，限制集中兴建廉租住房；廉租房的租金标准由管理费、维修费两项要素构成；其配租对象应主要面向孤、老、病、残等特殊困难家庭及其他需要救助的家庭。

廉租房的"租金配租"，即由政府向被保障的家庭发放一定数额的租金补贴，由其自主到市场上租赁住房。根据《城镇最低收入家庭廉租住房管理办法》的规定，单位面积租赁住房补贴标准，按照市场平均租金与廉租房租金标准的差额计算。

廉租房的"租金减免"，即由产权单位在一定时期内对现已承租公有住房的城镇最低收入家庭给予相应的租金核减。这种方式适合的范围有限，不论是从社会影响还是操作难度来看，既不是廉租房配租制度安排的重点，也不会成为其制度实施的主流方式。

显而易见，不确定性的廉租房配租制度往往使廉租房制度在具体的实施过程中流于形式。地方政府大多采取象征性的"租金配租"形式，而这种象征性的所配租金根本不可能使城镇最低收入家庭在房地产市场上租赁到相应面积的住房。

四是廉租房制度的资金渠道较窄。廉租房制度的资金保障未明确纳入政府的公共财政体系，财政投入严重不足，其他资金来源不规范，因此也缺乏

---

[①]　韩丹. 我国廉租房政策的主要矛盾与政策选择 [J]. 福建论坛（人文社会科学版），2008（11）.

稳定性。截至 2006 年，全国累计用于廉租房建设的 70.8 亿元，其中 2006 年的投入就占 1/3，为 23.4 亿元①，说明 2006 年以前的投入极少。② 70 亿元的数字可以说相当可怜，全国廉租房的投入不足北京一个城市 5 年土地出让收入的 1/6 和政府土地出让纯收益的 1/2。③ 70.8 亿元的投入中，其中，财政预算资金 32.1 亿元（含部分上交的住房公积金增值收益），住房公积金增值收益 19.8 亿元，土地出让净收益 3.1 亿元，社会捐赠 0.2 亿元，其他资金 15.6 亿元。2006 年投入的 23.4 亿元中，财政预算安排资金 12.1 亿元，土地出让净收益 3.1 亿元，公积金增值收益为 4.7 亿元，社会捐赠及其他资金 3.5 亿元。④按照廉租住房管理办法的规定，廉租房的保障资金来源应以财政公共预算资金为主，但现实中，除少数城市建立了制度性的财政资金供应计划外，相当多的城市都是依靠住房公积金的增值收益和公房售房款的余额部分作为廉租房资金来源的主渠道。虽然，后来在 2006 年开始规定，各地政府应当将不低于 5% 的土地出让金净收益用于廉租房制度，而且仅在 2005 年，全国土地出让金净收益就约为 2100 亿元⑤，如果按 5% 提取，用于廉租房的资金应当为 100 亿元左右。从上面仅仅 3.1 亿元的数额可以看出，这方面的规定并没有得到遵守。相反，占较大比例的是公积金缴存人缴存的公积金收益，而住房公积金制度主要是保障缴存人提高市场购房的购买力，公积金的增值收益也应当仍然用于这些人之间的互助，目前转用于低收入家庭的住房保障，是有违公积金使用规范的。⑥

五是相关法律法规不完善。迄今为止，我国住房社会保障尚未形成系统的法律体系，相关社会保障住房的法律制定仍然停留在国务院、各部委及各级政府颁布的政策性文件及少量部门规章之中，没有制定出较为成熟的法律法规。这种状况对以下两方面产生了不利的影响。一方面，在廉租房的建设

---

①④　建设部通报 2006 年城镇廉租住房制度建设情况 [Z]. http：//www. cin. gov. cn, 2007 – 02 – 13.

②⑥　夏建中. 健全廉租房制度的关键：强化政府公共服务职责 [J]. 教学与研究, 2008（1）.

③　据北京社会科学院发布的《北京蓝皮书》, 2001 年 11 月至 2006 年 11 月, 北京市公开出让了 253 宗土地, 共收地价款 466 亿元, 其中政府纯收益达到了 145 亿元。

⑤　秦虹. 住房保障应以廉租房为核心 [J]. 中国改革, 2007（1）.

和供给上，尽管中央政府出台多个文件，三令五申要求地方政府加大投入，保障廉租房的财政投入。例如，1998 年《国务院关于进一步深化城镇住房制度改革加快住房建设的通知》、2005 年建设部等七部委发布的《关于做好稳定住房价格工作的意见》都强调完善廉租住房制度，扩大廉租住房制度覆盖面，多渠道增加住房供给，提高住房保障能力；以及财政部要求将土地出让金净收益的 5% 以上用于廉租房制度。但是，在房地产开发投资和商品房投资都有较快增长的同时，廉租房中公共住宅的建设以及廉租房所需要的资金都没有得到相应的增长。由于没有法律规定和约束，地方政府便尽可能将有限的土地资源用于商业开发，将有限的财力投入到各种"面子工程"和"形象工程"，而公共住房建设自然被忽视。另一方面，在解决低收入者住房问题过程中确定低收入的标准、进入和退出的规定，以及处理需求者与提供方之间发生争议时，如对低收入家庭的认定、申请公共住房的资格认定、对政府补贴的数额及补贴方式的争议等，同样也缺少相关的法律制度。

（二）经济适用房制度

1. 经济适用房制度的特点

经济适用房制度是指政府扶持的具有经济性和适用性的社会保障型商品房制度。经济适用房有以下特点：第一，土地使用权采用行政划拨，免收土地出让金；第二，取消没有法律法规依据的收费，对经有关部门批准的行政事业性收费减半征收，小区经营性配套设施不计入住房成本，基础设施配套费给予相应优惠；第三，建设成本由征地拆迁补偿费、勘察设计和前期工程费、建安工程费、小区基础设施建设费（各小区非营业性配套公建费）、管理费、贷款利息和税金等 7 项因素构成；第四，利润控制在 3% 以下。

2. 经济适用房制度的作用

经济适用房具有很强的联动效应，它的大规模开发，吸引着人流物流和资金流，由中心市区流向外围新区，导致城市格局的变化，带动了房地产业的进一步发展，进而改善了人们的居住条件，提高了居民生活质量。

一是促进城市的布局调整。以人为本，注重综合居住环境是新时期住房规划的趋势。未来城市主体范围已不仅仅限于现在的中心市区，它包括核心区、中心市区、外围组团以及卫星城（即工业区、新区）。经济适用房一般建在地价相对较低的外围区，距城市核心区较远，与大型工业区较近，即与相对集中的就业区较近，远离繁华区，居住环境较为安静，居住用地较为宽裕，地价相对便宜。外围区以新区建设为主，适合建设经济适用房，工薪族可以承受，新区较多的就业机会也吸引人流、物流、技术流。经济适用房的建设开发，促进居民从中心区向外围区转移，疏散中心区和核心区过密的人口，减轻了市中心的负荷，使城市布局发生结构性的调整，这符合国际上城市发展的一般规律。[①]

二是扩大了内需。经济适用房刺激了人们的住房需求，促进了住宅业和以住宅业为主体的建筑业的迅速发展。住宅业是一个消费潜力巨大，产业关联度极高的产业。根据国家统计局有关资料表明建筑业的前向及后向关联效应指数高达 1.3。住宅建设可以带动建筑、建材、电子、轻工等几十个行业的发展，可以吸纳相当多的就业人口，对经济增长的拉动作用十分明显。在市场经济环境下，住宅建筑业犹如"起搏器"，可以赋予很多产业以生命力。这些产业包括住宅信贷业、住宅保险业、房屋修缮业、住房装修业、住宅信息咨询、以住宅金融业为主的银行以及法律服务业等，这些产业的兴起发展，必将增加相当多的就业渠道，吸纳相当多的就业人员。

三是改善居住条件。发展经济适用房，改善了居住条件，提高了人民群众的生活质量，解决了居民住房难的问题。城镇住房制度改革以来，特别是居民生活水平由温饱向小康过渡，居民的住宅需求不断增长，城镇居民有改善居住条件的迫切愿望。为了满足不同层次和不同收入者的住房需求，我国城镇住房制度改革最终建立起两类住房供应体系：一是以中高收入者为对象的商品房供应体系，以住宅开发经营企业的市场价供应商品房；二是以中低收入者为对象的经济适用房供应体系，以成本价供应社会保障型商品房。中心市区的黄金地段是提供房地产开发的高产田，但不是普通老百姓经济能力

---

① 李秋勇. 我国经济适用房发展研究 [D]. 重庆：重庆大学，2003.

可以承受的。而配套设施齐全，环境质量好，功能质量和工程质量高，价格又定位于老百姓通过住房金融支持而买得起的经济适用房，这是普通老百姓购房的首选。经济适用房解决了居民住房难的问题。

3. 经济适用房制度实施概况

经济适用房制度实施以来，总体上看，我国经济适用房投资增幅呈现下降趋势。自 1998 年以来，经济适用房投资占全国房地产投资总额的比例一直在提高，到 2000 年达到最高，为 10.88%，以后各年呈下降趋势①，2007 年仅为 3.25%。② 经济适用房在各地范围呈现不均衡发展。根据中国指数研究院的统计数据，2009 年深圳、广州、成都、南京、重庆、西安、大连规划的经济适用房在整个房地产市场的占比分别达到 3%、14%、2%、21%、9%、15%、18%。③ 但与此同时，一些地方经济适用房的建设却陷入进退两难的境地。辽宁、山东、广东等地决定停建经济适用房或者实现经济适用房与廉租房并轨，其他一些城市则出现经济适用房遭"冷遇"的情况。2009 年初以来，成都市以公开招标的方式采购近 5000 套经济适用房和廉租房等，却接连两次因投标人不足三家而废标。同年 3 月 23 日谈判结束，最终仅成交 233 套。④ 多方面的原因导致在经济适用房的建设中出现政府不热心，企业不积极，群众不买账的尴尬局面。为了适应国家经济发展和人民生活水平的不断提升以及我国房地产市场出现的各种新情况，经济适用房制度也在不断创新。2006 年，厦门、青岛等地根据上述变化，将经济适用房制度中出售的形式改为面向低收入人群出租。建设部在充分肯定这一形式的基础上，2007 年 12 月 29 日，时任建设部党组书记、副部长姜伟新在全国建设工作会议上第一次提及"经济租用房"概念。租赁型经济适用房将是未来发展方向。廉租房、租赁型经济适用房及限价商品房三者将共同组成实物型的住房保障。

---

① 韩立达，柴芳. 我国经济适用房制度的演变、问题及对策探析 [J]. 西南民族大学学报（人文社科版），2009（11）.

② 《中国统计年鉴（2008 年）》。

③ 彭勇，郎秋红. 2009 年经济适用房建设有望提速 [N]. 经济参考报，2009 - 01 - 12.

④ 穆之. 连续两次废标成都经适房采购遭市场"冷遇" [N]. 第一财经日报，2009 - 04 - 03.

4. 经济适用房制度面临的问题

时至今日，经济适用房仍然未能获得长足发展，欢迎与怀疑并存，被迫停建和推行新政并行。传统经济适用房制度的弊端主要有：保障范围不明确、标准太高、数量不充足、进入退出机制不完善等。随着政策的逐步细化和转变，经济适用房又出现了一些新问题，总体来看主要有以下方面。

一是保障品种众多，相互无法有效衔接。目前，经济适用房与廉租房、经济租赁房、限价房等的界限到底是什么，是按收入多少还是住房面积界定，抑或其他标准界定，至今全国没有统一标准。

二是住房引导有误，选址建设偏离保障。第一，住房消费应该是有层次的，即根据经济实力来决定是买房还是租房。将没有实力买房的低收入者划入购买经济适用房的范围本来就是不合理的，很大程度上是一种不切实际的消费，再加上我国居民在住房消费中一贯有"租房不如买房"的心理，即使勉强买了房实际上沦为"房奴"。所以这部分本来该租房的人或者因为买不起而放弃权利，或者买了房又陷入新的困境，总之是揽了保障之名而没有得到保障之实。第二，由于经济适用房的用地是划拨而得，政府不愿意把区位优势较好的地块拱手让出，所以经济适用房被迫建在城市外围或者基础设施不完备的地方，这里交通通达度差，随之带来交通、教育和医疗等问题，为低收入人群增加了负担。这些都弱化了经济适用房的保障作用。这与发达国家低收入人群居住在城市圈层而高收入人群居住在环境更好的郊区完全相反。

三是政策资金缺乏，依赖增量忽视存量。首先，缺乏完备的全国性法律，导致经济适用房的发展没有明确和稳定的资金来源渠道，加上其利润空间小，企业和政府在经济适用房的建设中并不积极，往往在资金充足的时候政策到位多投资，资金紧张的时候政策缺位少投资。规划缺乏长远性，在资金和政策的牵制下表现得随意和盲目。虽然有很多地方性法规或文件作为对中央文件的细化和完善，但其权威性和科学性还有待提高。另外，我国经济适用房建设过多依赖增量住房，忽视二手房市场及大量老旧公房等存量市场的挖掘。这样会使政府负担过重，导致其不愿或无力提供足够的房源。而且，单纯依赖新建房源不但会影响商品房销售，还会使大量存量房源空置和浪费。

四是推出数量过大，冲击商品住房市场。有人认为发展经济适用房不会冲击商品房市场，对此应分两个层次来看这个问题。对于那些根本无力购买商品房的群体而言，即使政府不提供经济适用房他们也不会去购买商品房，当然不会影响商品房市场。但对于那些通过补贴或优惠措施就可以购房的群体来说，如果政府大量推出经济适用房，而他们又符合申请条件，势必会造成对商品房市场的冲击。这也是由其"只售不租"的特性决定的。

五是经济适用房未能做到精准帮扶。政府开发建设经济适用房，是使中低收入者能够买得起、住得上而实行的一项重要政策。但是，在经济适用房的销售中，部分高收入者却进入了购房者行列。据北京市开发办提供的信息，北京自1998年推出经济适用房以来，购房者中有84%属于中低收入家庭，16%则属于高收入者。全国最大的经济适用房小区北京回龙观文化居住区内，居民大部分都是拥有私家车的高收入者。① 造成这种现象的原因是多方面的。其一是由于房地产开发企业销售机制不完善。某些房地产开发商按政府规定开发完经济适用房后，不顾政府的有关规定，将经济适用房敞开卖，致使部分高收入者也成为经济适用房的拥有者。其二是由于我国对居民高、中、低收入线划分不明确所致，以前所规定的标准与现阶段实情已不再相符。

六是经济适用房单位建造面积过大。由于经济适用房的开发建设在配套政策、管理制度上还不是很完善，因此经济适用房在建造面积上出现了一些问题。户型过大，豪华而不适用的大面积住房使一般工薪阶层望"房"兴叹。自开发经济适用房以来，140平方米的户型很普遍，个别项目的复式户型面积达260平方米。浙江省杭州市政府规定，现阶段经济适用房以60～95平方米左右的住宅为主导户型；北京市政府则规定，经济适用房主导户型为70～90平方米的两居室和110～120平方米的三居室。中低收入者对较大户型房屋的购买力较差，当时由于缺乏对购买者购买条件的限制，从而导致许多有能力购买商品房的高收入者享受了政府的优惠补贴。

---

① 颜春梅. 经济适用房的问题与解决对策 [J]. 城市问题，2003（1）.

（三）限价房制度

宁波是我国最早推出限价房的城市。1999～2002 年，宁波市房地产市场发展迅猛，但住房建设跟不上需求增长，市场出现了房源短缺、房价攀升、结构不合理等三大突出问题。1998 年底，宁波市房价每平方米约 1800 元，到 2002 年底跃升至 4000 元，房价涨幅连续 3 年领跑全国。为应对此难题，宁波市政府于 2003 年下半年推出第一批限价房，到 2007 年底已完成 40 多万平方米的建设任务，销售 5000 多套限价房。

2006 年 5 月，国务院办公厅转发建设部、发改委等九部委《关于调整住房供应结构稳定住房价格的意见》（简称"国六条"）细则中指出：要优先保证中低价位、中小套型普通商品住房和廉租住房的土地供应，其年度供应量不得低于居住用地供应总量的 70%；土地的供应在限套型、限房价的基础上，采取竞地价、竞房价的办法，以招标方式确定开发建设单位。文件中提到的"限套型、限房价"的普通商品住房，就是指限价房，即双限房。这一政策出台的目的在于消除市场供给垄断，稳定房价，促进住房市场供需均衡，进而满足部分中等收入或中等偏下收入人群的住房需求。[①]

1. 限价房制度的作用

限价房的推出，是政府发挥社会管理和公共服务职能的表现。政府作为国有土地所有权的代表和行政管理者，通过限房价、竞地价的方式，抑制了城市地价、房价的飞涨，使房地产市场回归常态。限价房是稳定房价的"调节器"，它不仅有利于住宅产业的健康发展，而且在建立和谐社会、构筑文明的社会环境和提高住宅资源配置效率等方面都将起到重要作用。

从各城市实践看，限价房已显现出三方面作用。第一，限价房项目的推出，确立了城市各区域住宅房地产价值的"低定价标杆"，改变了人们对房价快速上涨的预期，很快起到了调控楼价的作用。宁波在 2003 年下半年推出

---

① 姜吉坤，张贵华. 解决限价房实施过程中存在问题的建议 [J]. 科技情报开发与经济，2008 (15).

第一批限价房后，房价涨幅逐步回落，当年房价涨幅从全国排名第一退至第二，2004 年退至第五，2005 年退至第十七，房价顺利实现了"软着陆"。据宁波市测算，由于限价房的推出，2003 年宁波市区新开楼盘套均面积下降了15 平方米，2004 年再次下降 9 平方米，并平抑商品住宅平均销售价格 310 元每平方米。[①] 相比之下，广州 2008 年新春共有三个限价房项目上市，随即拉开了价格战的序幕。不少楼盘纷纷以优惠折扣、甚至"半价"开盘等策略争夺客源；"比限价房更便宜的房子"的楼盘广告赫然亮相广州各大媒体。限价房措施发挥了"木桶理论"的短板效应，起到了平抑整体楼价的作用。第二，增加中低价位、中小套型住宅供应，缓解了住宅供应的相对稀缺。限价房推出前，政府对市场住房供应结构调控缺位，开发商只倾向于开发中高档项目，商品房向高端发展，中低端产品奇缺。普通居民的住宅消费被动走向过度消费，出现了很多"房奴"。限价房的推出提供了中低价位、中小套型住宅，打破住宅产品供应结构的垄断。同样的城市土地资源提供了更多的住宅套数，缓解了供求矛盾，保障了中低收入、中等收入人群的住宅权，实现了更大程度的社会公平。第三，缩短了商品房开发建设周期，囤地现象明显改善，提高了城市土地利用效率。

2. 限价房制度面临的问题

限价房制度自实施以来，虽然取得了一些成绩，但是各地政府在限价房的实施过程中还是遇到不少问题，一定程度上限制了限价房的推广。

一是销售对象难以界定，致使偏离限价房实施目标。限价房要解决的是改善部分中低收入者特定人群的居住水平，如果对其购买资格界定不当，将会产生不少负面影响。因此，各地方政府在制定限价房政策时都严格限定销售对象。但是，目前我国个人收入信息系统不完善，不能合理界定其收入水平，在具体设置限价房的申购条件时，对其销售对象进行准确界定时存在许多问题，导致一些不符合申购条件的高收入人群买到了限价房，而真正需要住房的中低收入人群却被排除在外，从而偏离了实施限价房工

---

① 章鸿雁. 限价房性质和发展方向研究［J］. 建筑经济，2008（8）.

程的目标。①

二是相关方认识不统一，难以对限价房准确定价。在实施限价房工程的过程中，价格一直是申购者关注的焦点。在对限价房进行定价时，由于政府、开发商及申购者三方的立场不一致，使其对限价房价格的观点存在差异：政府希望限价房的实施既能满足相应的居民住房需求，同时又使得地区房价稳定在一定水平，以便实现土地价值利益的最大化；开发商在建设限价房工程时，其开发利润受到了规定限制，因此想让限价房售价尽量接近最高报价，以获取较多的开发利润；申购者认为限价房与经济适用房存在相似性，希望购买价格越低越好。综上可见，一旦限价房的价格出现偏差，使其中一方的利益受到损害，都会阻碍限价房工程的顺利实施。因此，如何能制定出一个合理的价格，使政府、开发商及申购者三方都能接受和满意，是实施限价房面临的关键问题之一。

三是政府监管难、管理成本过高。与经济适用房一样，各地政府在实施限价房制度时，同样面临着监管难的问题。此外，由于限价房属于政策保障性商品房，这样中低收入购买者认为限价房就是政府房，由政府负责限价房工程全过程的监管。因此，一旦出现质量、物业等方面的问题时，购买者就去找当地政府主管部门，使得政府的行政管理成本大大增加。

（四）公共租赁房制度

1. 公共租赁房制度产生的背景

1998 年以市场化导向的住房改革以来，政府致力于建立符合社会主义市场经济的住房制度，并使房地产业成为推动国民经济发展的新的增长点。②在政府不断强化商品化与社会化的住房政策下，大部分城镇居民被推向销售房领域，而房屋租赁市场则面临着规模缩小、运行不规范的困境。相当一部分无力进入销售房市场但又被资格审查严格的廉租房与可及性低的经济适用

---

① 姜吉坤，张贵华. 解决限价房实施过程中存在问题的建议 [J]. 科技情报开发与经济，2008（15）.

② 朱亚鹏. 住房制度改革：政策创新与住房公平 [M]. 广州：中山大学出版社，2007：77.

房排斥在外的社会成员同样无法在私房租赁市场上获得比较稳定的居住权保障。这部分群体被形象地称为"夹心层",主要包括以下人群:阶段性住房支付能力不足的新就业职工、外来务工人员以及另外一部分中低收入者。针对"夹心层"亟待满足的住房需求,2009 年住房和城乡建设部提出的解决方法是加快公共租赁房制度的建设。①

2. 公共租赁房制度的意义

公共租赁房制度相对于以出售方式为主,提供经济适用房的住房保障制度,是制度设计的一大进步,不仅有利于从根本上解决我国"夹心层"住房困难,其根本创新意义在于充分体现住房保障的保障特性。

首先,住房保障的首要目标是"人人享有适当住房"而非"居者有其屋"。公共租赁房的核心理念是"人人都有适当住房"。目前我国住房困难家庭数量庞大,相当部分为中低收入家庭,他们既不能享受最低收入家庭的廉租房,又难以通过自身力量在市场上购买或承租住房,经济适用房价格较商品房低一些,但多数低收入群体仍然难以承受。因此,厦门、深圳等城市根据本地区的现实条件,创造性提出公共租赁房,以低于市场价的租金提供租赁住房,或政府按月给予租金补贴,支持低收入家庭以按月支付适当租金的方式解决居住问题。大量的国际经验也表明,公共租赁住房是一种行之有效的住房保障形式,世界各国政府对低收入家庭实施的住房保障大多是通过租赁方式进行。②

其次,住房保障满足的是过渡性保障而不是一次性永久保障。住房保障对象是收入较低的住房困难家庭,低收入群体住房困难家庭是动态变动的,有些只是暂时性困难,因而他们需要的是临时性或者是过渡性的住房保障,公共租赁房恰恰具备满足过渡性居住需求的特性。此外,从政府供给角度看,与以往以出售方式提供让购房者一次性享受若干年(一般为 20~30 年)的

① 贾鋆. 公共租赁房发展模式分析 [J]. 理论观察, 2011 (5).
② 方和荣. 我国公共租赁房政策的实践与探索——以厦门、深圳为例 [J]. 中国城市经济, 2010 (1).

住房保障待遇的经济适用房相比，公共租赁房可根据家庭收入变动，灵活调整保障资源分配的对象，通过准入和退出机制的实施，促进有限保障住房的循环利用，确保其分配给真正需要的家庭。

最后，住房保障的设计标准是底层民众居住的基本需求而不是高水平的享受。保障作为维护社会底层民众利益的手段，应发挥阶梯的作用，帮助推动底层群体向上流动，而不至于掉队。因此保障标准的制定应紧密应对现阶段社会最低生活需求，并随着这一底线的浮动逐步调整。从国外住房保障的发展历程来看，其标准首先是保证有房住然后才是居住条件的逐步提升。在我国当前经济发展水平还不够高，财政承受能力有限的前提下，面对数量庞大的住房困难家庭，政府住房保障的首要任务是解决无房户或住房困难户的基本居住需求，即首先是提供低租金租得起的公共租赁房，而不是购买拥有自己的产权住房。总之，公共租赁住房既是政府实现住房保障"应保尽保"的现实选择，也是低收入家庭解决住房困难现实的选择。①

3. 公共租赁房制度的内涵

为了深入推进我国的住房体制改革，解决城镇中低收入家庭的住房问题，完善城市住房保障体系建设，关注"夹心层"群体，2010 年住建部等七部委联合发布《关于加快发展公共租赁房的指导意见》，标志着我国公共租赁房事业开始步入正轨，并成为住房保障工作的重点。之后国家相关部门陆续颁布了《关于保障性安居工程资金使用管理有关问题的通知》等相关文件，进一步对公共租赁房的发展提出具体要求。各地在实际操作过程中也逐步将公共租赁房作为保障房建设的重点。同时，部分地区停建经济适用房，着力发展公共租赁房。但就整体而言，目前我国公共租赁房还处于发展的初级阶段，很多政策细节及实践中面临的问题尚需探索。

（1）公共租赁房投资主体。

我国公共租赁房的投资主体主要有以下三种类型：一是城市政府作为投

---

① 方和荣. 我国公共租赁房政策的实践与探索——以厦门、深圳为例 [J]. 中国城市经济, 2010 (1).

资主体，包括财政直接投资或成立国有保障性住房公司，以及工业园区或产业集聚区管委会投资建设，普通商品住房项目中配建公共租赁房。二是社会企业作为投资主体，包括房地产开发企业、用人单位、农村集体经济组织。三是政府和企业共同出资，住房产权按照谁投资、谁持有的方式确定。

从目前各地实施情况来看，各地都在积极探索多元化、高效的建设管理模式。如上海市公共租赁住房由公共租赁住房运营管理公司按照市场化方式运营，"全封闭"运作，只建设公共租赁房。租户与运营管理公司而不是与政府部门签订租赁合同。天津市规定公共租赁住房由通过"招拍挂"方式确定的具有相应资质和良好社会信誉的企业或由市公共租赁住房工作主管部门指定的非营利性专门机构实施开发建设。

（2）公共租赁房的供应对象。

我国公共租赁房的供应对象，主要分两大类，一是具有本地户籍的中低收入住房困难家庭；二是针对非本地户籍常住人口，包括外来务工人员、新就业职工、引进人才等住房困难群体。各地公共租赁房供应对象的侧重点不同，概括起来又有三种类型。

第一，针对引进人才、外来务工人员、创业人员、新就业职工等特定人群。如深圳市规定公共租赁房的供应对象除提供给城市低收入住房困难家庭外，重点解决人才住房问题，并规定"十二五"期间，安排建设的公共租赁住房中，面向人才安排的比例不低于80%。杭州市公共租赁房主要满足新就业大学毕业生和创业人员的住房需求。广州市社会力量投资建设的公共租赁住房主要针对新就业大中专及职校毕业生、引进的专业人才以及优秀外来务工人员。

第二，作为一种新的保障性住房供应方式，主要面向"夹心层"群体，即既不符合廉租房、经济适用房等供应条件又无力购买普通商品房的住房困难群体。如青岛市政府投资的公共租赁房供应对象主要面向符合本市经济适用住房购买条件却无力购买的城市低收入住房困难家庭。广州市公共租赁房主要有政府建设的针对"内夹心层"（既达不到廉租房条件、又买不起经济适用房的家庭）的公共租赁房和社会力量建设的针对"外夹心层"（超出经济适用住房申购条件，但买不起普通商品房的家庭）的公共租赁房两种。

第三，供应对象范围相比上面两种类型有所扩大，覆盖面较宽。如重庆市的建设目标是30%～40%的人进入保障房，其公共租赁房供应对象为年满18周岁，在重庆有稳定工作和收入来源，具有租金支付能力，符合政府规定收入限制的本市无住房或家庭人均住房建筑面积低于13平方米的住房困难家庭，以及大中专院校、职校毕业生在本市就业的和进城务工的外地无住房人员。北京市公共租赁房的供应对象为本市中低收入住房困难家庭，包括已通过廉租房、经济适用房、限价商品房资格审核，尚在轮候的家庭以及其他住房困难家庭。成都市公共租赁房的供应对象为中等及中等偏下收入无房家庭、单身无房职工和农村进城务工人员。上海市申请公共租赁房的条件不设收入线，只需具备四个条件即可申请：本市常住户口，或持有"上海市居住证"和连续缴纳社会保险金达到规定年限；已与本市就业单位签订一定年限的劳动或工作合同；在本市无自有住房或人均住房建筑面积低于15平方米，因结婚分室居住有困难的，人均面积可适当放宽；申请时未享受本市其他住房保障政策的。

（3）公共租赁房的房源筹集。

公共租赁房在房源的筹集方面，主要有新建、改建和收购三种方式。[1]各地具体实施中主要以新建为主，新建方式又以配建为主，集中建设为辅。在解决外来务工人员、新就业职工公共租赁房源方面，青岛市规定在外来务工人员相对集中的开发区、工业（产业）园区，市、区政府应当引导各类投资主体建设公共租赁住房，面向用工单位或园区就业人员出租。成都市规定企业可在自有土地上投资建设集体宿舍，用于企业内部员工居住；在各类开发区、工业集中发展区，可由所在区（市）县政府或管委会组织集中建设集体公寓和宿舍，由用工企业租赁。厦门市提出引导各类主体建设公共租赁住房，面向用工单位或园区就业人员出租。农村集体经济组织可以利用集体建设用地集中建设面向外来务工人员的公共租赁住房。

---

[1] 郎启贵，等. 我国公共租赁房运作模式的实践与探索——基于部分城市公共租赁房运行情况的比较分析 [J]. 中国房地产，2011（20）.

在公共租赁住房建设标准上，实行"保基本"的原则，控制户型和面积标准。多数城市单套建筑面积控制在 60 平方米以下，进行基本装修，可以直接入住。

（4）公共租赁房的资金渠道。

我国公共租赁房的资金渠道主要有财政出资、银行贷款、社会出资以及其他渠道四个方面。财政出资主要来源有财政预算、住房公积金增值收益、土地出让净收益、公共租赁房租金收入等。

关于租金管理，从各地的实施来看，公共租赁房租金实行政府管控，统一定价，租金实行动态调整，一般由住房保障管理机构和物价部门定期或不定期向社会公布。各地在租金具体测算方法上又有所不同。大致可分为两大类：一类是以市场租金为基础定价；另一类是以成本租金为基础定价。第一种类型是以市场租金为确定标准或者按市场租金一定比例下浮确定。如上海市规定以市场租金为基础，通过调整租金或者租金补贴等经济方式调节承租人实际支付的租金水平。天津市公共租赁房租金标准参照项目所在区域的房屋租赁市场指导租金确定和调整。深圳市规定按同区域同类住房市场指导租金标准的一定比例下浮，一般为同区域同类住房市场指导租金的 60% ~70% 左右。成都市公共租赁房租金标准原则上按照市场租金的 70% ~80% 确定。苏州市公共租赁房租金为住房市场同类地区、同类住房的平均租金价格的 70% 左右。第二种类型是综合考虑房屋的管理费、维修费等，以保证房屋的正常使用和维修管理为原则，即以成本租金定价。如杭州市公共租赁住房租金在综合考虑房屋的建设、装修和管理成本的基础上按低于同地段市场租金水平制定不同地段、不同租金标准。目前租金暂定 13 元/平方米·月，含物业管理费。北京市以成本租金为基础，符合承租家庭可负担租金水平、比照周边市场租金下浮。重庆市按照贷款利息、维护费并根据不同地段、不同房屋类别等因素确定。原则上不超过同地段、同品质、同类型普通商品房市场租金的 60%，所缴租金不超过家庭收入的 15%。

（5）公共租赁房的土地供应和政策支持。

关于公共租赁房的土地供应，大多数城市采取政府投资建设的公共租赁房用地行政划拨，其他方式投资建设的公共租赁住房用地，可以采用出让、租赁或作价入股等方式有偿使用。如广州、厦门、青岛、天津、重庆、上海等地均是这种模式。还有部分城市规定在商品住宅中配建的公共租赁住房，建设用地以"招拍挂"出让方式供应，如杭州、北京、常州等地。同时北京还规定对于政府所属机构或政府批准的机构建设的，其用地可采取租赁方式，按年缴纳土地租金。部分城市在土地供应上，还探索利用农村集体建设用地试点建设公共租赁房，并规定其用地性质、土地权属不变，如上海、苏州。

关于公共租赁房的政策支持，除土地政策、金融安排方面外，各地还从财政贴息、行政规费减免、市政公建配套、规划安排等方面采取优惠政策，大力支持公共租赁房建设。如上海规定公共租赁房可以适度增加建筑容积率和建筑覆盖率。深圳、广州、青岛、成都、常州、重庆等地规定公共租赁房建设免征行政事业性收费和政府性基金。

4. 公共租赁房制度面临的问题

（1）中央政府与地方政府间的责任划分问题。

目前，政府在住房保障制度中扮演主要角色已日益达成共识，但就中央政府和地方政府在提供保障性住房的责任方面还没有做出具体、明确的划分：第一，中央层面还没有制定"住房保障法"，就保障性住房保障对象、保障水平、制度的实施机构、资金的来源、管理办法等众多全局性问题做出明确的规定，只能放任地方政府根据地方实际情况自行决定。第二，地方政府在土地财政的约束下，面临着提供行政、教育、医疗卫生、文化、住房等一揽子地方公共物品的抉择问题，结果往往是保障性住房落实方面不尽人意。可见，当前明确中央政府和地方政府相应的责任非常紧迫。

（2）公共租赁房投资融资问题。

住房是一种高昂的必需品，需要金融政策给予支持，否则住房问题难以得到妥善解决。为此，发达国家在推出各种住房保障模式的同时，十分重视住房金融制度的建设作为配套，许多成功经验值得借鉴，如德国住房储蓄制度、美国住房抵押贷款、新加坡住房公积金计划等。要形成合理的融资体系，为制度的可持续发展提供强有力的资金支撑。

（3）相应的管理机构设置问题。

从国际经验来看，发达国家都比较注重住房保障管理机构的建立，专门负责保障性住房各项事宜。如美国成立联邦住房和城市发展部，德国在州、市级乡镇都设有住房保障管理机构，新加坡的房屋发展局更是全球瞩目，其职能涉及制定建屋计划、征用土地、设计住宅区以及负责公共住房的出租、出售和管理等各项相关工作。[①] 随着我国保障性住房大规模建设并投入使用，我国的住房保障也将迈入"建管并重"的攻坚阶段，住房保障管理任务更加繁重。但是由于种种原因，目前我国保障性住房管理处于十分分散的状态，"多人管理"却又"无人管理"。为解决保障性住房管理问题，有学者建议组建国务院基本住房保障委员会或者国家基本住房保障局，研究、制定、实施住房保障制度和政策，整合建设、民政、国土、财政、税收、金融等相关部门掌握的涉及保障性住房的信息，统筹保障性住房的规划、建设、供应、分配、管理和流通等各方面工作。[②]

---

① 黄安永，朱新贵. 我国保障性住房管理机制的研究与分析 [J]. 现代城市研究，2010（10）.
② 王重润，李晶晶. 小产权房现状及政策研究——基于制度经济学的分析 [J]. 经济与管理，2011（12）.

# 第三章
# 国外典型国家的住房保障制度与启示

## 第一节　美国住房保障制度

　　20世纪早期，在美国建设任何类型的住宅均被认为是私人部门的活动，联邦政府的角色仅仅局限于促进发放居者有其屋相关的抵押贷款。然而，从"大萧条"到1980年期间，联邦政府通过对生产者和消费者提供金融支持、直接参与住宅建设、税收优惠、保险和信贷计划、设立专门储蓄机构、创建二级市场以及邻里复兴计划，逐步扩大其在住房建设与发展中的责任，特别是在20世纪60年代，联邦政府通过实施联邦住房发展计划，支持建设了大量的低收入住宅。美国住房保障实行的是特惠模式，保障目标主要是针对中低收入阶层。[①] 从20世纪30年代以来，美国历届政府为了有效解决国民的住房问题，曾经制定了一系列相关的住房保障政策，分析不同时期所制定的住房保障政策及其实施策略，重点是考虑中低收入家庭的货币支付能力，在对住房市场间接干预的情况下，采取多样化的措施，鼓励私人机构参与住房保障计划的实施，并依靠强大的金融支持和一系列的税收减免计划，实现既定

---

　　① 马光红，等. 美国住房保障政策及实施策略研究 [J]. 建筑经济，2006 (9).

的国家住房目标。

20 世纪 30 年代，美国开始进行规模庞大的公共住房建设，政府从直接参与公共住房建设，到 70 年代以来通过提供货币补贴为主，从"补砖头"变成"补人头"。① 美国政府关于住房保障的各项举措，都是通过专门立法机构进行立法从而使保障政策得以顺利实施，这些法律丰富了美国的住房保障制度。这些法律鼓励私人投资低收入家庭为因城市更新或政府公共计划丧失住房的家庭等提供住房。

## 一、美国住房保障制度的特点

### （一）保障方式以控制租金与租金补贴相结合

美国住房制度最主要的特点是控制租金与补贴相结合。控制租金是通过法律途径限制公共住房的租金（上限）。美国控制租金的途径需要经过地方政府的立法程序，通过投票方式予以表决，根据投票的结果决定是否实行控制租金政策。由于控制租金政策的影响，长期以来，美国公共住房的租金支出只占低收入家庭收入总数的 25%，绝对数额低于市价租金 20 个百分点。美国政府对低收入家庭的租金补贴按先后顺序有四种：一是砖头补贴。1965年由联邦政府通过直接将资金补贴给建房者，补贴额度为低收入群体家庭收入的 25% 与市价租金之间的差额。二是房东补贴。尼克松政府执政时期，联邦政府向房屋拥有者提供补贴，补贴额度为市场租金与低收入家庭收入的一定比例之间的差额。三是住房券。住房券由政府为低收入者颁发，它是用来领取房屋补贴的凭证，补贴额度为不超过自己收入 30% 的房租与市场租金之间的差额，差额部分由政府承担。四是现金补贴。里根政府上台后，联邦政府对低收入家庭直接提供额度为市场租金价格的 70% 的现金补贴。

---

① 李莉. 美国公共住房政策的演变 ［D］. 厦门：厦门大学，2008.

### （二）保障机构职责清晰

美国低收入住房发展规划是应美国房屋和城市发展部（简称 DHUD）的要求，由房屋及社区发展办公室（简称 OHCD）制定和发布的。OHCD 是住房规划的执行领导机构，负责房屋规划工作的组织和管理。[①] 地方公共房屋管理机构主要负责本地区的低收入住房项目，是美国各州低收入住房事务的主要管理和推动机构。DHUD 每年审批地方政府报请的方案，将专项资金划拨给地方政府使用。

按照 DHUD 的规定，住房项目规划包括三方面内容：一是 3～5 年的房屋市场环境和需求的综合分析；二是 3～5 年的面向无家可归者和社区发展需要的策略；三是为满足无家可归者和社区发展在下一个财政年度里具体实施的行动计划。按照 DHUD 的要求，每年 OHCD 要发布"策略计划"和"行动计划"及其预算。

住房项目的开发建设模式可分为政府直接投资开发和私人企业开发，也可以是两者的结合。直接投资开发资金来源主要是税收、财政拨款、发行债券等渠道，政府相当于一个开发商，作为项目的产权所有人自己负责或委托别人进行项目运营管理和服务。私营企业丰富的开发经验、对市场的远见、灵活的募集资金方式，可以在资本市场上更加自如地筹集建房资金。保障性住房项目建设基本上采用依托私人开发形式。政府鼓励开发商建造低收入住房，主要通过财政拨款、发行债券、税收减免等方式给予开发商支持。

### （三）建房资金落实到位

在建房资金方面，联邦政府从每年的城市发展项目经费中拿出相当部分用于低收入居民住宅建设，地方政府也拨专款予以支持，并动员私人力量参与住房建设。DHUD 直接把专项资金拨给各个城市房屋管理部门进行管理和使用。如果资金不足，各城市房屋管理部门可以未来获取的补贴资金为抵押，

---

① 倪志纯，等. 美国住房保障、监管制度及借鉴 [J]. 宏观经济管理，2013 (5).

从私人金融机构贷款，部分经济条件好的州也可申请特别预算。此外，美国还建立起了较为完善的包括住房金融一级市场、二级市场的调控体系。其中，在一级市场上建立了针对中低收入家庭的政府担保机制，在二级市场上建立了通过证券化补充抵押市场流动性的机制，进一步丰富了低收入住房的资金来源。

关于保障房的建设方式，保障房建设从开始集中建设仅提供给低收入人群居住到目前全部采取配建方式。1992 年，美国国会通过城市复兴示范计划，主要是通过拆毁荒废的公共住房，代之以设计新颖、高质量的住房，吸引高收入家庭入住，将贫困人口高度集中的社区改造为种族多样的混合收入社区。一个社区内究竟应包含多少低收入住房才能称为混合收入社区，由各州及地方政府根据市场状况自行规定。例如，马里兰州规定，50 套以上的商品房项目必须至少有 15% 的房屋面向低收入人群。[①]

（四）保障对象明确具体

美国住房保障的对象与范围主要用两个指标界定：一是住房消费支出占家庭消费支出的比例；二是家庭收入与本地区平均家庭收入的比例低于60%。目前，对住房消费超过收入 30% 的家庭提供公共住房和租房券等补贴。个人和家庭只需要拿出其全部收入的 30% 来支付租房和水电的费用，不足的部分由政府补贴。1986 年以前的做法是政府向低收入家庭采取直补方式，由于联邦政府负担重，后改为由各州政府与开发商（私人机构）合作。州政府采取发行债券、减免开发商税收，以及向银行担保贷款等，但要求开发商要有资本金，贷款比例不能超过 90%。建成后产权归开发商，政府向开发商租来再转租给低收入户，这种做法也称为从"补人头"改为"补砖头"。

（五）监督管理严格规范

关于管理和监督，在申请联邦政府补助资金上实行严格监督，如果某个

---

① 倪志纯，等. 美国住房保障、监管制度及借鉴 [J]. 宏观经济管理，2013（5）.

城市在前一年住房问题解决的不好，第二年资金补助就要受到限制。对低收入住房开发商选择很严格，首先必须通过招投标选取；其次要从几个方面把关，包括 15 年及以上的资历、有无违法纪录、设计能力、示范项目、财务状况、质量保障体系等，合同的每个环节都有律师、财会管理人员参与把关。在修建阶段监督贷款使用情况，按进度发放贷款等。1993 年起，DHUD 设立了联邦住房企业监督办公室。

## 二、美国住房保障制度的内容

### （一）政府新建公共住房计划

1937 年出台的《公共住房法案》（*Public Housing Act*）规定美国政府可以对公共住房进行直接投资，该法案希望利用美国政府特定的筹资渠道新建和供应公共住房，供应的目标群体是因商品房价格高昂而被迫远离住房（商品房）市场消费行为以外的大量低收入群体，从而满足其基本住房需求。为保障低收入群体的入住率，联邦政府对租金额度做了详细的规定，规定租金不得超过居住者收入的 30%。该规定对低于地区平均收入 80% 的低收入家庭享受公共住房提供特殊的优惠，优先保证他们的住房需求。

在美国，成规模化的公共住房建设应当从 1933 年 5 月美国政府正式成立联邦公共工程署及其下设的"住房部"算起。当时，美国政府大力推动公共住房建设项目的初衷是尽快摆脱"大萧条"的严重冲击和影响，进一步刺激经济发展，拉动社会就业，尤其是有效提振和全面盘活处于垂死状态的美国建筑行业。由于席卷全球的经济危机的阴影长时期挥之不去，致使包括住房在内的一系列民生问题越来越成为影响美国社会稳定的关键性议题。1937 年 9 月，美国国会通过了《瓦格纳－斯特高尔低租住房法案》（简称《低租住房法案》），这是美国历史上第一部有关公共住房建设方面的法案，也意味着妥善解决低收入群体住房问题被纳入美国政府的公共政策框架。该法案具有里程碑式的重要意义，它标志着美国的公共住房建设及其政策探索从此步入实质性阶段。《低租住房法案》不仅对美国公共住房建设的诸多方面，如资金投入、土地征用、成本核算、工程标准、住户条件等做出了明文规定，还确定了相关管理机构的职能与权限。此后的四年时间，美国政府依照该法案，为年收入不足 1000 美元的家庭共计提供了大约 16 万套公共住房，同时为低收入和极低收入群体建造了 2200 万套低成本公寓式住房。随着公共住房建设规模的不断扩大，美国政府正式在联邦内政部下设"联邦住房署"以取代早先的"联邦公共工程署"作为专门性的管理机构。各地方则成立相对应的"公共住房局"，美国的公共住房制度建设取得了初步成果。[①]

第二次世界大战结束后，各地住房严重短缺问题的大量出现以及一些大城市呈现的"内城衰败"状况，再次引起了美国政府的极大关注。为尽快解决越来越突出的"房荒"问题，实现"为每一个美国家庭提供一套舒适住宅"的美好构想，美国国会在 1949 年 7 月通过了《瓦格纳－埃琳德－塔夫脱住房法》。该法案的最大特点是把旧城改造、新城开发和公共住房建设三个方面统筹起来予以综合考虑，同时进一步突出和明确了公共住房建设主要是针对低收入群体的政策定位。另外，该法案首次鲜明地提出联邦政府与地方政府共同担负着解决"房荒"和"内城衰败"问题的职能责任，从而加快了美国公共住房制度建设的步伐，使地方政府不断融入这一制度体系当中并发挥越来越重要的作用。按照《瓦格纳－埃琳德－塔夫脱住房法》的规定，针对公共住房建设及其管理的一些专门性机构，如联邦住房署、联邦住房援助署、联邦城市更新署等部门陆续成立，由此掀起了一场席卷美国全境、历时二十载的城市改造更新及公共住房建设风暴，全美社区开发工程也是在这一时期正式启动和推行的。此后，美国国会相继进行了多达九次的住房立法改革，这些法案对美国公共住房制度建设及政策体系完善产生了重大影响。

为更好地实施和落实城市改造更新及公共住房建设计划，美国国会在 20 世纪 60 年代初期连续通过了四个住房法案，联邦政府还把联邦住房署和联邦城市更新署重新整合后成立"联邦住房与城市发展部"这一内阁级别的行政

---

① 秦萍."美国模式"公共住房制度及其对我国的启示 [J]. 行政与法，2013 (11).

管理机构。在联邦住房与城市发展部的主导规划下，美国将公共住房建设及其管理政策纳入到了"城市综合治理"的框架内，在其以往的开发和管理模式逐渐被打破的同时，新的模式不断推出。例如，按照公共住房租赁计划，公共住房承租者因向私有房产主租赁住房而产生的租金差额，将会由美国政府给予具体补助；以优惠政策和积极举措大力吸引与鼓励私人建筑商不断进入公共住房建设领域，通过预先购买、转移支付等多种方式，进一步扩大全美国公共住房的规模及覆盖范围；借助政策性手段有效盘活美国国内的存量住房，从而使这些房产成为新的公共住房来源；公共住房补贴由以往的主要是针对住房供应者的间接式补贴，调整为主要是针对住房需求者的直接式补贴，其补贴形式主要依赖相关的金融衍生产品。随着这些新探索的不断推进与成功实践，"美国模式"公共住房制度体系越来越成熟和完备，其最大特色是政府投资兴建所有与私人企业或非营利性机构承建所有相结合，而低收入和极低收入群体则以优惠价格租住这些公共住房。进入 20 世纪 90 年代以后，美国政府按照《国民可承担住宅法案》的规定，连续推进和实施"业主希望"计划，由此在美国掀起了公共住房社区改造更新的浪潮，公共住房与公共服务相对接、相协同的良性格局逐渐成形。

（二）租金补贴方案

1974 年《住房和社会发展法案》（*Housing and Community Development Act of 1974*）中第 8 条款（section 8）明确规定了房屋出租对象为低收入者，联邦政府通过与私营部门（开发企业）订立长期合约（10～40 年），约定由美国住房与城市发展部来支付出租对象所付租金与市场租金之间的差额。政府鼓励私营开发企业签订长期合同，企业根据合同期限的长短受到不同金额的政策资金的补助。同时，第 8 条款还对合同到期以后的续约以及承租者的其他选择权做出了规定。第 8 条款改变了美国政府的住房保障内容，由补贴房屋建设者变成补贴低收入住房困难群体，即由补贴供给变成补贴需求。这一重大改变催生了 1987 年租金优惠券计划的出台。租金优惠券的使用范围更加广泛，持券人（家庭）在住房的选择上没有限制，可以任意选择市场上的各种类型的商品房，政府承担一定额度的补贴，租金优惠券根据持券人选择房屋的市场租金多退少补（超出补贴额度的部分由承租人自行承担，没有支付完的优惠券可以保留继续使用），优惠券机制在于保障低收入群体多层次的住房需要。

美国对公共租赁住房的补贴政策也是从补贴住房建设计划，逐步过渡到住房租金补贴计划的。20 世纪 60 年代到 70 年代之前以补贴住房建设计划为主，70 年代以后政府不断强化市场作用，补贴政策全部是住房租金补贴计划。[①] 住房租金补贴计划分为租金证明计划和租金优惠券计划，两者的区别在于：当持租金优惠券的家庭在市场上租住低于市场租金的住房时，没有花完的优惠券可留做下次使用。同时，参与租金优惠券计划的家庭也可租住高于市场租金的住房，多出的费用需自行解决。但参加租金证明计划的家庭选择余地则要小许多，他们只能在市场上租住不高于政府规定标准、固定区位范围内的住房，政府再根据其住房总租金的实际情况补贴差价。由于租金证明计划明显地限制了中低收入家庭选择居住地的权力，从而使住房市场的资源配置效率难以达到最大化。

20 世纪 90 年代后，克林顿政府完全取消了租金证明计划，仅仅保留租金优惠券计划。租金优惠券计划主要包括以下几方面内容：一是公共租赁住房的租金标准逐步与市场化租金水平一致。美国早期公共住房的租金水平远低于市场租金，这一方面有失市场公平，另一方面不利于吸引社会资金参与公共住房领域。20 世纪 70 年代开始，政府的住房租金补贴计划将低收入家庭租赁房的租金水平与市场化租金水平接轨，这样既有利于鼓励市场主体提供租赁房，拓宽租赁房房源，又有利于保证住房租赁市场的租金稳定。二是租金补贴方式与家庭收入水平挂钩，并不断调整。1974 年美国《住房与社区发展法案》的第 8 条款规定对低收入租房者采取直接补贴，补贴额度为"标准租金"与租户收入的 25%（80 年代早期该比例增至 30%）之间的差额。三是"标准租金"由地方住房管理机构设置，代表当地的市场化租金水平。

---

① 王腾飞，曾金蒂. 租金补贴各国有妙招［J］. 数据，2012（7）.

美国政府早期采取住房补贴券的形式进行补贴，保证该补贴专项用于房租支出，对接受补贴的租户起市场监督作用，后来逐步将补贴方式调整为更为灵活的现金补贴，给予低收入家庭更多人性化的选择。

住房券是目前美国最大的直接住房补助项目。自从 1974 年创立以来，该项目被赋予的最主要的目标之一就是：更好地为政府提供住房帮助的家庭服务，并通过有效地运用私人市场来节省政府财政支出。主要通过提高住房券的使用效率，增强住房券的选择性，减少低收入阶层的地区集中度，达到增加低收入者的就业机会和能力提高机会、提高参与者的健康及安全水平、并增强低收入者的经济自给能力的目的。在美国，住房券项目每年提供大约 11.5 亿美元租赁津贴给超过 1600 万的穷困和半穷困家庭和个人。[①] 补贴的住房券金额以核定房租（即市场上中等水平的住房房租）与 30% 核定收入（即除去消费、医疗和教育开支的余额收入）之间的差额为标准发放。该项目成本（家庭方面的补贴及地方管理者的工资及费用）作为联邦预算的一部分，每年经由议会决定向住房管理部门拨出。

2004 年，布什政府将该项住房券项目转化为一笔由各州管理的称之为"为有需要的家庭提供住房资助"（housing assistance for needy families，HANF）的补贴。在布什的这一项目之下，每年有一笔固定金额被分发到 50 个州、哥伦比亚地区及美国领地内。在项目管理上政府有多种选择，它们可以利用州立机构的分支或地区办公室（住房机构或其他州立机构社会福利委员会）与地方公共住房管理局（PHAS）签订协议，也可以与私人非营利或盈利项目的管理者签订协议。与住房建设工程项目相比，提供住房补贴的住房券成本相对较低。因为住房建设工程项目一般建设周期长、耗资大，而住房券实施起来灵活、便捷，成本也更低，能以更少的钱服务更多的家庭，大大提高了政府资金的效率。同时，住房券的一大优点就是具有可选择性。参与者可以在市场上自行选择合适的房屋，避免了住房建设工程项目的缺点：房屋一般集中于郊区等土地成本较低的地段，社区的贫困集中度也相对较高，健康及社

---

① 廖俊平，林青. 住房券美国最大的直接住房补助项目［J］. 中国房地产，2006（7）.

会治安状况相对较差；同时，在社区附近的就业机会、与社会接触的机会也相对少一些。而使用住房券这一补贴形式，参与者可以在住房券的使用地区自行选择工作、学习、生活较为便利的地段，既可以改善居住的社区环境，又可以提高家庭的健康及安全水平。

住房券项目在实际操作中也存在一些困难，主要体现在以下几方面：第一，房东对住房券项目的接受度有限；第二，家庭对于在哪里能找到可供租用的住宅及怎样获取住房券的知识也有限；第三，有很多社区对住房券使用家庭存在歧视，尤其是有孩子的家庭及少数民族。另外，地方住房管理机构对申请住房券的家庭条件限制方面还存在一些问题。

（三）税收补贴项目

1. 不动产的税收补贴

（1）对有房户的补贴。

对有房户的补贴主要有三类：一是将住房抵押贷款利息和不动产税从应纳税收入中扣除。美国早期税法规定，在征收个人所得税时可对所有抵押贷款的利息支出予以减免。从 1986 年起，规定只有用于购买、建造和修缮住房的贷款利息支出才可以减免税收。从 1997 年起，有房户被允许从其应纳税收入中减去首要住房（primary residence）和第二住房的价值不超过 100 万美元的住房抵押贷款利息，该项退税是联邦政府最大的税务支出项目之一。除了住房抵押贷款利息外，有房户还可以从应纳税收入中减去它们在该纳税年度中为其拥有的首要住房缴纳的不动产税。二是出售住房的（部分）获益允许免缴资本利得税。有房户出售过去 5 年内居住满 2 年（可以是不连续的）的首要住房的（部分）获益可免缴联邦资本利得税。自 1997 年起，单身的有房户免征资本利得税的最高收益为 25 万美元，已婚夫妇免征资本利得税的最高收益为 50 万美元。旧房在出售前后 24 个月内若房主重新购置了新住所，而且新、旧住所均是房主的首要住房，可以完全或部分递延赢利税款。当新住宅的调整购买价格等于或高于老住宅的调整售价时，则卖方可享受完全递延；当新住宅的调整购买价格低于老住宅的调整售价时，新住宅的调整购买价格部分可享受递延。三是由各州住房金融管理部门发行免税债券，向中低收入购房户提供低利率贷款（联邦政府限制各州一年内所能发行的各类免税债券的总数目，以 2009 年为例，各州债券发行的上限为 90 美元乘以人口数和 2.7327 亿美元两者中的较大值）。对购买由各州为首次购房的中低收入住户（收入不高于当地收入平均水平的 115%）提供低息抵押贷款，而发行的抵押贷款收益债券而赚取的利息免征所得税。以发行债券获得的收益提供的低息贷款可用于购买新建住房或者现有住房，要求住房价格不超过地区平均住房价格的 90%。为发行房屋贷款抵税凭证而发行的私人活动债券利息免征所得税。首次购房的中低收入家庭通过凭证可从它们的联邦税单中减去它们支付的抵押贷款利息的 10%~50%（不超过 2000 美元），该方法为那些收入不足以享受抵押贷款利息扣除退税的住户提供了纳税优惠。

（2）对出租房屋的补贴。

对出租房屋的补贴包括三方面：一是通过低收入住房税收补贴促进面向低收入家庭的出租房的投资。合格出租房的投资商经申请可以获得低收入住房税收补贴，该项补贴的获得者可在 10 年内每年从应缴的联邦个人所得税中减去该不动产的合格基数（总开发费用减去地价及其他相关费用）的一个固定比例。对于新建项目和重大修缮项目，固定比例约为 9%；对于修缮费用低于每单元 3000 美元的不动产或那些同时接受其他联邦资助的不动产，固定比例约为 4%。[①] 二是由各州住房金融管理部门发行免税债券向中低收入出租房的开发提供低利率贷款。对购买由各州为提供低息抵押贷款资助出租房开发而发行的多户住房债券所获的利息免征所得税。这些出租房中至少应有 20% 的住房单元（在某些目标地区为 15%）必须为收入不高于地区平均水平 50% 的家庭保留，或者 40% 的住房单元必须为收入不高于地区平均水平 60% 的家庭保留。三是出租房折旧高出按其他折旧体系（alternative depreciation system）折旧导致所得税的减征。

---

① 柳德荣. 美国住房市场的税收调控及其借鉴意义 [J]. 现代经济探讨, 2010 (7).

2. 抵押贷款收入债券（mortgage revenue bonds）

（1）美国房产抵押债券的产生与发展。

房产抵押债券（mortgage backed securities，MBS）的产生与美国两大房产抵押贷款巨头房利美（Fannie Mae）与房地美（Freddie Mac）密不可分。房利美由美国总统罗斯福和国会于 1938 年推动成立，1968 年为减轻财政负担房利美转为公众持股公司，并且为了防止垄断使其一分为二，变为房利美和吉利美（Ginnie Mae）。房利美由美国政府资助（government sponsored entity，GSE），专门运作由联邦住房委员会或其他金融机构担保的住房抵押贷款。为了防止房利美一家独大，1970 年，国会又推动成立房地美，旨在开拓美国二级住宅抵押贷款市场，增加家庭贷款所有权与房屋贷款租金收入。房地美也是美国政府赞助的企业，商业规模仅次于房利美，房地美后来也在纽约证交所上市成为公众持股公司。[①] 1970 年，吉利美将住房抵押贷款按期限、利率进行组合，作为抵押或担保发行房产抵押债券，在金融市场上出售，再以收入的资金向更多人提供住房抵押贷款。同时还对发行住房抵押贷款的金融机构发行的房产抵押债券提供担保。1971 年，房地美开始发行房产抵押债券。从 1981 年开始，房利美也开始发行房产抵押债券，并开始对其他金融机构发行的房产抵押债券提供担保。从 1983 年开始，私有金融机构也开始发行房产抵押债券。

由于房利美、吉利美和房地美都是美国政府赞助的企业（GSE），他们发行的房产抵押债券被认为是零信用风险，为了区分信用差别，由房利美、吉利美和房地美发行的房产抵押债券被定义为机构房产抵押债券（agency MBS），由其他金融机构发行的房产抵押债券统称为非机构房产抵押债券（non-agency MBS）。非机构房产抵押债券是有信用风险的，由市场化的评级机构根据发行机构的信用等级和资产质量等给予相应的评级。由于房利美和房地美（简称"两房"）后来都转变为公众持股的纽约证交所上市公司，而吉利美仍然由美国政府全资所有，所以实际上，房利美和房地美发行的房产

---

① 姜华未. 解析美国房产抵押债券［J］. 调研世界，2014（3）.

抵押债券和吉利美发行的房产抵押债券本质上是有所不同的。2008年金融危机爆发后，2010年7月8日，房利美和房地美被迫从纽约证交所退市，美联储进行的货币政策工具创新，主要是针对房利美和房地美发行的机构房产抵押债券进行回购业务，不包括吉利美。

在"大萧条"后60多年中，美国经济基本是在稳定时期中发展。政府放松了对金融监管的警惕度。1992年，美国国会通过立法，要求房利美、房地美增加对中低收入者的房屋抵押贷款，并制定非常低收入者（收入低于当地收入中值的60%）贷款比例目标，此目标从1996年的12%增长到2008年的27%。为了达到此行政指标，"两房"加大了对高风险贷款者的贷款力度，由此促进了美国1995～2007年房地产大泡沫时代。到2006年，"两房"担保的非机构房产抵押贷款已经达到2400亿美元，1995年，美国政府发布了全国住房拥有策略，鼓励放松放贷信用要求，实现"居者有其屋"的美国梦。在2002～2005年之间，为房产抵押债券大规模发行的高峰。

1999年，政府进一步通过GLB法案，废除了1933年格拉斯－斯蒂格尔（Glass-Steagall，GS）法案，该法案禁止投资银行和商业银行的混业经营。由于混业经营被再次允许，投资银行对投资风险的欲望开始急速提升，金融业的系统风险爆发的可能性也由此增加。2004年，在华尔街投资银行的游说下，美国证券交易委员会放松了对投资银行的净资本金限制。投行开始加大投资杠杆率投资机构房产抵押债券，追求高收益低风险。时任美联储主席格林斯潘（包括继任主席伯南克在2007年之前）一直认为，美国房产无风险。

2008年房产抵押证券信用急速恶化，造成贝尔斯登、雷曼兄弟两家老牌投资银行相继倒闭，房利美和房地美共拥有和担保高达5.5万亿美元的住房抵押贷款与相关证券，占美国房产抵押贷款市场12万亿美元总额的近一半价值。房利美、房地美和吉利美总共担保了2009年、2010年新增住房贷款抵押证券的98%，它们若歇业，整个美国房贷市场都会冻结，美国房市可能直线跳水。美国政府能让雷曼兄弟倒闭，但无法承受两房歇业。另外，房产抵押债券市场的崩溃会直接影响美国政府的信用。截至2010年7月，房利美和房地美发行的房产抵押债券规模为5.2万亿美元，其中70%为美国政府和美国本土机构投资者持有，30% 由海外投资者持有，包括中国外汇管理局代表中国政府用外汇储备购买的部分。海外投资者持有的美国房产抵押债券存量总额约 1.4 万亿美元，持有最多的前 5 个国家分别是中国、日本、开曼群岛、比利时和卢森堡。因此，美联储开展房产抵押债券的回购业务是必然选择，对内挽救美国房地产市场和金融市场，对外挽救美国政府的信用和声誉。

美国作为住房抵押贷款证券化的发源地，其证券化兴起和发展的直接动因最早缘于 20 世纪 60 年代后期开始的储贷危机。当时美国住房抵押贷款一级市场发展较为充分，规模较大，抵押贷款余额接近 3000 亿美元。① 不断扩张的一级市场呼唤二级市场的配合以提高竞争力和防范风险，同时持续的通货膨胀使从事发放住房抵押贷款的主要机构——储贷协会无法靠短期贷款为长期固定利率贷款提供资金，这就迫使政府和金融机构寻找新的住房融资机制。为了重建已经崩溃的住房融资体系，美国政府着重扶持发展住房抵押贷款二级市场，将住宅融资转向证券化方式。进入 20 世纪 70 年代以后，金融自由化的发展和政府对金融管制的放松，客观上又为抵押贷款证券化的创新和发展提供了较为宽松的环境。同时，大量非存款性金融机构的兴起以及先进的电子信息技术的采用为美国住房抵押贷款证券化的发展和完善提供了新的市场空间，使之日趋全球化。因此，美国住房抵押贷款证券化是市场经济国家构建新的住房融资体制的一种必然选择，是金融深化的必然产物。

美国在发展住房抵押贷款的过程中成功地运用了政府的干预作用，有力地支持了住房抵押贷款证券化市场的发展。政府的支持主要体现在以下两个方面：第一，立法支持。美国国会相继推出了一系列有关住房抵押贷款证券化的法律，例如，《不动产投资信托法》《金融机构改革复兴和强化法案》《金融资产证券化投资信托法》等。另外，还制定了《住房法》，规定政府在发展住房方面的目标、责任和措施，为证券化的发展完善了法律环境。第二，组建二级市场的中介机构。美国住房金融二级市场的主要中介机构——政府国民抵押协会（Ginnie Mae）、联邦国民抵押协会（Finnie Mae）和联邦住宅

---

① 沈丽. 美国住房抵押贷款证券化的运作及对我国的启示 [J]. 经济问题探索，2001 (7).

贷款抵押公司（Freddie Mac）均属政府性住房金融机构。其组建目的在于通过建立一个有效的政府信用的二级市场，把住房市场和资本市场连接起来，从而提高居民的支付能力。正是由于这些中介机构的政府背景，使得它们拥有很高的信用级别，从而能以比较低的成本在资本市场融资，增加了证券化成功的可能性。

（2）美国房产抵押债券的基本内容。

目前，在美国住房金融二级市场上的债券种类主要有三种：抵押过手债券（mortgage pass-through security）、抵押支付债券（mortgage-backed bond）和担保抵押债券（collateralized mortgage obligation）。其中，抵押过手债券是特设信托投资机构（special purpose vehical，SPV）将购买的住房抵押贷款集中组成资产池，经过政府机构的保险后发行的债券。其特点是，证券投资者对抵押贷款及其现金流量拥有直接所有权，过手债券不出现在发行人的资产负债表上，抵押贷款管理者按月收取借款人偿还的本金和利息，将其转手给投资者。[1] 抵押支付债券是 SPV 以所有资产及抵押贷款作为担保而发行的抵押债券。其特点是，作为抵押的贷款组合仍在 SPV 的账簿上以资产表示，抵押债券以负债表示。相应的抵押贷款所产生的现金流不一定用于支付抵押债券的本息，SPV 也可以用其他资金来源支付本息。在这三类债券中，担保抵押债券的比例是最大的。它是由一个抵押贷款组合或一些抵押过手债券组合作担保所发行的债券。担保抵押债券利用长期的、每月支付的现金流去创造短、中、长期不同层次的债券，是一种更新型的衍生工具。担保抵押债券作为发行人的负债列入资产负债表中，抵押贷款的所有权并不移交给投资者。

美国住房抵押贷款证券化的成功关键在于有着一套严谨、有效的运作机制，一般由原始权益人/发起人、特设信托投资机构 SPV/发行人和投资者三个主体组成。第一，确定住房抵押证券化目标，组成资产池。从事住房抵押贷款的商业银行等金融机构作为发起人和原始权益入选择同质的具有稳定预期收入的住房抵押贷款汇集在一起，并对其进行估算和信用考核，确定用于

---

① 沈丽. 美国住房抵押贷款证券化的运作及对我国的启示 [J]. 经济问题探索, 2001 (1).

证券化的数量，组成资产池。为保证证券化的顺利进行，组成资产池的抵押贷款必须是在一级市场上曾被保险的。第二，组建特设信托投资机构 SPV，实现真实出售。SPV 由独立第三方或原始权益人设立，一般不以营利为目标。其经营有着严格的法律限制，不得发生兼并、重组，禁止参与交易规定外的活动，不得担负与对策交易外确定的任何其他债务及为此债务提供担保，而且在对投资者付讫本息之前不能分配红利、不得破产。原始权益人与 SPV 签订买卖合同，其中明确含有破产隔离的条款，并真正实现"真实出售"，以防资产证券化条件下涉及的发起人违约破产风险，保护投资者的利益。第三，信用增级。具体步骤如下：首先，构造证券化交易结构，即将原始权益人的资产"真实出售"给 SPV，从而提高它的信用级别。其次，建立信用担保机制，由信用级别很高的专业金融担保公司对 SPV 进行担保或保险，实现信用增级。第四，资产证券的评级。为了保证资产证券的安全，增强投资者的信心，SPV 需聘请独立评级机构对住房抵押贷款债券进行正式的发行评级。该评级机构根据经济金融形势、发起人、证券发行人等有关信息，SPV 和原始权益人资产债务的履行情况、信用提高情况等因素进行评级，并将评级结果公告于投资者。第五，资产证券的发行销售和购买价格的支付。SPV 在资本市场上发行住房抵押贷款债券，承销商则负责向投资者销售住房抵押贷款债券。在 SPV 获取发行收入以后，即按资产买卖合同中签订的购买价格向原始权益人支付购买资产池中相关资产的价款。第六，资产管理。原始权益人或由其指定的服务公司将资产池发生的全部收入存入托管行，托管行负责收取、记录由资产池产生的现金收入，并按规定建立积累金，用于 SPV 对投资者进行还本付息，而将剩余的现金返还给原始权益人指定的账户。到规定期限后，托管行要向聘用的各类机构支付专业服务费。在还本付息和支付各项服务费后，若有剩余，按协议规定在原始权益人与 SPV 之间进行分配，住房抵押贷款证券化过程即告结束。

3. 低收入住房税收信用证计划

（1）低收入住房税收信用证计划（low income housing tax credit，LIHTC）简介。

20 世纪 70 年代以后美国政府新建住房计划逐渐解决了住房短缺的矛盾，

但是加重了政府的财政负担。联邦政府于 1986 年出台《税收改革法案》，利用税收优惠政策鼓励社会资本供应低租金的住房。通过提出低收入住房税收信用证计划，税收优惠额度由联邦政府分配给各个州的住房管理部门，人口不同的州优惠幅度不同。由于人口数量的增加，住房税收信用证的优惠额度从最初实行到 2002 年已经增长数倍。同时，优惠额度随着通货膨胀情况的变化而调整。美国低收入住房税收信用证计划规定了获取信用证的必要条件为：开发商开发一个楼盘必须供应该楼盘房屋总数 20% 的房屋用于租给当地住房困难的低收入家庭或个人，并且规定租赁期限不少于 30 年，从而保证房源的相对稳定。

20 世纪 80 年代以前，美国住房与城市发展部（Department of Housing and Urban Development）没有任何鼓励廉租房发展的金融激励机制，联邦政府承担了所有设计和新建廉租房的成本，政府出资的企业基本负责所有廉租房的建设和发展。严格的成本管制限制了公共住房管理部门建设质量合格、设施齐全的廉租房，全国大量残破廉租房的居住条件受到指责。投资者一直将廉租房视为高风险、低回报的投资项目，几乎没有私人资金投资低收入家庭住房项目。① 那时，对投资多家庭住房唯一有形的激励是名为加速折旧（accelerated depreciation）的政策漏洞，这让投资者在出租房的早期可以获得巨大的税收利益。然而这一漏洞并不是法律制定者的初衷，很快就受到了限制。1986 年税法改革从根本上改变了廉租房的商业模式，将利润、帮助需要帮助的人以及通过建筑技术创新提供健康、结实、高雅的住房相结合，兼顾了居民、社会、开发商和投资者等多方的利益。

1986 年税法改革废除了各种支持建立租赁房的税收条例，在《国内税收法》（Internal Revenue Code）的第 42 章，提出联邦支持低收入家庭住房的低收入住房税收信用证计划。获得税收信用证的前提条件是，项目必须有一定比例的单元分给低收入家庭（至少 20% 的单元提供给不高于当地中等收入水

---

① 闫妍. 低收入住房税收优惠证：美国廉租房发展的金融激励机制 [J]. 北京规划建设，2007 (4).

平50%的家庭，或者至少40%的单元提供给低于当地中等收入水平60%的家庭），并且这部分住房的租金不得高于租户家庭收入的30%，出租年限至少为30年。各州被授权向获得、改建、新建廉租房者提供联邦税收优惠证。房屋所有者可以用税收优惠证减少其他收入的税负，也可以将其出售给其他投资者为项目融资。税收优惠期为10年。优惠比例每月进行调整，在合法财产的4%或9%附近波动。一般获得现有住房、联邦补贴的改建房和新建房通常只能获得4%的优惠，没有联邦补贴的改建房和新建房有机会获得9%的优惠；但是如果申请者将联邦补贴的金额从建筑的基础价值中扣除，也可以申请9%的优惠。由于9%的税收优惠是强有力的权益筹资机制，因而在大多数州，取得9%的优惠是很有竞争性的。一些州的税收优惠分配计划中，大的公共住房公司、公共住房更新改造项目、HOPE VI公共房屋改造工程或者特殊的HOPE VI项目享有获得9%优惠的优先权，甚至可以提前预留。

作为1989年《综合预算调节法》的一部分，美国国会对低收入住房税收信用证计划的补充条款旨在增加住房困难地区的LIHTC住房供给。法律允许在计算税收优惠时，对位于难于开发地区（difficult development areas）和特定人群区（qualified census tracts）的LIHTC项目提供较高的免税资产基准（标准财产基数的130%）。难于开发地区由美国住房与城市发展部限定，是指位于都市区和非都市区建筑、土地和使用成本相对收入较高的地区；特定人群区是指该地区至少有50%的家庭，其收入低于当地中等家庭收入60%的地区。但是这种方式面临的重大挑战是，为了使用LIHTC，公共住房不是由公共住房管理部门所有，而应该由私人部门、纳税实体所有。1994年，美国住房与城市发展部规定如果私人部门建设的公房单元继续被作为公房保留和运作，并且符合所有公共住房的运作原则和规定，则公共住房可以由私人部门所有。这种非常规的所有制结构也使住房管理部门转变了职能和角色，由低收入住房的生产者、管理者和所有者，转变为贷款者、合作者和整体调控。近年来，LIHTC每年帮助建立约10万套廉租房，2006年，LIHTC提供了约13万套廉租房（包括新建房和存量房）。市场对LIHTC的认同度也越来越高，具体表现为，2004年，向投资者出售1美元的税收优惠，就会筹集到

80~90美分的资金，而在最初，税收优惠证只能卖到35~40美分，因为投资者怀疑廉租房的获利能力。

（2）LIHTC的创新之处。

LIHTC发展出一些创新模式，通过更好地利用税率杠杆，鼓励建设节能、环保、设计新颖的廉租房建筑。例如，马里兰州的绿色建筑税收优惠（Green Building Tax Credit）计划规定，如果新建和改建多家庭住宅的开发商可以达到"节能、减轻对环境影响"的标准，将享受一定比例的成本优惠。绿色建筑税收优惠计划包括住宅利用燃料电池、排风的涡轮机、充分利用光能的建筑设施（如太阳能金属板）等。纽约州也将税收优惠项目扩展至建筑有污水循环系统、先进的通风系统以提高空气质量。为了鼓励建设廉租房的开发商充分利用绿色建筑税收优惠计划，纽约对在经济开发区新建的廉租房项目提供了更高的税收优惠。南加利福尼亚的城市圣莫尼卡采取了一系列政策，不给廉租房的开发商、所有者和使用者增加额外的成本或负担，鼓励开发绿色建筑。奥斯汀、丹佛、波特兰、圣何塞等一些大城市也依法或自愿实施了绿色建筑税收优惠计划。绿色建筑税收优惠计划引导建立的廉租房通过改进通风系统、使用毒害作用较小的油漆和胶粘剂，限制在应浇筑的地方使用覆盖物及有效的取暖和空调制冷系统、设备和固定装置、利用创新技术保存和重复利用生活水，使廉租房更为节能、环保，同时也节省了租房者的租金和楼房管理者的管理费用。

廉租房既为低收入家庭提供了住所，又有利于社会环境。这些都意味着公共政策、税收优惠（作为引进资本的方式）、市场力（廉租房需求）和社会责任很好地结合在一起，创造了有助于解决低收入家庭和就业困难人群住房问题的营利性的商业机会。

廉租房的创新不仅限于绿色建筑税收优惠计划，还包括援助性住房。美国住房与城市发展部向无家可归者和有特殊需求的人提供的住房计划包括援助性住房计划（supportive housing programs）、住宅加护理计划（shelter plus care program）和"Section 811计划"。"Section 811计划"向非营利组织提供资金，面向有残疾人的低收入家庭，发展带有援助性服务的廉租房，向项目的开发商提供租金补贴。通过出售 LIHTC 进行权益投资，使这些保障性住房成为可能。企业基金、社会投资市政公司、援助性住房公司（非营利性组织）和社会上有爱心的开发商、投资者共同促进援助性住房的发展，向体弱的老人、无家可归者、刑满释放者、前滥用毒品者和其他需要帮助的人提供援助性住房，以及交通、药品使用的咨询、精神健康治疗、护理及药物治疗、就业咨询等服务，这些服务都将帮助人们重返社会，并成为社会有用的一员。

（四）住房金融市场体系

美国住房金融市场已经建立了完善的住房金融体系，包括一级市场、二级市场和监管与调控体系，在一级市场中存在着多种抵押贷款的放款机构。商业银行是抵押贷款资金的主要提供者，既签约办理抵押贷款又批发买进其他小型贷款机构签约的抵押贷款，同时还向抵押银行提供贷款资金。

此外，储蓄银行、抵押公司、储蓄贷款协会和信用社也提供住房贷款资金。在一级市场中起重要作用的中介机构包括经纪人、保险公司、担保机构、评估机构和信用及产权管理机构等，经纪人将借款人的贷款需求打包分给贷款人，实现贷款人与借款人的高效对接；信用及产权管理机构则提供全面、准确的贷款人信息；保险公司和商业担保公司担保一般的抵押贷款；政府担保机构则为中低收入借款人提供担保，增加信用水平，使其通过商业银行的贷款审批。

在美国住房金融二级市场中，住房金融机制的运行主要是住房抵押贷款证券化（MBS）的过程。二级市场的金融机构为一级市场中商业银行等贷款机构提供了更多的贷款资金，加强了一级市场的资产流动性。在美国次贷危机爆发前，未合并的联邦住房贷款银行（FHL Banks）发行债券获得资金，再将资金提供给其认可的商业银行等贷款机构；同时，贷款机构、保险公司和联邦住房贷款银行等机构相互进行贷款合同转让。此外，房利美和房地美实施住房抵押贷款证券化。这种市场运作模式使贷款资金回流至一级市场，保持了商业银行等贷款机构充裕的资产流动性，突破了资金来源及资本充足率的束缚，有效地促进了一级市场的发展。然而在这种模式下，贷款证券化所得的回流资金并不是银行存款，也无须缴纳法定存款准备金，即不受法定存款准备金制度的监管约束，理论上可以无限地继续放款以保证体系的资金循环，这就增加了信用违约的可能性。[①]

1. 美国住房金融体系的发展历史

美国住房金融体系的发展历程，可分为四个阶段。

(1) 20 世纪 30 年代之前的"探索阶段"。

从 1775 年到 19 世纪 50 年代，美国住房金融服务主要由建房互助协会提供。该协会的会员多为富裕家庭，他们集中各自的存款形成资金池，为协会会员建房、购房提供贷款，因此本质上是富人的金融俱乐部。[②] 19 世纪 70 年代出现了抵押贷款公司，20 世纪初期又出现了人寿保险公司等新金融机构，相应地出现了抵押支持债券（mortgage-baeked bonds，MBBs）、存款股资证书等新型金融产品，标志着美国住房金融市场开始向机构多元化、市场多层次化的方向发展。这一阶段的突出特点是：民间的、互助性的金融机构众多；贷款产品在利率、期限、还款方式等方面随意性较大；市场风险管理以地方为主；经历了 19 世纪 90 年代经济衰退环境下的抵押贷款公司破产、20 世纪20 年代的快速增长，以及 1929 年的股市崩溃。

(2) 20 世纪 30 年代至 60 年代的"制度化阶段"。

1929 年"大萧条"对美国住房金融市场带来了极大冲击，美国政府认识到必须对其实施全面干预和调控：1933 年设立复兴银行公司（Reconstruction Finance Corporation，RFC），向在经济危机中受到损害的金融机构提供联邦贷款；建立房主贷款公司（Home Owners loan Corporation，HOLC），保障城市居民得到合理的住房贷款；1934 年成立联邦住房管理局（Federal Housing Administration，FHA）、联邦储蓄保险公司（Federal Savings Insurance Corporation，FSIC）、联邦储贷公司（Federal Savings and Loan Corporation，FSLC），

---

① 李俊江，薛春龙. 美国住房金融运行机制与监管改革 [J]. 商业研究，2013 (4).
② 张宇，刘洪玉. 美国住房金融体系及其经验借鉴——兼谈美国次贷危机 [J]. 国际金融研究，2008 (4).

鼓励成立私人抵押贷款保险公司，以提供担保和保险，增强信用；1934年建立联邦住房贷款银行系统（federal home loan bank system，FHLBS）和联邦住房金融委员会（Federal Housing Finance Board，FHFB）及1938年建立联邦全国抵押协会（Federal National Mortgage Association，FNMA），以加强对抵押贷款发放机构的整合和监管、增加流动性、分散市场风险；1944年在退伍军人管理局（Veterans Affairs，VA）设立面向退伍军人的住房贷款支持和担保计划；1968年将联邦全国抵押协会私有化并设立政府全国抵押协会（Govemment National Mortgage Association，GNMA）。这一阶段的突出特点是：经历了20世纪30年代的"大萧条"，1934年《全国住房法》、1949年《住房法》和1966年《利率管制法》颁布，以及20世纪60年代的利率与通货膨胀率上升，联邦政府通过干预住房金融市场、调整金融机构格局、推动抵押贷款产品标准化、发展住房贷款保险和担保服务等"制度化"建设，初步形成了美国住房金融体系的基本格局。

（3）20世纪70年代至80年代的"证券化阶段"。

20世纪70年代的两次石油危机及20世纪80年代的储贷协会危机，是本阶段住房金融体系发展的客观动力。美国政府从中得到的教训是：单独加强对一级市场的保险、担保和监管还远远不够，必须通过建立更为有力的二级市场、丰富二级市场上的金融产品，并有效地进行担保，才能进一步分散市场风险，保障两级市场健康平稳运行。因此，这一阶段形成了以两个政府支持企业即联邦全国抵押协会和联邦住房贷款抵押公司为主导，以联邦政府住房与城市发展部所属的政府全国抵押协会做担保，众多抵押银行、金融公司、广大投资者共同参与的抵押贷款证券化市场，抵押支持证券的品种也日趋丰富。这一阶段的突出特点是：政府着力加强住房金融二级市场即抵押贷款证券化市场建设，二级市场上金融产品品种逐步丰富，市场风险进一步分散。

（4）20世纪90年代以后的"深化完善阶段"。

20世纪90年代房地产市场起伏和信贷衍生品市场迅速扩张，给美国住房金融体系提出了新的挑战。在住房金融一级市场和二级市场上，政府为加强风险防范，利用信息技术建立了自动化的保险系统和风险评估模型，能够迅速、批量的处理金融市场数据，为政府和金融机构分析判断市场风险提供了重要工具。同时，政府加强了对公共住房政策的关注，在一级市场上通过联邦住房金融委员会重点监督联邦住房贷款银行执行可支付住房计划和社区投资计划的效果，在二级市场上通过设立联邦住房企业监管办公室监控联邦全国抵押协会和联邦住房抵押贷款公司对可支付住房目标的实现情况。所以，这一阶段的主要特点是：政府重点关注住房金融体系是否有效地实现了公共住房政策目标，应用信息技术加强风险防范，加强对两级市场的监管力度，推动抵押支持证券市场的全球化。

纵观美国住房金融体系的发展历史，可以看到每一次经济冲击或市场震动都会引发新一轮的体系变革，每一次变革都伴随着金融机构改革、金融产品创新、保险和监管机制的深化，而且在这个过程中，住房金融体系所承载的公共住房政策目标也得到不断的强化。2007 年的次级抵押贷款危机是美国住房金融体系面临的新一轮冲击，美国政府正在酝酿出台新的市场监管法案，并很可能成为美国住房金融体系发展新阶段的开始。

2. 美国住房金融体系的构成

（1）一级市场。

美国住房金融一级市场参与者除借款人和开发商外，包括贷款机构、中介机构、政府机构等，形成富有特色的美国住房金融一级市场。

多元化的放款机构。美国的抵押贷款机构主要包括商业银行、储蓄银行、储蓄贷款协会、抵押公司（或抵押银行）和信用社。这些机构是抵押一级市场最主要的资金供给者。其中，储蓄银行、储蓄贷款协会是传统的抵押贷款机构。但是在 20 世纪 80 年代储贷危机之后，抵押贷款市场结构发生了变化，商业银行成为最主要的住房贷款资金供给者。[①] 在美国金融危机前的抵押贷款市场中，抵押银行发挥了非常重要的作用。因规模不同，抵押贷款机构在一级市场中的作用和业务形式有明显差异。小型贷款机构的主要作用是签订

---

① 张桥云，郎波. 美国住房金融市场：运行机制、监管改革及对中国的启示 [J]. 经济社会体制比较，2011（3）.

贷款合同，受资金规模限制而难以大量和长期持有抵押贷款。通常的情况是签约以后将抵押贷款卖给大型抵押公司、大型银行或保险公司，后者也可能再转卖给"两房"。与商业银行等存款式抵押贷款机构不同，抵押银行不能吸收存款。因此，其贷款资金来自资本金和商业银行授信资金。商业银行，特别是大型商业银行在抵押贷款一级市场中扮演了多重角色：一是自己签约抵押贷款；二是批发买进其他放款机构签约的抵押贷款；三是向抵押银行提供信贷额度。从这个意义上讲，商业银行是抵押贷款一级市场最主要和最终的资金供给者。

分工明确的中介机构。除抵押经纪人外，中介机构还包括保险、担保、评估、信用管理以及产权管理等机构。其中，经纪人主要充当借款人和放款机构的中介，将借款人打包分组并推荐给不同的贷款机构，降低借贷双方的交易成本，提高签约的成功率。信用管理局则为放款机构提供全面、准确、快捷的借款人信息。商业担保公司为一般抵押贷款提供担保，政府担保机构如联邦住房管理局（FHA）则专门为中低收入借款人提供担保，以增强其信用，从而使其获得银行的信贷支持。

建立政府担保机制。1933 年"经济大萧条"后，为刺激经济复苏和满足家庭购房需求，1934 年成立了联邦住房管理局（FHA），1944 年成立了退伍军人管理局（VA），1994 年成立了农村住房服务部（RHS），专门为中低收入群体和退伍军人等特定人群购房提供政府担保。其中，FHA 隶属于美国住房与城市发展部（HUD），而 RHS 隶属于美国农业部（USDA）。以 FHA 贷款为例，因为有政府背景的联邦住房管理局的担保，商业银行等放款机构向城市中低收入家庭购房发放贷款的意愿增强，并大幅度减低这些家庭抵押贷款的信贷门槛，例如，较低的首付比例（可低至 3%）、较低的信用分数要求（比一般商业贷款低）、贷款期限更长。这些特殊做法大大提高了中低收入借款人的贷款可获得性。

多样化的贷款产品。按利率是否可变动来划分有固定利率贷款（FRM）、可调整利率贷款（ARM）；按借款人信用等级来划分有最优贷款（prime）、次级贷款（subprime）、超 A 贷款（alt-A）等三类；按还款方式来划分有等本息、等本金、分级偿还；按贷款后的债务整合来划分有再抵押贷款、反向抵押贷款、住房净值信贷额度和住房净值贷款等；按照担保人来划分有一般抵押贷款和政府支持抵押贷款项目，后者如联邦住房管理局贷款和退伍军人管理局贷款。

（2）二级市场。

随着住房市场的迅速发展，资金来源成为抵押市场进一步壮大的制约因素。为帮助银行等改善资产流动性和得到更多的抵押贷款资金，美国逐步建立和完善住房抵押贷款二级市场，一是 1932 年成立了联邦住房贷款银行体系（FHL Bank），FHL Bank 通过发债融资向其认可的会员单位提供低成本抵押金；二是放款机构、保险公司、FHL Bank 等机构间开展贷款合同转让；三是通过"两房"实施贷款证券化。抵押贷款二级市场极大地促进了一级市场的发展。

贷款证券化为放款机构突破流动性约束、资金来源约束和资本充足率约束提供了可能，在"贷－卖（或证券化）－贷"的信贷模式下，由于银行出售贷款或将贷款证券化后所得资金并不是存款，这部分通过资产交易所得的资金不需要缴纳法定准备金，因此，银行"创始贷款"的规模几乎不受法定准备金和资本金的约束，从而削弱了法定准备金制度的宏观调控作用。值得注意的是，银行等放款机构通过二级市场，一方面将信用风险转移出去，另一方面却通过贷款合同转让、贷款证券化等交易方式将信用风险"买"回来，并有放大风险的可能性。

（3）美国住房金融监管。

由于住房抵押贷款具有期限长、风险大、占比高的特点，美国不仅在立法方面高度重视，而且建立了较为系统的监管架构，包括常规监管组织，例如，美联储（FED）、联邦存款保险公司（FDIC）、货币监理署（OCC），以及特殊监管组织，例如，住房与城市发展部（HUD）、联邦住房管理局（FHA）、联邦住房金融局（FHFB）、联邦住房企业监管办公室（OFHEO），2008 年金融危机后 FHFB 与 OFHEO 合并建立了联邦住房金融局（FHFA）。[①]

一是联邦储备系统（FED）。1913 年，根据《联邦储备法》规定，美国

---

① 张桥云，朗波. 美国住房金融市场：运行机制、监管改革及对中国的启示［J］. 经济社会体制比较，2011（3）.

设立联邦储备系统，行使中央银行职能。主要职责是制定联邦货币政策、监督会员银行和支付清算服务。二是联邦存款保险公司（FDIC）。于 1933 年根据《格拉斯–斯蒂格尔法》设立，向商业银行、储蓄银行、储蓄贷款机构和其他经营存款业务的金融机构提供储蓄保险。FDIC 对发放抵押贷款的金融机构负有监管责任。三是储贷机构监管办公室（OTS）。20 世纪 80 年代，大量储贷机构破产，为稳定住房金融市场，1989 年，美国国会出台《金融机构改革、复兴和实施法》，撤销联邦住房贷款银行委员会，成立联邦储贷机构监管办公室，隶属财政部。四是联邦住房贷款银行体系（FHL Bank）和联邦住房金融委员会（FHFB）。联邦住房贷款银行体系（Federal Home Loan Bank System, FHL Banks）是根据 1932 年联邦住房贷款银行法案建立起来，是一家由 12 家区域银行组成的，主要服务于抵押贷款及与之相关的社区投资活动的政府支持企业。12 家联邦住房贷款银行已经吸纳了包括商业银行、储蓄机构、信用社及保险公司等在内的 8200 多家金融机构成为其会员，占发放抵押贷款机构总数的 90%。各家联邦住房贷款银行通过资本市场发行债券融资，购买会员机构发放的抵押贷款，为一级市场提供流动性支持。五是住房与城市发展部与联邦住房企业监督办公室。1965 年出台《住房和城市发展法》，将原住房金融局、公共住房管理局和联邦住房管理局三个机构合并，设立住房和城市发展部（HUD），负责解决低收入家庭住房问题和推动城市社区发展。1993 年，HUD 设立联邦住房企业监督办公室（OFHEO），负责监管房利美和房地美。HUD 及其下属的 FHA 和 OFHEO 对促进抵押贷款市场发展、解决中低收入家庭住房问题发挥了非常重要的作用。

住房与城市发展部（HUD）对"两房"的监管有两个目标，一个是监督它们实现住房公共目标；另一个是通过 HUD 下设立机构联邦住房企业监督办公室专门监督"两房"经营的安全与稳健性。1992 年美国国会通过了《联邦住房企业金融安全和稳健法》和《联邦政府支持企业法》，这两项法案构建了由两个机构分别对"两房"的公共政策目标和经营安全进行监管的框架。其中，OFHEO 的主要职责包括：第一，对"两房"进行一般的或者特定目标检查；第二，每一季度检查"两房"的资本充足情况，评估它们是否达到了最低资本要求和风险资本要求；第三，研究风险资本标准，通过压力测试模拟利率风险和信用风险较高的极端情景；第四，公布有关的资本金要求法令和实施的标准；第五，在"两房"资本金不足时，采取必要的强制措施。

美国在应对次贷危机后并没有停止对住房金融改革的探讨，针对次贷危机爆发的原因以及应对措施的效果，美国相关机构和国会议员对住房金融改革提出了各种调查研究报告和立法提案。例如，住房金融服务监督和调查委员会、国会观察小组等多个组织，在 2011 年国会听证会上提出了《"两房"在监管后合法费用的分析》《住房有关政府发起企业的彻底检查》《信用风险保留规定》《透明度、过渡和纳税人保护：需要更多步骤结束对政府发起企业的救助》《私人抵押贷款投资法》《对 FHFA 的监督》等十项报告。① 此外，多位国会议员还对政府发起企业改革问题提出了《取消对政府发起企业救助和纳税人保护法案》《住房金融改革法案》《住宅抵押贷款二级市场法案》《私人抵押贷款市场投资法案》等多项立法提案。

从上述国会听证会报告和立法提案的主题可以看出，美国住房金融未来改革的核心主要集中在住房金融二级市场监管、机构规划和对消费者权益保护等方面，其中"两房"在美国住房金融体系中的形式和作用是改革的重中之重。从 1970 年至今，"两房"积极地推动了美国住房金融市场的发展，然而政府背景和过度膨胀使其承担了过高的风险，超出了制度安排的合理界限，对住房金融二级市场形成了垄断，挤压了其他私人机构在住房金融二级市场的发展空间。由于"两房"的特殊地位，美国政府为了稳定住房金融市场的运行，不得不进行接管以发挥其对抵押贷款二级市场流动性供给的重要作用。自 2008 年被接管以来，"两房"已经购买或担保了美国大约 75% 的抵押贷款，仍然发挥着无可替代的作用。② 对于这种"无可替代"的作用如果不加以限制并继续发展，从长期来看，美国住房金融二级市场仍然面临着巨大的风险。因此，"两房"存在的模式以及住房金融二级

---

① Federal Housing Finance Agency. 2011 Report to Congress［R］. 2012.
② 孟艳. 美国规划"两房"未来重构住房金融体系［N］. 中国财经报，2012 - 05 - 31.

市场的深化改革势在必行。

（五）美国住房保障制度的经验启示

美国政府把"居者有其屋"作为历届政府的职责，经历几十年的发展，基本上解决了大多数人的住房问题，在住房建设方面积累了许多经验。

1. 鼓励居民自有住房是其住房政策的核心思想①

美国的住房政策非常侧重于私营，特别是对自有住房的支持。美国对住房私有制的推动可以追溯到 1913 年，当时联邦税制开始实行住房贷款和房地产税的抵税政策。这种税收上的好处，加上对贷款业的优惠政策以及从文化取向上对自有住房的偏好，都促进了住房的普遍私有化。早在 1960 年，美国住房的自有率超过了 60%。公共住房则是在 20 世纪 30 年代作为"新政"的一部分出现的，其规模很小，一直未对住房需求的满足起过主要作用。美国的住房政策同其社会文化背景有着密切的关系。美国文化主导的价值观是个人主义，其核心思想是个人而不是政府来为个人的命运负责。政府的责任是保证机会而非社会福利均等。再者，美国的社会文化传统强调私有制度，其结果是，"社会政策"的设计基本上是扮演一种派生的和补充性的角色。

2. 完备的法律制度是美国住房政策建立的基石

美国住房保障立法体系涵盖了公共住房补贴、房租补贴、消除贫民窟以及特殊人群住房保障等多个方面。例如，美国政府为了解决低收入居民住房和贫民窟问题，先后通过了《住房法》《城镇重建法》《国民住宅法》《住房与城镇发展法》等，对住房保障做了相应的规定，鼓励私人投资低收入家庭公寓住宅，建成后的住房，优惠提供给因城镇重建或推行政府公共计划而丧失住所的家庭。在立法过程中，注意根据不同时期的住房保障要求对原有法律条文进行修订或推出新的法律制度，进而保证政策的权威性和有效性。

3. 发达的住房金融体系是住房政策的必要补充

纵观世界各国（地区），凡是住房保障制度实施比较好的，都建立了完

---

① 刘旦. 美国住房政策的若干启示 [J]. 上海房地产，2012 (7).

善的住房金融中介机构。美国住房金融体系非常发达，20 世纪 30 年代，美国联邦政府通过金融立法，建立了住房金融机构。美国有储蓄放款协会、互助储蓄银行、联邦住宅放款银行委员会、联邦住房抵押贷款公司等，提供长期、低廉的固定利率贷款，并由联邦政府对贷款提供保险，使得人们以较低的首付额和较低风险获得购房贷款，因而促成了第二次世界大战以后大规模的住房建设和消费。

4. 健全的税收体系是住房市场健康运行的保证

房地产投机炒作不仅会抬高房地产价格，阻挡中低收入阶层实现"购房梦"，也是财富与资源的浪费，并降低房地产的使用效率。美国对住房出售获利者要征收资本利得税，特别是对不超过 1 年的短期投资利得要计入当年应税所得。对个人来说，短期投资的资本利得税率适用于一般所得税累进税率；长期投资的资本利得税率（超过 1 年的投资）通常为 20%。2003 年长期投资的资本利得税被调降到 15%，对于归入最低和次低所得税缴纳的人群资本利得税为 5%，到 2011 年所有被调降的资本利得税率恢复到 2003 年前的水平。资本利得税与产权持有成本、住房贷款利率一起，构成了美国抑制房地产投机政策体系，投资购房很难获得超额回报。但是联邦税法规定并不是"一刀切"，它还制定了免税规则：一是对住宅出售获得资本利得，如果住宅出售人两年内再次购买另一栋住宅，这些资本利得将免税；二是对 55 岁以上的住宅所有者，在出售住宅时一次性免除资本利得税。这两项税收优惠政策促使和引导合适的人居住合适的住房，不仅活跃了美国二手房市场，还提高了住房的利用效率。因此，美国二手房交易量远远高于新建房市场，成为住宅市场的主导力量。

## 第二节　德国住房保障制度

德国的保障性住房（也称社会性住房，social housing）一般指的是"公共补助住房"（public subsidized housing）或"住房提升"（housing promotion）。德国的住房保障概念并不与特定的提供者相联系（如政府），而用于指代所有用于（具暂时性的）社会性住房的公共补贴。2006 年以来，地方政府主要负责提供此类住房，而联邦政府则主要负责为各家庭提供住房补贴及租金管理。总体上看，当前德国的保障房供给者包括都市住房公司（Municipal Housing Companies）、住房组织、房地产开发商及各类其他投资者。[①]

## 一、德国住房保障制度的发展历程

德国自 1847 年开始进入大规模工业化阶段，随着大量人口进入城市，住房问题凸显，进而开始住房保障体系的建设，至今已历经 160 多年的发展历程。总体而言，其发展过程可以划分为四个阶段：早期繁荣的工业化阶段；第一次世界大战后；第二次世界大战后；20 世纪末以来。[②] 政府根据各个阶段的社会经济发展状况，考虑对已有住房保障体系进行适当的调整（修改或重新制定政策），以实现社会经济效益的最大化。

（一）早期阶段

自 19 世纪中叶开始，德国进入早期工业化阶段，快速城市化使得为贫困居民提供经济适用房极为困难。由于建设过快和管理不善，保障性住房的居住环境往往肮脏、拥挤，几乎是大多数工业化国家或地区的通病。为了吸引和留住更多的劳动力，许多企业开始建造"单位住房"。早期公寓的设置比较简单，但大多在同一空间中综合就业与居住等不同功能，进而为此类社区带来极为融洽的邻里关系。时至今日，这种模式仍旧保留，只是其规模和数量已经大大减少。

---

① Rid W, Profeta A. Stated Preferences for Sustainable Housing Development in Germany-A Latent Class Analysis [J]. Journal of Planning Education and Research, 2011, 31 (1): 26–46.

② 薛德升，等. 德国住房保障体系及其对我国的启示 [J]. 国际城市规划, 2012 (4).

（二）第一次世界大战后的"住房合作社"制度

第一次世界大战结束后，德国政府开始发布法规，提出经济适用房方案，最初主要针对退伍老兵或失去父亲和儿子的家庭。20世纪20年代末爆发全球经济危机后，政府开始为失业者提供住房保障。在这一时期，德国出现了建立"住房合作社"的浪潮。"住房合作社"制度体现了住房问题由国家、集体、个人三者共同负担的原则，在住房合作社组建委员会、管理委员会的领导下，全体社员以集体共同制定的章程规范合作社的日常运作。修建房屋前，根据住宅的造价和面积，每个社员必须交纳一次性的社员费，作为修建房屋的基金，而建造款项不足的部分则由政府提供低息贷款。房屋建成后，社员须按时支付月租金。如中途要退出或搬迁，合作社将向个人退还至此为止的全部房款，再将该房转让给新加入的社员。总体上，合作社模式依赖社员入社资金，并从国家和银行获取一定的贷款，继而建房出租给社员居住。"住房合作社"成果的推广，使得大面积的经济适用房在城市中落户；而且通过合作社的日常管理和维护，经济适用房的社会效益得到了最大化。此类住房模式一直保持至今，只是德国已不再新建此类住房。

（三）第二次世界大战后的"福利性公共住房制度"

第二次世界大战给整个欧洲尤其是德国带来巨大破坏，许多城市50%～90%的住宅区被摧毁。在战后"严重房荒"以及缺乏储蓄资金的背景下，德国政府通过福利性公共住房制度调动社会各方力量积极加快社会住房建设。福利性公共住房一般是政府出资，由非营利住宅公司或自治团体建造，向多子女家庭、残疾人、低收入者或领救济金的居民出租，这其中包括大中型企业用自有资金建造并在税收上得到国家优惠的职工住宅。从第二次世界大战结束到20世纪70年代末，德国建造了福利性公共住房780万套，占同期新建住房总数的49%，成功缓解了战后住房的供需矛盾。[①] 20世纪70年代后，

---

① Forsell H. Property, Tenancy and Urban Growth in Stockholm and Berlin, 1860 – 1920 [M]. Aldershot: Ashgate, 2006.

此项制度的重要性逐步降低；特别是随着新自由主义思潮的兴起，政府对住房市场的干预逐步减小，直接经济投入更少，使得福利性公共住房的建设进入相对停滞的阶段。

（四）20 世纪末以来的住房保障制度

德国的住房保障体系经历长时间的发展演变，主导各个阶段保障性住房发展的政策亦经过不断改革和发展。时至今日，德国已经形成由两种保障房所构成的住房保障体系：一种是政府主导模式，运用联邦、州、行政区政府的住房建设基金建造公共福利住房；另一种是市场主导模式，当房地产商或个人在自有资金达到项目投资的 15% 以上时，向政府申请免息或低息（利率仅为 0.5%）贷款，建造公共福利住房。这些公共福利住房一旦建成，须以成本租金租给低收入家庭，房租标准由政府核定，一般为市场平均租金的 50% ~60%。1949~1979 年德国共建造保障性住宅 780 万套，占同期新建住宅总数的 49%。1990 年以来，住房短缺问题得到解决，每年新建或政府购买的保障性住宅数量已经大为减少。

## 二、德国住房保障制度的构成

19 世纪开始，德国快速的工业化与城市化使大量农村的劳动力进入城市，人口的大量聚集使城市住房问题开始凸显。部分企业主开始建造住房为工人提供宿舍，部分城市居民也开始投资住房用于出租。为了减轻城市居民购房压力，1847 年德国一些城市模仿英国住房信贷合作社制度，成立住房合作社，实施住房储蓄制度，开始了保障性住房制度的实践。进入 20 世纪之后，德国加大了对中低收入家庭住房保障力度，主要采取补贴建房的方式间接参与，并在 1925 年前后在柏林、汉堡等地开展公共住房建设实践。第二次世界大战之后，由于战争的破坏，德国住房极度紧缺，德国政府一方面直接投资建设大量公共住房，另一方面出台许多优惠政策鼓励私人建房，缓解了第二次世界大战造成的房荒问题。经过一个多世纪的实践，德国已经形成包括公房建设、房租补贴、金融支持等一系列完善的保障性住房制度体系。

（一）公共住房建设

德国公共住房建设主要在第二次世界大战之后，由于战争的破坏，住房供给严重不足。从 1950 年起，德国多次通过立法大力推进公共住房建设，并由政府以低租金向居民分配。德国法律规定对于因为经济收入低，或某一民族、某一宗教信仰或孩子太多等原因造成找不到房子的家庭，政府有责任向其提供公共住房。公共住房建成以后，政府以成本租金出租给低收入家庭，租金一般为市场租金的 50% 左右。[①] 第二次世界大战后德国公共住房建设解决了许多低收入家庭的住房问题，据统计，1950 年德国有一半的人口居住在政府提供的公共住房，1949～1979 年期间德国总共建成公共住房 780 万套，占同期新建住宅总数的 49%。[②] 同时，德国相关住宅法律法规对申请公共住房的条件、公共住房的建设标准、租金水平以及公共住房退出机制进行严格规定，对于承租公共住房但已经不符合申请公共住房标准的租户则按照市场租金水平收取租金。[③]

（二）房屋补贴制度

为了促进住房投资以及加快公共住房成本回收，20 世纪 60 年代之后德国政府逐步取消了房租管制制度。房租管制制度取消之后，市场租金涨幅很大，给中低收入家庭造成了很大的负担，住房困难加剧。1970 年，德国颁布新的《住房补贴法》，在全国范围内实行房租补贴，规定德国公民凡是家庭收入不足以支撑租赁适合住房的，有权享受房租补贴。房租补贴的数额根据

---

① 郑云峰. 德国住房保障：制度构成、特征及启示 [J]. 北华大学学报（社会科学版），2016 (2).

② 罗应光，向春玲. 住有所居：中国保障性住房建设的理论与实践 [M]. 北京：中央党校出版社，2011：75.

③ 杨瑛. 借鉴德国经验，加快建设以公租房为主的住房保障体系 [J]. 城市发展研究，2014 (2).

家庭的收入、人口以及住房消费支出等因素综合考虑确定。根据 1970 年新《住房补贴法》的规定，住房租金超过家庭收入 25% 部分由政府补贴支付，联邦政府以及地方政府各负担一半。另外，为了帮助低收入家庭租到合适的住房，德国专门成立了"租房者协会""社会福利协会""土地和房屋拥有人协会"，为低收入家庭提供多元化的住房保障服务。由于完善的房租补贴制度以及充足的住房资源，德国拥有产权住房的家庭比例不高，大约 52% 的家庭依靠租房解决住房问题。

（三）补贴建房购房制度

第二次世界大战后，为了鼓励私人以及社会资金参与公共住房建设，刺激地产投资，减轻政府财政负担，德国制定了一系列补贴建房以及购房的制度。一是鼓励社会资金参与保障性住房建设。对于企业参与保障性住房建设，由政府征地并出资给企业，政府向企业提供金额为建筑费用 50% 的财政贴息贷款，期限为 25 年。二是鼓励私人建设住宅，增加市场供应量。政府向私人建设住宅提供的优惠政策包括将建设费用按一定比例抵扣应纳税所得额、建房贷款产生的利息抵扣应纳税所得额、免征土地税费等。三是鼓励私人购买住房，对按市场价格购买住房的家庭提供补贴以及购房贷款。

（四）住房储蓄制度

住房储蓄制度在德国具有较长的发展历史，1924 年，德国出现了第一家住房储蓄银行，并在 1931 年出台专门法律将住房储蓄制度纳入国家监管之下。特别是第二次世界大战结束以后，德国住房储蓄制度获得了快速发展，目前已经形成完善的制度。德国住房储蓄制度包括以下内容：一是储户必须先储蓄，然后才能获得贷款的资格。由储户与银行签订合同，达到一定的储蓄额时才获得贷款的资格。二是实行专款专用。德国《住房储蓄法》对住房储蓄的用途与经营原则进行严格规定，不得用于风险交易，提高住房储蓄的安全性。三是运行独立，实行低息政策。住房储蓄独立于德国资本市场，其利率变动不受通货膨胀以及市场资金供需状况的影响，并维持相对稳定的低息。四是政府制定优惠政策鼓励居民参加住房储蓄。包括按照储蓄额度给予一定比例的储蓄奖励以及购房时提供一定比例的贷款补助。

## 三、德国住房保障制度的特点

同为发达市场经济国家，与美国、英国等国相比，德国更加强调政府在社会保障以及社会福利方面的责任。因此在住房政策特别是住房保障方面，德国政府的角色更加重要与突出。

（一）政府对房地产业进行合理规划与严格管理，保持房地产市场稳定

德国政府根据本国经济发展、人口特征等制定了合理的住房发展规划，综合运用法律、税收、金融、土地等手段加强对房地产市场的管理，构建以住房租赁市场为主体的多层次住房供应体系。根据人口增长速度以及居民收入情况，稳步增加住房数量，并且对高档、中档以及低档住房的构成做出合理化安排。通过政府对房地产业实施的科学规划、严格管理以及利用各种手段打击炒房行为，德国在过去几十年里保持了房地产市场的供需平衡，房价以及房租基本保持稳定，涨幅合理，使居民收入的增长速度达到甚至超过房价以及房租的增长速度。

（二）政府在保障性住房建设方面发挥重要作用

第二次世界大战结束之后，为了缓解极其紧张的住房供应状况，德国政府一方面直接参与公共住房建设，即运用各级政府住房建设基金直接兴建公共住房；另一方面制定各种优惠政策鼓励个人、私营房地产公司、住房合作社等社会主体参与公共住房建设，优惠政策包括提供免息或者低息贷款、税收优惠政策等。[①] 德国政府对于公共住房的支持使战后德国住宅公共极度紧张的状况得到有效缓解，对于保障低收入家庭的住房权益发挥了重要作用。

---

① 杨晓楠. 国外公共住房模式比较及对中国的借鉴 [J]. 大连海事大学学报（社会科学版），2015（12）.

（三）构建以公共住房为主体的保障性住房体系

德国将公共住房建设作为保障性住房体系的主要方向，并通过政府直接兴建公共住房以及鼓励社会资金参与公共住房建设的方式实现住房保障与市场机制的适度结合。特别是在鼓励社会资金参与公共住房建设方面，德国要求每个房地产开发项目必须配套一定比例的保障性住房，并给予金融以及税收方面的支持。这种保障性住房建设模式优势明显，一是可以调动社会资金参与公共住房建设的积极性，减轻政府的财政压力；二是将低收入家庭合理分布在各个小区，避免出现贫民窟等社会问题；三是借助优质房地产商的力量，提高保障性住房建设以及管理的效率；四是形成保障性住房建设资金的良性循环，实现保障性住房建设的可持续发展。

（四）注重保障性住房建设的立法

在居民的住房保障方面，德国通过立法将居住权确认为公民权利的重要组成部分。通过立法明确规定了联邦政府以及地方政府在居民住房保障方面的职责。第二次世界大战之后，德国制定了完善的保障性住房法律法规，包括《住房建设法》《工人置业促进法》《住房补贴法》《租房法》《住房储蓄法》等，这些法律成为保障低收入家庭住房权益的重要保证。德国自有住房率很低，很大程度上是由于租房客的权益受到很好的保护。德国通过《租房法》等法律法规对住房租赁中出租人与承租人的权利与义务进行详尽的规定，对合同的签订、解约以及合同的期限等要素提出指导性意见，并在法律中强化对承租者权益的保护。例如，一旦签订租房合约即视为无限期合约，出租者不得随意解除租房合同，必须在法定条件下或者提出合理的理由如承租人没有按期缴纳房租等，才能解除住房租赁合同。

## 第三节　新加坡的组屋政策

新加坡的组合房屋，简称"组屋"，是由新加坡建屋发展局（Housing Development Board，简称 HDB）承担建设的楼房，为大部分新加坡人提供住所。

20 世纪 50 年代，为解决居民特别是中低收入居民的基本住房问题，新加坡政府成立建屋发展局（HDB）和中央公积金局（CPF）。1955 年，新加坡建立公积金制度，并设立了中央公积金局，统一管理和使用公积金储蓄，其制定的《中央公积金法》中规定任何雇员或受薪者必须按工资的一定比例统一存入中央公积金局（公积金的 80% 用于购买住房和付保险费，12% 作为医疗费用，8% 作为特别费用，即年老退休后享用）。1960 年成立的建屋发展局主要负责"组屋"的规划、建设、经营和管理等工作，保证"居者有其屋计划"的真正落实。

## 一、组屋政策的内涵

### （一）土地征用与规划政策

1960 年，新加坡政府颁布《土地征用法》，其中规定政府有权征用私人土地供应国家建设，并且可以在任何地方征用土地来建造公共组屋。通过授权建屋发展局等部门拥有强制征地的权力，以确保城市更新、土地开发及相关计划能以远低于私人开发商购地的价位获取所需的私有用地。建屋发展局一般采用按规定的"市场价值"（一般为市场价的 20%）向土地局购买。被征用土地只有国家有权调整价格，价格确定后，任何人不得随意抬价，而且也不受市场左右。通过征用私有土地，国家获得巨大的收益，在低价征地的合法化和强制性问题上，新加坡通过强硬有力的贯彻执行，以适应公共组屋大幅度降低建设成本和租售价位的现实需要。

### （二）金融政策

新加坡公共住房金融政策主要由四个部分组成。

1. 中央公积金可用于购买公共住房

新加坡中央公积金制度为新加坡人购房提供了资金来源。1981 年，公积金可以用于购买私人房产为居住用。例如，一个家庭月收入2000美元，每月公积金存款800美元，其中，600美元可以用于购买政府组屋。1989年，公积金也可以用于投资私人产业。目前，公积金还可用于购买房屋保险。

2. HDB 提供低息购房贷款

建屋发展局为组屋屋主提供远低于市场利率水平的优惠贷款利率。当购房者的现金和公积金不足以支付购房款时，建屋发展局为居民提供低息购房贷款，并提供为期十年的装修贷款。自1997～2007年十年间，建屋发展局的组屋贷款利率一直保持在2.6%，年息一般比商业银行低3～4个百分点。

3. 政府资助

建屋发展局以低价出售公共组屋，政府给予补助。主要有三个方面：一是政府建房贷款。组屋计划的主要资金来源是政府财政投资资金、住房公积金以及储蓄银行贷款。二是购房资金贷款。居民购房可分期付款，居民从建屋发展局购房后，由该局提供分期贷款，并垫付周转资金。三是政府津贴。首套房是通过公开市场（也称二手市场或转售市场）获得而非通过购买政府组屋取得，政府给予3万新加坡元（简称新元，下同）的购房津贴。如果申请者所申请的新组屋单位同父母住家的直线距离在1千米之内，申请者可以额外再享受1万新元的购房津贴，申请者在住房分配的过程中也有优先权。

4. 价格优惠

每个新加坡公民可以从政府购买两套新组屋，新组屋的价格普遍低于市场价格，通常只有市场转售价格的60%～70%，有时更低，同时政府给予购买新组屋的公民相应的货币津贴。具体补贴如下：面积为45平方米的一房式，均价为9.6万新元，政府补贴4万新元；面积为65平方米的三房式，均价为15万新元，补贴3.5万新元；面积为90平方米的四房式，均价为26.5万新元，补贴1万新元。

（三）组屋分配政策

1. 按需分配政策

新加坡组屋采取按需分配的分房政策，坚持家庭优先、首次购房者优先原则。

2. 申请条件

购房者必须满足建屋发展局制定的申请条件，具备申请的资格。其资格条件包括：

（1）公民权。只有新加坡公民（持粉红色身份证）才有资格直接从政府手里购买新组屋，新加坡的永久居民（持蓝色身份证，相当于国内通常讲的"绿卡"）只能从组屋转售市场中购买二手组屋，而居住在新加坡的外国人没有资格购买新的或二手政府组屋。私人房产业主拥有者不可以申请购买新的政府组屋，但可以购买二手的政府组屋，但是私人房产业主必须居住在购买的政府组屋内。私人房产业主在将私人房产出售30个月后，如果家庭收入符合标准方可申请购买政府的新组屋。

（2）收入水平。家庭收入低于建屋发展局规定的收入上限，在20世纪60年代，只有月收入低于1000新元的家庭才可以购买建屋发展局住房，月收入超过收入限额标准的家庭不能申请购买组屋。新加坡公民家庭月收入8000新元以下才有资格购买新的四房式或者以上政府组屋，家庭月收入3000新元以下才有资格购买新的三房式政府组屋，家庭月收入2000新元以下才有资格购买新的两房式政府组屋。破产者也有资格购买五房式或者以下的新政府组屋而不需要征得官方委托监管人的同意。35岁以上的单身新加坡公民（包括未婚的或已离婚的）可以以个人名义购买二手政府组屋，没有个人收入方面的限制。单身新加坡公民在购买二手政府组屋之后也可以购买私人房产，但是必须住在政府组屋里。

（3）最低年龄限制。凡年满21岁、能组成家庭，家庭月收入在6000新元以下、不拥有其他产业的公民，都可申请购买组屋。

（4）家庭构成。新建组屋的申请者必须是两个成年家庭成员联名形成的"核心家庭"（即夫妻双方家庭）。特殊情况通过其他计划来解决，如老年人计划和孤儿计划等。

3. 一个核心家庭只能拥有一套政府组屋

购买第一套组屋五年后可以申请第二套政府组屋，1966年实行房地产降温措施，改为十年后才可以申请第二套组屋。原有的组屋必须在购买第二套组屋半年内出售。

4. 住房转售

1971 年以前，政府组屋不可以转售。但可以以原价卖回给建屋发展局。1971 年以后，居民住满三年，可按市场价出售政府组屋，一年内不可以再申请政府组屋。1973 年，居住期改为五年，但在 30 个月内不可以申请政府组屋。1979 年又改为三年居住期，但可以立即申请政府组屋，交 600 新元申请费，转售时交 5% 转售税。1985 年以后，转售税取消。居住期又改为五年。新加坡保障性住房分配体系及申请条件，如表 3 – 1 和表 3 – 2 所示。

表 3 – 1　　　　　　　　　　新加坡保障性住房分配体系

| 类别 | 标准（家庭月收入） | 可购房类型 | |
| --- | --- | --- | --- |
| 第一类 | 800 新元以下 | 可以租赁组屋，供租的组屋一般为一、二和三居室，四居室以上的组屋不出租。租金约为市场租金的一半，其余部分由政府予以补贴 | |
| 第二类 | 800 ~ 5000 新元 | 可以购买组屋 | 可分期付款：首付 20%，其余向建屋局申请贷款，利率公积金存款利率高 0.1 个百分点，比市场利率低 2 ~ 4 个百分点 |
| 第三类 | 5000 ~ 8000 新元 | 可购买档次较高的公共组屋 | |
| 第四类 | 8000 新元以上 | 建屋发展局不负责提供组屋，从房地产市场直接购买住房 | |

资料来源：新加坡建屋发展局网站。

表 3 – 2　　　　　　　　　　新加坡保障性住房申请条件

| 组屋类型 | 房型 | 公民身份 | 私人房产情况 | 月收入 | 家庭结构 |
| --- | --- | --- | --- | --- | --- |
| 廉租房（租赁） | 一房式 | 新加坡公民 | 无私人房产，且未购买组屋 | <1500 新元 | 曾组建家庭 |
| | 两房式 | | | <1500 新元 | 核心家庭成员不低于 3 人 |
| 廉价屋（购买） | 两房式 | 新加坡公民；核心家庭中有一个是常住居民 | 无私人房产，且未购买组屋，未享有公积金住房资助或其他政府补贴，有房产但达到五年等候资格 | <2000 新元 | 核心家庭成员不低于 3 人 |
| | 三房式 | | | <3000 新元 | |
| | 四房式或更大房型 | | | <8000 新元 | |

资料来源：新加坡建屋发展局网站。

## 二、新加坡组屋政策对我国的启示

新加坡组屋住房保障计划以"人人有房住"为理念，在很大程度上解决了公民居住困难的问题，它着重解决中低收入人群的居住，支持高水平收入的人群购买市场商品房，在一定程度避免了由于高收入人群的哄抢而再次导致组屋房价的高涨，从而保证每个家庭都能够有固定的居住环境和维护社会的和谐发展。新加坡实施"居者有其屋"的政府组屋政策，把公民居住权益放在首位，保障真正需要的人入住组屋。时任新加坡总理李光耀指出："我们将全力以赴去达到我们的目标：使每个公民的家庭都拥有自己的家。"① 新加坡的确做到了"居者有其屋"，政府将居民住房作为社会"政治稳定"来看待："如果每个家庭都有自己的住房，国家将会更加稳定。"随着我国住房市场改革的不断深入，借鉴新加坡经验，选择"租者有其居"向"居者有其居"过渡，最终实现"居者有其屋"这一住房保障模式符合我国的国情，所带来的社会经济效益将是显著的，不仅可以在一定程度上稳定房价，降低盲从效应，做到房屋供需大致平衡，而且可以拉动内需，促进经济的发展。当前，我国为解决中低收入阶层的住房基本需求，可借鉴新加坡"居者有其屋"政府组屋计划，结合我国国情，建立适合我国住房市场发展的保障住房机制，确保保障性住房政策落到实处，逐步实现从"居者有其居"到"居者有其屋"。

### （一）居者有其居

目前，我国住房市场供应体系与全面建设小康社会的目标不一致，无法真正实现全面奔小康的宏伟目标。"租者有其居"只解决了低收入阶层或中低收入阶层对住房最低层次的需求。2013 年，习近平总书记在中共十八届三中全会上提出"住有所居"，从城镇居民住房基本需求出发，解决中低收入

---

① 新加坡《联合早报》. 李光耀 40 年政论选 ［M］. 北京：现代出版社，1996：168.

阶层住房问题。

建立完善的管理运行机制，是我国城镇住房保障制度得以顺利实施和高效运行的保证。保障性住房管理运行机制包括供应体系、准入退出机制、保障体系，其中供应体系是基础，保障体系是保证，准入退出机制是核心，如图 3 - 1 所示。

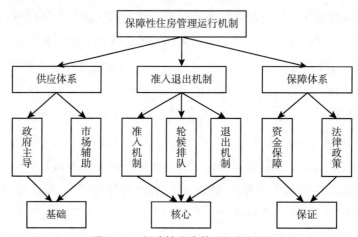

**图 3 - 1　保障性住房管理运行机制**

1. 建立以政府为主，市场为辅的保障性住房供应体系

我国保障性住房是与商品房相对应的概念，是社会保障体系的一部分，具有公共产品属性，是广义上的公共产品。[①] 因此，政府是建设保障性住房的主导力量，应由政府主导，统一建设、统一分配、统一管理、统一运作。保障性住房建设主管部门是住房保障局与住房和城乡建设部，采用直接出资或向建筑方提供补助等转移支付手段，以低于市场价格的方式出售或出租房屋给保障住户。由于保障性住房承担社会保障职能，因此不能以商品形式直接在市场认购，只能是城镇中低收入的住房困难家庭通过申请才能获得，但只享有有限使用权，目的是为了保障低收入者的居住权益。

---

① 李利纳．基于公共产品理论的保障性住房制度建设探析 [J]．人民论坛，2013（20）．

保障性住房作为一项惠民政策，是"福泽于民"的民生工程，在政府主导的基础上，还应发挥市场的积极作用。我国是一个人口众多、二元经济结构明显的发展中国家，收入差距正在逐步拉大，但国家财力比较有限，单独靠政府的力量短期内还无法完成这一惠民工程，必须调动全社会的力量，加大保障性住房投资和建设力度。新加坡经验表明，只有加强住房保障，才能做到"居者有其屋"，实现社会稳定。

2. 建立与完善保障性住房管理运行机制

保障性住房制度需要相应的管理运行机制"保驾护航"。

第一，建立严格的保障性住房准入机制。准入机制包括审查（收入、住房及户籍审查）、公示、轮候、配租、退出等多个环节，每一个环节均需要有完善的管理运行机制，是一项复杂的系统工程。目前，我国正处于工业化、城市化快速推进时期，农村人口大量向城镇聚集，住房问题显得尤为突出。为保障中低收入阶层居住权益，必须建立严格的保障性住房准入机制，完善和规范申请审核和配租配售程序，对不符合住房困难标准的家庭禁止申请保障性住房，从法律上防范骗购骗租保障性住房和变相的福利分房行为。为了规避这一现象，应转变传统的选择性住房保障模式，采用福利性住房保障模式①，严格规定各类保障性住房申请资格条件，完善保障性住房分配、公众监督机制。

第二，实行公平、公正、公开的轮候排队制度。在实际操作中，为充分体现住房保障制度公平、公正和公开的原则，在满足保障性住房申请资格条件的基础上，对于已经成功登记申请保障性住房的家庭，由"住房保障局"及下属相关行政主管部门按照规定条件轮候排队。排队轮候的原则是在先申请先分配的基础上，来安排保障性住房需求的先后次序。对于满足同等条件的多个家庭，则通过抽签或者其他约定选择方式确定需求程度的次序。如果

---

① 从住房补贴数量和保障范围来看，目前世界上主要有两种模式：一是福利性保障模式。其保障面宽，补贴金额多，如瑞典、丹麦；二是选择性住房保障模式。其保障面窄，补贴金额少，如巴西、中国。

申请成功后放弃分配者则需重新申请排队轮候，严禁插队现象。实施公平、公正、公开的轮候排队制度，使保障性住房行政主管部门与保障性住房申请者之间形成相互制约的序列化、层级化的分配体制，在一定程度上起到了规范保障性住房制度的作用。

第三，健全住房保障家庭动态管理制度，进一步完善和细化保障性住房退出机制。[①] 一是严格控制保障性住房户型面积，以中小户型为主，引导保障性住房入住家庭在改善收入条件、具备一定经济实力后主动退出保障性住房，在制度上形成有效的衔接机制，并建立适应不同收入水平居民支付能力的分层次的住房保障体系。二是对于租赁型保障性住房，要研究制订合适的、动态的、有利于租房者退出的租金标准，既能满足低收入家庭的住房需求，又不损害廉租房供应者的利益和积极性。三是建立完善的法律制约机制，严格保障性住房申请审核程序和制度，加强对不符合保障性住房申请资格条件家庭的退出管理，促进保障性住房资源合理配置和有效流转，确保保障性住房供求平衡。

3. 保障性住房体系多层次化、多样化

保障性住房供应可采用分类供应模式，政府建立多层次的住房保障体系，对低、中、高收入阶层采取不同的住房供应。保障性住房主要是提供给住房困难的中低收入阶层。随着各项改革的深入，城镇贫困人员的结构发生了很大变化，收入差距也在不断拉大，因此在保障性住房对象上应多层次化。

在保障性住房体系多层次化的基础上，针对中低收入阶层中不同收入支付能力的家庭提供不同的保障性住房。对处于温饱线附近的家庭，提供以政府为主导的最低收入家庭住房"廉租房"；对中等偏低收入家庭，则可通过自身有限的住房支付能力获得"经济适用房"。在保障性住房体系中，确定供应主体，采用"财政预算为主，多渠道融资、多渠道筹集房"的方针[②]，在政府增加必要投资的同时，以政策措施引导和支持多渠道的资金投入。

---

① 郭玉坤. 中国城镇住房保障制度研究［D］. 四川：西南财经大学，2006.

② 任越. 新加坡住房政策对我国的启示［J］. 合作经济与科技，2008（18）.

（二）"居者有其屋"

中国是一个人口众多、二元经济结构明显的发展中国家，收入差距正逐步拉大，从"租者有其居"到"居者有其居"的转变符合当前我国国情，也是当前社会稳定、经济发展的需要，以确保公民的居住权得以实现。从"居者有其居"再到"居者有其屋"的转变是更高层次的目标，是德政工程、民生工程、发展工程。

1. 引导新型住房消费模式

"十一五"规划纲要与《国务院关于解决城市低收入家庭住房困难的若干意见》中提出"按照保障供给、稳定房价的原则，提倡住房梯次消费"，大力推进我国城镇经济适用房与廉租房制度建设，以此解决我国城镇中低收入家庭住房困难问题。为此，应该鼓励我国城镇居民树立住房梯次消费观念，在解决基本住房需求时用住房梯次消费理念来代替过度负债消费理念，鼓励城镇居民解决住房问题采取"先租后买，先买旧后买新，先买小后买大，先买普通的后买档次高的，从'安置型'到'适用型'再到'舒适型'，逐步改善，分步到位"的住房梯次消费观念，求得效益的最大化。[①] 因此，租房与买房都是住房消费的合理形式。

2. 保障居民基本居住需求

总体来说，我国城镇收入水平差异较大，各城镇住房保障面存在较大差异，而中低收入阶层占据城镇居民的主体，因此，需要政府提供住房保障的范围广。特别是工业化、城镇化进程加快，导致住房供求关系短期内无法从根本上解决，中低收入阶层对住房保障产生了巨大的新需求。而财政对住房保障的支持能力有限，目前还没有能力全面采用"福利性住房保障模式"，只能提供保证覆盖面广的基本保障需求，即解决住房困难家庭的基本住房要求。

构建住房保障制度的目的，是为解决中低收入家庭的住房困难，满足其

---

① 袁杰. 新加坡公共住房政策及其对中国的启示 [J]. 学理论，2012（2）.

基本的住房需要，而非满足居民改善居住水平的要求。逐步改善居住水平主要靠市场来解决，政府对住房保障承担的是有限责任。

3. 建立住房保障政策动态调整机制

随着时间的推移和空间的变化以及社会经济的不断发展，社会阶层结构和财富分配结构也在不断地变化，为保持城镇住房保障制度的高效健康运行，有必要建立健全住房保障政策的动态调整机制，以便对住房保障政策进行适时的动态调整。

一是住房保障收入水平标准、保障范围标准和住房货币补贴发放条件与标准的动态调整。随着社会经济的发展，政府在住房保障方面的主导力会越来越强，提供的财力也越强，保障能力会逐渐增强，政府有能力更好地解决住房困难家庭的住居问题。同时，中低收入阶层的收入水平也在不断提高，收入水平的提高带来的直接影响是有能力自身解决住房问题，从而退出住房保障范围，或是自身负担的住房费用增加，政府补贴相应减少。因此，随着时间的推移和社会经济的发展，需要对上述内容进行动态调整。

二是住房保障政策目标群体进入和退出的动态调整。住房保障的进入和退出本身就是一个动态过程，形成动态调整机制，才能使住房保障政策更加有效地发挥作用，发挥出更大的社会效用。① 为此，应加强住房保障制度模式的研究，借鉴国际成功案例，例如，新加坡"组屋"住房保障计划，及时制定适合中低收入阶层收入变动的制度模式，强化对保障目标群体的定期复核制度和适时退出机制。

---

① 张晨子. 新加坡住房保障政策对我国保障性住房建设的启示 [J]. 成都大学学报，2011（4）.

第四章

# 城镇中低收入群体住房保障问题研究

城镇中低收入群体的住房问题是关系到国计民生的经济问题和社会问题，为城镇中低收入群体提供住房是住房保障制度的重要内容。基于住房的保障性和商品性，住房问题完全由市场供给或政府保障都存在不足，建构完善的政策扶持机制、信息共享机制、社会监督机制、法律保障机制是实现中低收入群体"住有所居"的重要制度保障。

## 第一节　城镇中低收入群体住房问题简介

新中国成立后头 30 年，城镇住房领域完全由国家控制，居民所需住房由国家统一供应，住房建设所需资金主要来源于国家财政。在 1958～1977 年的二十年间，由于受到"先生产，后生活""先治坡，后置窝"等"左"的思想的影响，中国住房建设的整体投资水平较低。城镇人均居住面积虽有扩大，但却出现了诸多住房困难户。1979 年改革开放以后，我国经济发展逐步从计划经济向市场经济转型，住房领域也随之进行了改革，即由国家统包统揽逐渐形成住房市场（商品房市场）和住房保障（保障低收入群体的住房需求）相结合的中国住房体系，经济转型和城镇化的发展影响着我国的住房体系重构。《世界城市化展望（2009 年修正版）》显示，中国在过去 30 年中的城市化速度极快，超过了其他国家。中国城市化率在 20 世纪 80 年代初只有 19%，截至 2010 年已经达到 47%，按照这个发展速度估计 2025 年将超过 59%。1980 年，中国城市总人口数量超过 50 万的城市只有 51 个，从 20 世纪 90 年代起，中国人口超过 50 万人的城市数量明显增多，1980~2010 年，短短三十年中国共有 185 个城市的总人口数越过 50 万这个范围，根据有关数据预测，到 2025 年人口规模超过 50 万的城市将增加 107 个。① 因此，通过不断丰富我国住房保障制度的政策内容，解决城市中低收入群体的基本的居住困难，将成为中国城市化进程中的必然选择。

## 一、城镇中低收入群体住房问题的缘起

计划经济时期，我国城镇住房实行福利分房制度。改革开放以来，特别是 20 世纪 90 年代以来城镇中低收入群体住房保障制度的演变大体经历了保障住房主体地位确立、商品房取得主体地位、构建"双轨制"住房供应体系三个阶段，目前处于"双轨制"住房供应体系确立阶段。1994 年 7 月 18 日，国务院发布《关于深化城镇住房制度改革的决定》，首次提出建立以城镇中低收入家庭为对象、具有社会保障性质的经济适用住房供应体系和以高收入家庭为对象的商品房供应体系，并提出经济适用住房在每年的建房总量中要占 20% 以上。1998 年 7 月 3 日，国务院《关于进一步深化城镇住房制度改革加快住房建设的通知》提出，我国深化城镇住房制度改革的目标是建立和完善以经济适用住房为主的多层次城镇住房供应体系。2003 年 8 月 12 日，国务院《关于促进房地产市场持续健康发展的通知》重申要"加强经济适用住房的建设和管理"，同时要求"增加普通商品住房供应，要根据市场需求，采取有效措施加快普通商品住房发展，提高其在市场供应中的比例"。2007 年 8 月 7 日，国务院发布《关于解决城市低收入家庭住房困难的若干意见》，

① 联合国报告：中国是世界上城市化速度最快的国家［EB/OL］. 新华网，http：//news. xin-huanet. com/world/2010 - 03/26/content_13248056. htm，2010 - 03 - 26.

要求各级政府把解决城市低收入家庭住房困难作为住房制度改革的重要内容、维护群众利益和政府公共服务的一项重要职责。2007 年 11 月 27 日，建设部等部门联合发布《廉租住房保障办法》，明确廉租住房保障仍以补贴为主，实行货币补贴和实物配租等相结合。同年 11 月 30 日，建设部等部门发布《经济适用住房管理办法》，明确了经济适用住房购房人仅拥有"有限产权"。2010 年 6 月 12 日，住建部等 7 部门联合制定《关于加快发展公共租赁住房的指导意见》，旨在解决城市中等偏低收入家庭住房困难。

我国城镇住房制度改革取得了明显成效，城镇中低收入群体的住房状况得到一定保障和改善。1978 年，我国城镇人均住宅建筑面积是 6.7 平方米，到 2010 年底，城镇居民人均住房面积超过 30 平方米。① 目前，我国正处于城镇化快速发展时期，一些地区住房供求的结构性矛盾较为突出。近年来，随着住房市场化不断推进，伴随着城市化进程加快，城镇居民迅速增加，住房供求矛盾日趋凸显，市场化改革在改善居民居住条件的同时，也带来了高房价困扰，更使许多中低收入群体遭受住房困难。一些新生代城市居民、大学毕业生、外来务工人员等"夹心层"群体被排除在现有的住房保障体制之外，他们享受不到保障房，短时期内也买不起商品房，只能"蜗居"成"蚁族"。

（一）城镇化改变了城市人口结构

目前，我国已进入全面建成小康社会的决定性阶段，正处于经济转型升级、加快推进社会主义现代化的重要时期，也是城镇化深入发展的关键时期，必须深刻认识城镇化对经济社会发展的重大意义，牢牢把握城镇化蕴含的巨大机遇，准确研判城镇化发展的新趋势新特点，妥善应对城镇化面临的风险挑战。城镇化是伴随工业化发展、非农产业在城镇集聚、农村人口向城镇集中的自然历史过程，是人类社会发展的客观趋势，是国家现代化的重要标志。按照建设中国特色社会主义五位一体总体布局，顺应发展规律，因势利导，趋利避害，积极稳妥扎实有序推进城镇化，对全面建成小康社会、加快社会主义现代化建

---

① 住建部：城市人均住房建筑面积已达 30 平方米［N］. 重庆晚报，2010－12－30.

设进程、实现中华民族伟大复兴的中国梦，具有重大现实意义和深远历史意义。

改革开放以来，伴随着工业化进程加速，我国城镇化经历了一个起点低、速度快的发展过程。1978～2010 年，城镇常住人口从 1.7 亿增加到 7.3 亿，城镇化率从 17.9% 提升到 53.7%，年均提高 1.02 个百分点；城市数量从 193 个增加到 658 个，建制镇数量从 2173 个增加到 20113 个（具体见表 4 - 1）。京津冀、长江三角洲、珠江三角洲三大城市群，以占全国 2.8% 的土地面积集聚了全国 18% 的人口，创造了全国 36% 的国内生产总值，成为带动我国经济快速增长和参与国际经济合作与竞争的主要平台。城市水、电、路、气、信息网络等基础设施显著改善，教育、医疗、文化体育、社会保障等公共服务水平明显提高，人均住宅、公园绿地面积大幅增加。城镇化的快速推进，吸纳了大量农村劳动力转移就业，提高了城乡生产要素配置效率，推动了国民经济持续快速发展，带来了社会结构深刻变革，促进了城乡居民生活水平全面提升，取得的成就举世瞩目。[①]

表 4 - 1　　　　改革开放以来我国城市（镇）数量和规模变化情况　　　单位：个

| 城市（镇） | | 1978 年 | 2010 年 |
|---|---|---|---|
| | 总量 | 193 | 658 |
| 城市 | 1000 万以上人口城市 | 0 | 6 |
| | 500 万～1000 万人口城市 | 2 | 10 |
| | 300 万～500 万人口城市 | 2 | 21 |
| | 100 万～300 万人口城市 | 25 | 103 |
| | 50 万～100 万人口城市 | 35 | 138 |
| | 50 万以下人口城市 | 129 | 380 |
| 建制镇 | | 2173 | 19410 |

资料来源：《国家新型城镇化规划（2014～2020 年）》；其中 2010 年数据根据第六次全国人口普查数据整理。

---

① 国家新型城镇化规划全文发布：2020 年前全国住房信息联网 ［EB/OL］. 观察者，https：//www. guancha. cn/economy/2014_03_17_214276_s. shtml，2014 - 03 - 17.

一方面，特大城市和大城市是我国农民工的重要输入地。根据《2013 年全国农民工监测报告》，2013 年我国外出农民工的数量达到 16610 万人，其中流入直辖市的农民工数量是 1410 万人、流入省会城市 3657 万人、流入地级城市（包括副省级城市）5553 万人。[①] 直辖市、省会城市以及地级城市（包括副省级城市）的人口都在 300 万人以上[②]，将流入上述三类城市的农民工数量加总可知 2013 年我国大城市农民工人数保有量达到 10620 万人以上，形成了规模庞大的群体。另一方面，随着我国高等院校招生规模的不断扩大，大学毕业生已经成为当下社会一个特殊群体。据人力资源和社会保障部数据显示，2014 年全国高校毕业生人数 727 万人[③]。相比 2013 年 699 万毕业生增长 28 万人[④]。2015 年，全国高校毕业生人数达到 750 万人，这个数字并未包括职业教育人数，如果加上职业教育的毕业生，总人数将达到 1000 万人以上。以毕业五年内的大学生计算，我国大学毕业生数量超过 4000 万人。由于大城市的软硬件环境的优越性，绝大部分大学毕业生选择在大城市就业。根据中国教育在线网站的调查，我国大学毕业生向往的十大城市依次为：上海（15.12%）、北京（14.53%）、杭州（8.72%）、广州（7.56%）、深圳（6.40%）、成都（6.40%）、大连（4.65%）、苏州（4.65%）、青岛（4.07%）、武汉（3.49%）、西安（3.49%）、厦门（3.49%）。[⑤]，以上城市人口大多超过 500 万人，其中北京、上海、广州、深圳等人口超过 1000 万。

农民工和大学毕业生数量的激增，改变了城市的人口结构，由于其自身条件导致的低收入，他们中的大多数人进入城市低收入群体。这两个群体是城镇化以来形成的，属于城市外生型低收入群体。农民工是城市化建设的主

---

① 国家统计局.2013 年全国农民工监测调查报告［EB/OL］.http：//www.stats.gov.cn/tjsj/zxfb/201405/t20140512_551585.html，2014－05－12.

② 由于城市人口数量变化的复杂性以及我国东西部区域发展的不平衡，少数西部省会城市或地级城市人口数量可能没有达到 300 万人。

③ 2014 年全国高校毕业生人数 727 万人再创历史新高［EB/OL］.中国教育在线，http：//gaokao.eol.cn/gxph_2922/20140402/t20140402_1093462.shtml，2014－04－02.

④ 中华人民共和国国家统计局.中国统计年鉴（2013）［M］.北京：中国统计出版社，2013.

⑤ 大学生就业向往城市排名［EB/OL］.中国教育在线，http：//career.eol.cn/mou_lue_4351/20131104/t20131104_1035747.shtml，2013－11－04.

力军，是城市外生型低收入群体的主要部分。由于我国城乡劳动生产率存在较大的差异，农村劳动力人口在受教育程度、专业技能等方面大大落后于城市劳动力人口，从而导致城市人口的劳动收入大大高于农村人口的劳动收入。农民工的住房问题是指农民工在城市出现住房困难，其基本住房需求不能得到满足。由于农民工收入水平低于其他行业，受其文化水平和自身能力的影响导致仅仅依靠他们自己的收入难以在城市获取适当住房。

大学毕业生成为城市外生型低收入群体的一部分。随着高校大规模扩招，大学生的社会地位由精英变成平民。大学生毕业后自谋职业，住房问题需要自行解决，高昂的房价令大学毕业生的住房问题成为一个社会问题。

相对于城市外生型低收入群体，城市内生型低收入群体包括传统的低收入群体以及棚改区居民。传统的低收入群体主要包括20世纪八九十年代我国经济体制改革中的部分国有企业和集体企业的下岗工人及离退休人员等，这部分群体在改革开放之前通常以"工人"身份进入企业，在当时的经济社会发展水平下，享受着国家或企业包办的各种福利，生活条件相对优越。随着改革开放经济转型以来大量国企或集体企业改制，这些学历不高、就业面较窄的职工大多下岗或提前退休。有的职工是被一次性买断，即企业支付给职工一笔钱，然后职工跟企业就没有任何关系，有的企业甚至破产了。最早的棚户区居民主要是新中国成立初期从各地招工到一些资源型城市，从此扎根于当地。现在的棚户区居民大多数是他们的后代以及城市的贫困人口，他们居住的房屋建筑结构简单，材料以砖木为主，房屋面积狭小。

（二）城市低收入群体的住房需求问题

我国市场经济的发展，加速了城镇化进程。城镇化的核心问题是农村剩余劳动力及其赡养人口从农村向城镇进行转移。城镇化的进程实际上就是农民转变为市民的过程。原有的城镇人口结构发生了改变，即城市住房保障的需求群体发生了变化。具体来说，城市住房保障需求具有以下特点：第一，增长速度快。城市低收入群体人口数量的大量增加必然导致住房保障需求的快速增长；第二，住房保障需求在相当长的时期内增长集中，需求规模巨大。

根据国际经验，城市化率从20%增加到40%，发达国家用了几十年到一百多年的时间不等，我国也不例外，也需要相当长的时期来完成城市化过程。在这个漫长的过程中，住房保障需求是维持快速增长的。

1. 农民工的住房需求

农民工本身是农民与市民的过渡身份，因其特殊性，解决农民工住房问题的方式应该与其他低收入群体加以区别，最主要的区别是农民工在原籍所在地是有宅基地和自有住房的，由于住房不可移动的特性导致农民工在城市面临住房困难，因此，必须把农民工的住房问题也包含到住房保障范围之内。①

2. 新增大学毕业生在当地就业产生的住房需求

大量的大学毕业生在就业地没有房产，同时由于自己的劳动能力等差异造成无法享有适当的住房权利（即他们自己没有能力以市场价格购买或者租赁住房）。主要分为以下几种情况：第一种情况，长期奔波于劳动力市场，没有稳定的工作从而导致个人的低收入，这部分群体的专业技能和劳动生产率相对低下，故难以找到一个满意的工作。第二种情况，由于就业意愿以及就业信息不对称，部分大学毕业生难以找到合适的工作从而造成短时期的失业，成为低收入群体。第三种情况，主要是刚刚参加工作的大学毕业生由于工作能力、工作经验以及资历的缺乏导致低收入。上述第一种情况产生的住房保障需求是长期、持续的；第二、第三种情况产生的住房保障需求是短期的。

目前，我国新就业大学毕业生在城市获取住房的途径主要通过租房形式，大学毕业生在毕业五年内购置新房的人数占总数的比例很小。大学毕业生在城市住房面临的共同问题是居住面积狭小，居住条件差，通勤成本高，房租负担过重等。

3. 城市内生型低收入群体的住房需求

（1）城市化过程中拆迁居民的住房需求。拆迁是城市化进程中不可避免的一种现象。拆迁的原因有以下两点：一是由于城市规划和发展从而调整城

① 窦俊鹏. 中小城市城镇化发展规划编制研究——以寿光市候镇为例［D］. 济南：山东大学，2014.

市空间结构；二是原有的因经历自然灾害等原因产生的危旧房需要进行房屋改造，被拆迁户因为其原有的住房被拆而需要新的住房。

（2）城镇贫困人口的住房需求。城镇贫困人口含义很广，主要包括以下方面：一是无生活来源、无劳动能力、无法定抚养人的城市贫困人口，包括孤寡老人和残疾人；二是家庭人均收入低于当地政府规定的贫困线，这部分人有一定的劳动能力，但无稳定工作，收入不稳定；三是城镇贫困职工，包括下岗职工、在岗低收入职工以及低收入离退休人员；四是本地失地农民，主要是城镇化后因自身专业技能以及文化程度难以适应非农产业从而导致贫困的群体；五是流动人口，主要是外来无固定职业和固定收入的农民工以及流浪乞讨人员；六是待业人员，主要是年轻的一代人，包括暂时未找到工作的大学毕业生。本书研究的城镇贫困人口是指城镇贫困职工。这部分群体由于其收入状况的变化导致这部分人群（下岗职工、亏损企业员工等）在社会阶层中身份下降，成为弱势群体，在同其他群体共享社会资源时丧失话语权与竞争力。表现在住房方面，这部分群体只能居住在房屋质量低下，配套设施差的低档居住区。

（3）棚户区居民的住房需求。棚户区是我国经济社会发展的历史产物，分为城市棚户区、矿区、林区、垦区等群体的集中居住区。城市棚户区主要是低收入群体居住区，我国最早的城市棚户区居民是新中国成立前的产业工人和城市贫民，例如，大连的"红房子"就是从事码头搬运的工人聚居的棚户区。新中国成立后，受到各种条件限制，原有的城市棚户区未得到及时改造和治理，随着当时我国的人口政策导致人口的急剧增加，在城市棚户区周围搭建了大批简易住房，有些住房至今仍存在，由于当时建造质量低下，又历经几十年风雨，导致房屋结构严重受损，住房条件恶劣。

我国城镇中低收入群体的住房问题突出，在当前背景下，完善覆盖中低收入群体的住房供应体系是我国住房保障体系面临的重大挑战，是住房制度改革的深层次问题。对住房属性和功能的认识，直接关系到住房制度的完善。住房是一种特殊的商品，它具有双重属性，既有商品性又有保障性。① 基于

---

① 成思危. 住房政策探讨：基本观点和优先顺序［J］. 城市住宅，2010（11）.

住房的双重属性和功能，住房问题完全由市场供给或政府保障都存在不足。保障居民的住房需求，建立覆盖中低收入的住房供应体系，一方面，由政府兴建以公租房为主的保障性安居工程满足城镇低收入群体的住房需求；另一方面，对于城镇中等偏上收入群体的住房需求则通过市场化改革的商品房来解决。

## 二、构建以城镇中低收入群体为保障对象的保障性住房体系

保障性住房体系是一项重大的民生工程，主要是指政府负责组织建设的，为城镇中低收入家庭提供住房保障，它是具有社会保障性质的住房建设示范工程。目前，我国保障性住房主要包括：以租赁方式提供的廉租住房和公共租赁住房；以售卖方式提供的经济适用住房和限价商品住房；以危旧房改造方式建设的国有工矿区、林区、林场、垦区、煤矿和棚户区改造住房。在政府全面开展保障性住房的建设中，有些地方政府将拆迁安置、单位自建房都纳入保障房范畴，出现了保障房"概念扩容"现象。① 实际上，上述住房中，既有真正的保障房如廉租房，又有商品房开发如大部分棚改房、旧改房，还有福利分房如单位自建。保障性住房层次越多，管理成本就越高，制度建设就越复杂，效率就越低。② 因此，应该探索涵盖城镇中低收入群体的以公共租赁住房为主体的保障性住房体系。

## 第二节　城镇外生型低收入群体住房保障研究

### 一、城镇外生型低收入群体住房需求概况

中国市场经济的发展，加速了城镇化进程。城镇化的核心问题是农村剩

---

① 周玉梅，黄艺红. 构建中低收入群体住房保障体系问题探讨 [J]. 理论探讨，2011 (6).
② 程恩富. 新"房改"的未来方向 [J]. 人民论坛，2011 (9).

余劳动力及其赡养人口从农村向城镇进行转移。原有的城镇人口结构发生了改变，即城镇住房保障的需求群体发生变化。

（一）城镇低收入群体人口数量增加导致住房保障需求剧增

除了城镇固有的低收入群体以外，随着大量农村人口涌入城镇，形成新的低收入群体。这是由于我国城乡劳动生产率存在较大的差异，农村劳动力人口在受教育程度、专业技能等方面远落后于城镇劳动人口，从而导致城镇人口的劳动收入远高于农村人口的劳动收入。因此，农村人口向城镇的流动绝大部分是增加了城镇的低收入群体人口的数量。这部分群体人口数量的激增导致了住房需求在一定时期内大幅度增长。根据住房供应的特点，即高收入和中等收入群体的住房需求由市场供应的商品房得以满足，而中低收入群体的住房需求只能靠政府主导的住房保障，故城镇低收入群体人口数量的大幅增加促使城镇住房保障的需求大幅度增加。在这个漫长的过程中，住房保障需求是维持快速增长的。

（二）如何界定住房需求对象

住房保障是指政府通过采取一系列的政策措施，通过住房供应、分配、补贴等手段为住房困难的中低收入者提供适当住房，满足其基本居住需求[1]，实现"居者有其居"的目标。[2] 透过住房保障的定义可以清晰地看到，住房保障的需求对象是中低收入群体。这里有两个问题值得研究：第一，农村劳动人口进入城镇务工（俗称"农民工"），由于城市化，他们变成城镇的新居民，大多处于城镇的低收入群体中，显然是应该纳入住房保障的对象中。但由于我国的户籍管理制度，各地在对住房保障对象的认定中明确规定要拥有

---

① 郭玉坤. 中国城镇住房保障制度设计研究［M］. 北京：中国农业出版社，2010.
② 原来的提法是实现"居者有其屋"，即保障人人拥有房屋产权。现在改为实现"居者有其居"，只保障人人享有房屋的居住权。

当地城镇户籍，而这些"新市民"① 的户籍往往不在当地，因而也就不能成为住房保障的需求对象。第二，保障对象仅仅限定在低收入群体还是中低收入群体。从中长期来看，中等收入群体也应该纳入保障的范围。由于住房保障水平与当地经济发展水平、政府的能力以及居民的居住状况有关，因此，短期内政府只能将低收入群体纳入保障的范围中。按照城镇人口由高、中、低收入群体的构成，占1/3城镇人口的低收入群体在数量上也是相当庞大的，要解决他们的住房需求是一项艰巨的任务。

（三）城镇化过程中增加的住房需求

1. 新增大学毕业生在当地就业产生的住房需求

目前，我国新就业大学毕业生的住房普遍是租房，短期内（毕业5年内）购买住房者寥寥无几，除非有家庭支持。

2. 城镇化过程中拆迁居民的住房需求

拆迁是城镇化进程中不可避免的一种现象。拆迁意味着拆迁户失去原有住房从而相应地产生新的住房需求。当然，因拆迁而成为无房户者并不意味着都要提供保障住房，只有低收入者即收入水平符合住房保障收入标准的居民才能享受住房保障。因此，被拆迁者只有部分而非全部纳入住房保障范围。诚然，如果事先未提供补偿，则无论收入水平高低，只要被拆迁居民住房有困难，政府就责无旁贷，应帮助其解决住房问题。

3. 农民工的住房需求

在转型时期，新一代（已婚）农民工与上一代农民工不同，他们中的大多数人有一定的文化知识和技能，在做出进城务工的决策时，不像他们的父辈那样把老人和小孩留在农村成为留守老人和留守儿童，而是拖家带口、扶老携幼一起离开农村，因为他们进城的主要目的是对城市美好生活的向往，而非简单的务工谋生。因此，农民工进城所面临的首要问题是找住房而不是

---

① 这里之所以称"农民工"为"新市民"，是因为他们要长期居住在城市，已经成为城市人口的一部分，只不过暂时没有城市户籍。

找工作。这样，一人进城务工、多人同时进城造成农民工群体规模迅速扩大，其住房需求也随之急剧增加。

## 二、城镇化背景下农民工住房问题探析

改革开放以来，我国城镇化进程日趋加快。2012 年我国城市化率达到52.57%，相比 1978 年的 17.92% 提高了 34.65 个百分点①。在快速城镇化背景下大量农村富余劳动力涌入城镇，形成规模庞大的"户籍身份还是农民、有承包土地，但主要是从事非农产业、以工资为主要收入来源的农民工"②群体。农民工人数近年来增长迅速，已经成为城市人口（流动人口为主）的重要组成部分。2013 年 5 月 27 日，国家统计局发布了《2012 年全国农民工监测调查报告》，该报告显示，2012 年我国农民工总数达到 26261 万人③，比2011 年增加 983 万人。农民工在城镇的居住方式主要是依靠雇主或用工单位提供住房，极少农民工独自购买或租赁住房。

（一）农民工住房现状

目前，虽然社会各界为解决农民工住房问题做了大量的尝试和努力，但农民工的居住状况仍然令人担忧，在住房方面存在以下问题。

1. 居住面积狭小、配套设施简陋

根据国家统计局的统计资料，2012 年我国城镇居民人均住宅面积达到32.9 平方米，比 1978 年增加 26.2 平方米。城镇农民工住房面积不及城镇居民住房面积的 1/3，住房条件好一点的地方达到人均 8 平方米，大部分农民工生活在住房面积人均不足 4 平方米的合租房或集体宿舍。从表 4 – 2 中可以

① 徐晓风. 2013 网易金融论坛在沪举行，会上专家认为——中国真实城市化不到35% ［N］. 扬子晚报，2013 – 06 – 28（A40）.
② 《农民工住房现状及存在问题》课题组. 农民工住房现状及存在问题分析［R］. 2007.
③ 报告称 2012 年农民工总量达 2.6 亿 收入增速回落［EB/OL］. 中国新闻网，http：//www. chinanews. com/gn/2013/05 – 27/4858328_5. shtml，2013 – 05 – 27.

看出，城镇外来务工的居住特点表现为三个方面：一是住房居住面积小。2007 年国务院发展研究中心课题组对北京、广州、南京和兰州 4 个城市进行了调查，调查显示，居住面积人均不到 5 平方米的农民工大约占 10.6%。二是房屋生活设施简陋，卫生条件差。2009 年对北京的农民工调查显示，19% 的人居住在地下室或者经营性住房，还有不少住在简易搭建的住房中。三是房源形式复杂多样，缺乏安全保障。①

表 4 - 2　　　　　　　　　　城镇外来务工人员居住类型

| 居住类型 | 集体宿舍 | 自己租房 | 借住房屋 | 建筑工地 | 工作场所 | 车站街头 | 自购住房 | 廉价旅馆 | 居无定所 | 其他类型 |
|---|---|---|---|---|---|---|---|---|---|---|
| 占比（%） | 43.5 | 43.9 | 3.5 | 1.4 | 5.3 | 0.2 | 1.5 | 0.1 | 0.2 | 0.5 |

资料来源：胡章林. 城市农民工住房研究 [D]. 重庆：重庆大学，2008.

### 2. 农民工所劳与所得不对等

农民工为城镇做出的贡献与其应该获得的劳动成果不成正比。国家统计局有关调查报告显示：2012 年末，全国外出农民工人均月收入 2290 元，比上年增加 241 元，增长 11.8%，但增加额比上年同期却减少 118 元，增幅回落 9.4%。其中，东部地区为 2286 元，比上年增加 233 元，增长 11.4%；中部地区为 2257 元，比上年增加 251 元，增长 12.5%；西部地区为 2226 元，比上年增加 236 元，增长 11.8%。而出国务工的农民工月收入高达 5550 元。② 国家统计局的数据还显示，2013 年前三季度，我国城镇居民人均总收入 22068 元。其中，城镇居民人均可支配收入 20169 元，同比名义增长

---

① 24 省市 2013 年前 3 季城镇居民收入出炉 [EB/OL]. 中国行业研究网，http：//www. chinairn. com/news/20131031/162409649. html，2013 - 10 - 31.

② 报告称 2012 年农民工总量达 2.6 亿收入增速回落 [EB/OL]. 中国新闻网，http：//www. chinanews. com/gn/2013/05 - 27/4858328_5. shtml，2013 - 05 - 27.

9.5%，扣除价格因素实际增长6.8%。① 根据2013年前三季度的人均总收入可以计算出城镇居民的月收入大约为2500元。从全国人均收入来看，农民工的平均月收入2290元，城镇居民的月收入为2500元，表面上两者的差距不大。但受到户籍制度等多方面因素的影响，农民工的待遇远不及城镇居民。

3. 新生代农民工呈现出新特点

新生代农民工是指年满16周岁、出生于20世纪80年代以后，在异地以从事非农产业为主的农村户籍人口。据不完全统计，我国目前有超过1亿新生代农民工，占全体农民工人数的58%以上，年增长比例还会增加。新生代农民工已经成为城镇建设的主力军，他们同其父辈相比，具有以下特点：

第一，接受教育时间较长，但缺乏专业技能。他们接受过较长时间的教育，文化水平普遍高于上一代农民工（简称传统农民工，下同）。新生代农民工中具有高中及以上文化程度的比例为67.2%，高于传统农民工18.2个百分点。在他们当中，很多人不乏接受过高等教育的经历，主要是接受中专、大专教育（或高职），少数甚至拥有大学本科学历。总体来看，绝大多数新生代农民工仅仅接受过初中义务教育。虽然他们接受教育的时间较长，但缺乏专业技能，特别是缺乏从事农业生产的能力。

第二，结婚年龄推迟，生活阅历简单。统计显示，年龄在30岁以下的新生代农民工未婚率达59.9%，而传统农民工的未婚率仅为7%。尚未组成家庭的新生代农民工没有家庭负担（主要是抚养子女），他们怀揣梦想，涉足城市，希望在城市获得立足之地。48.3%的人外出务工是为了谋求发展机会和开阔眼界，而55.1%的传统农民工外出务工是迫于生计。

第三，整体收入偏低，生存压力较大。2010年，我国新生代农民工月均收入1747.87元，只占同期城镇企业职工月均收入（3046.61元）的57.4%；甚至比传统农民工还低167.27元。② 虽然他们收入水平较低，但对生活的追

---

① 全总发布调查报告：新生代农民工平均月薪1747元［N］. 京华时报，2011 - 02 - 21.
② 中华全国总工会：新生代农民工调查报告［EB/OL］. 环球网，http：//china. huanqiu. com/roll/2011 - 02/1510758. html.

求较高，因而生存压力往往比传统农民工大。

新生代农民工的特点与传统农民工大相径庭，他们进城务工的目的是希望融入城市，成为城市的主人。

（二）城镇化背景下农民工住房问题的紧迫性

1. 城镇化差异背景下的住房问题

新型城镇化建设任务的艰巨性决定住房保障政策的多元性。城镇化不是单指增长率等数量指标，更要注重提高城镇化质量，避免数据城镇化。中共十八大报告特别强调要坚持走新型城镇化的道路，城镇化的核心是人的城镇化，即让不同类型群体享受城镇化发展的红利，得到更多、更公平的实现"中国梦"的机会。住房作为居民生存与发展的物质基础，政府在住房保障方面义不容辞。特别是在城镇化质量不断提高，公共服务日趋均等化的大背景下，如何确保住房保障供给与需求相适应，住房保障制度与城镇化阶段性特点相适应，将是我国住房保障体系建设面临的重要任务。我国地区经济发展水平差异以及东西部地区等条件的差别，不同区域的城镇化水平存在差异，更需要因地制宜的住房保障政策。尽管总体上住房保障压力继续增加，但由于不同区域的城镇化进程不同，住房保障难度与重点也各不相同。其中，经济较为发达、就业吸收能力强、城市功能更加完备、土地资源稀缺的经济发达地区的住房保障任务更重。因此，住房保障的相关政策设计应更加重视地区的适用性，充分发挥地区在住房保障体系建设方面的积极性。[1]

2. 解决农民工住房问题的紧迫性

（1）住房问题是推进城镇化建设的重要保障。马克思曾在《德意志意识形态》中指出，"我们首先应该确立一切人类生存的第一个前提，也就是一切历史的第一个前提，这个前提就是：人们为了能'创造历史'，必须能够生活"。[2] 解决农民工的住房问题，能够实现其基本居住权利。在市场经济条

---

① 完善住房保障体系提高城镇化水平［N］. 中国经济时报，2013 - 06 - 25.
② 马克思，恩格斯. 德意志意识形态《节选本》［M］. 北京：人民出版社，2005：11.

件下，住房作为私人物品，具有竞争性和排他性，社会中高收入阶层的人群可以通过市场方式（房地产市场）取得住房。低收入者无法承担以市场价格购买或租赁住房，政府应该保障这部分群体"适足"的住房权。[①] 农民工作为城镇低收入阶层，政府理所当然要保障其基本居住权利。城镇的建设离不开农民工这只劳动大军，只有解决了其居住问题，才能解除其后顾之忧，使其一心一意谋发展，聚精会神搞建设。

（2）农民工市民化的要求。实现农民工市民化，是我国农民工转型的最终目标，有利于缩小城乡差距，推动城镇化健康发展。农民工市民化至少具有两方面意义：一方面，农民工市民化有利于刺激消费，扩大内需，增加和拉动投资。农民工立足城镇，其社会交往、娱乐等各方面的需求将增加，从而带动城镇相关产业发展，改善城镇投资结构，拉动投资规模持续健康增长。另一方面，农民工市民化有利于促进社会融合。尤其是对新生代农民工而言，他们希望融入城镇，成为城镇的主人。因此，与传统农民工相比，他们在身份认同、进城动因、职业规划以及未来发展方向等方面已经发生了根本性变化。农民工的市民化有助于促进城镇社会的融合。[②] 而住房问题是实现农民工市民化的根本保证。

（三）农民工住房问题的难点剖析

1. 当前解决农民工住房问题的难点是户籍制度

我国现行的户籍制度是新中国成立以后，为了加强对人口的管理，保障公民在就业、教育、社会福利等方面的合法权益而实行的基本制度，它既是一项加强人口管理的行政制度，又是一项国家依法收集、确认、登记公民出生、死亡、亲属关系、法定地址等公民人口基本信息的法律制度。

我国城市保障性住房供应的对象主要是本地户籍居民，农民工因为户籍

---

① 高培勇. 财政与民生（中国财政政策报告 2007/2008）[M]. 北京：中国财政经济出版社，2008.

② 张红宇，等. 城镇化进程中农村劳动力转移：战略抉择和政策思路 [J]. 中国农村经济，2011（6）.

在异地，不能享受保障性住房。户籍制度成为解决农民工住房问题的瓶颈。以廉租房为例，其申请条件之一是申请人必须具有 5 年以上当地城市常住户口。目前不受户籍制度限制的保障性住房制度是公共租赁房制度，目的是为了解决"城市夹心层"群体的住房问题。我国自 1959 年开始实行户籍管理制度，户籍制度是居民享受本地福利待遇的门槛。就住房而言，取消户籍对于保障对象的限制，将扩大保障对象的覆盖面，如果政府不增加对保障房建设的投入，将会造成城镇户籍居民住房紧张的局面。

2. 增加政府管理成本，挑战政府管理水平

解决农民工的住房问题，特别是农民工市民化，需要改革户籍制度、就业制度、城乡土地制度等，关键是需要承担相应的改制成本。国务院发展研究中心发布的《农民工市民化的成本测算》称，"一个典型农民工市民化所需的公共支出成本总共约为 8 万元，其中用于住房和义务教育等一次性成本约为 2.4 万元。"① 目前，全国有农民工数量 26261 万人，按照对 10% 的农民工计算廉租房的保障对象，以人均 30 平方米，建房成本 3000 元/平方米（未包含土地成本），我国一年用于农民工的基本住房的资金投入高达 24 亿元，这只是保障了一小部分农民工的基本住房需求，同时承担了减免土地出让金所付出的成本。我国的城镇化率已达到 51.27%，而农民工在城镇拥有住房的人数不到 1%，解决这部分人群的住房问题任重道远。

除了资金方面的困难，对政府的管理水平也是一种挑战。农民工立足城市，是对政府提供公共服务能力的考验。需要政府增加对以下五个方面的投入以及提高管理水平：一是维护公共安全的能力，主要是指保卫社会全体人员的生命、健康和公私财产的安全。农民工融入城镇，首先涉及公共安全问题。二是增加公共卫生支出，主要是解决农民工医疗保障问题。三是加大公共设施投入。包括交通、通信等基础设施的建设。四是加大教育投入。包括农民工子女的教育问题以及农民工技能培训。五是农民工的社会保障问题。主要包括住房问题、养老问题等。以上五个方面是实现农民工市民化对政府

---

① 栗占勇. 农民工市民化政府需要多少成本 [J]. 燕赵都市报（数字报），2013（14）.

管理能力的基本要求，不仅是资金方面的问题，还有公共服务能力方面的问题，对政府来说是一个挑战。

（四）对策思考

1. 因地制宜，多渠道提供农民工居住场所

我国地域辽阔，各地区社会经济发展不平衡。在城市化的进程中，农民工住房问题在各地呈现不同的特点，有的地区农民工人数较多，居住集中，外来人口数量大于本地常住人口数量。以东莞长安镇为例，全镇面积 98 平方公里，常住人口 66 万，其中户籍人口 4 万，非户籍人口约 62 万，非户籍人口人数占总人口 93.9%。针对这些农民工集中的地区，政府可以尝试引进外资或社会资本的方式，建立开发区或大型工业园区，按照集约用地的原则，建设面向农民工出租的集体宿舍，通过税收优惠和减免土地出让金的方式降低房屋建设成本，保证房租低于市场价格。对于分散的、流动性强的农民工，解决其住房问题应该发挥社会力量的作用，提供符合他们自身需求的出租房屋。具体而言，可以充分利用城镇资源，支持城中村改造，改建城镇及城镇周边闲置的厂房等其他建筑物，为农民工提供临时或长期居住点。鼓励有房屋的个人或企业为农民工提供出租房屋。在个人或社会力量无法承担或者不愿承担的领域，政府应该及时补位，例如，将农民工集体宿舍的选址、配套设施、社区安全、子女教育、交通出行、医疗等方面的问题纳入城镇发展规划。

2. 逐步打破户籍制度瓶颈，帮助农民工落户城镇

城镇户籍制度关系着每个城镇户籍人口的社会福利待遇，改革户籍制度，意味着对原有户籍居民的利益再分配，涉及的人群众多，是一项艰巨的任务。因此，改革户籍制度应循序渐进，不能一蹴而就。户籍制度改革是一个长期的过程。2013 年 12 月召开的中央农村工作会议提出，要积极稳妥扎实推进城镇化进程，到 2020 年，基本解决"三个一亿"的任务，即"解决约一亿进城常住的农业转移人口落户城镇、约一亿人口的城镇棚户区和城中村改造、

约一亿人口在中西部地区的城镇化。"① 由此，可以看出党和政府解决农民工居住问题的坚定决心。城镇化首先要解决农民流动人口的居住问题。各地都在进行积极的探索，例如，广东借鉴欧盟关于流动人口落户城市的经验，实施居住证制度等。居住证制度让非户籍人口享受户籍人口部分的社会福利待遇。同时推行积分入户政策，以农民的学历、缴纳社保年限、居住证年限、买房经历等为指标，帮助农民工落户城镇。针对新生代农民工文化水平高、发展潜力大的特点，可借鉴浙江湖州的非公有制企业住房公积金制度，帮助农民工在城镇购房，圆其住房梦。

3. 将农民工住房问题纳入城镇住房保障体系

2013 年 12 月，住房和城乡建设部等部委公布《关于公共租赁住房和廉租住房并轨运行的通知》，自 2014 年起，针对具有户籍的低收入住房困难家庭设计的廉租房和针对中等偏下收入住房困难家庭、新就业职工和有稳定职业并在城市居住一定年限的外来务工人员的公租房统称为公共租赁住房，原有各自的建设计划将统一纳入公租房建设计划。廉租房和公租房的并轨，一定程度上扩大了房源，避免资源浪费，同时增加了农民工入住保障房的机会。将农民工纳入城市居民住房保障体系，要规范农民工住房租赁市场，健全农民工住房公积金制度，建立完善的财政税收支持制度，鼓励提供农民工金融服务，为农民工提供购房贷款，推动土地流转。②

### 三、大学毕业生的住房保障问题

大学毕业生是我国未来社会发展的中坚力量，但是随着我国近几年房价的上涨，大学毕业生在刚毕业的几年间住房问题显得越来越突出。住房问题不仅影响他们毕业初期几年，甚至影响其整个职业生涯的发展，同时他们住房问题解决得好坏也关系到社会的安定和团结，这是由该群体的特点和重要

---

① 中央农村工作会议：2020 年要实现 3 个 "一亿" 目标 [N]. 北京青年报，2013 – 12 – 25.
② 金三林. 解决农民工住房问题的总体思路和政策框架 [J]. 开放导报，2010 (3).

性所决定的。

（一）大学毕业生住房保障现状

我国大学毕业生从 1978 年的 16.5 万人①增长到 2018 年的 820 万人。②1999 年，我国首次对高等院校招生规模进行扩招。二十年来，随着高等院校招生规模的持续扩大，大学毕业生已经成为当下社会一个特殊群体。"安居乐业"作为中国传统文化中的基本价值观和人生观，对于刚刚离开校园走向社会的大学毕业生而言，不能不说是新的人生旅途开始就必须面对的两大难题：安居和乐业。其中，"安居"是当务之急，居不安何以乐业？目前，大学毕业生的住房问题表现在以下方面。

1. 居住条件参差不齐

大学毕业生选择就业地一般以国内大城市为主。以北京市为例，平均每年大学毕业生人数为 30 万人，约占全国毕业生人数的 5%。在北京等一线城市刚刚毕业的大学生由于受到能力和工作经验的限制，其收入水平往往偏低，导致他们的住房需求对象往往是住房面积小、通勤时间长（交通不便利）的地段、居住环境不佳的出租屋，很多都是类似城中村的地方。③"城中村"是城市的一块"夹缝地"，这种独特的地位和现象，必然会带来一系列的社会问题：人口杂乱、城市规划滞后、基础设施不完善。正是这种环境令人担忧的城中村，解决了城市近 1/3 外来人口包括大量刚刚毕业的大学生的住房问题。④

相反，中小城市的住房问题没有大城市严重，其住房压力较小。虽然中小城市的住房压力小，但相比大城市，其经济发展实力、公共服务水平也逊色得多。其高校数量相对大城市而言比较少，每年的毕业生人数也相对较少。

---

① 张建坤，姚燕. 现阶段大学毕业生住房问题分析及对策［J］. 东南大学学报（哲学社会科学版），2009（2）.

② 柯进. 2018 年高校毕业生将达 820 万［N］. 中国教育报，2018－02－26.

③ 李艳华. 毕业大学生住房保障问题的困境及出路［J］. 四川理工大学学报（社会科学版），2010（3）.

④ 刘琳. "城中村"住房发挥了廉租房的作用［J］. 中国投资，2009（3）.

因此，我国各类城市的大学生住房状况是不同的。大城市房价、房租高，住房压力大，中小城市的住房压力相对较小。

2. 身份处于"夹心层"

刚毕业的大学生并没有被纳入城市低收入群体，他们不符合条件去申请城市的廉租住房和购买经济适用住房，同时由于积蓄有限以及收入水平的限制，导致其无法购买商品住房，他们的身份成为住房保障对象的夹心层。据调查，大学毕业生月支出大约在 1335～1700 元，其中房租支出 500 元（这还是合租的价格），约占总支出的 1/3。①

我国城市住房"夹心层"的产生，一个很重要的原因就在于住房保障政策的不完善。例如，经济适用房政策与廉租住房政策，两者的准入设计不对接，没有做到无缝式覆盖，造成政策与政策覆盖不到的真空产生，即"夹心层"的出现。②

3. 居住方式以租房为主，住房支出较大

目前大学毕业生解决住房问题主要有以下几种方法：自筹资金买房、贷款买房、租房。自筹资金买房对于大学毕业生自身收入水平、家庭总收入水平以及个人积蓄有较高的要求；贷款买房则会使大学毕业生在相当长的时间内背负债务，造成生活质量降低、心理压力增大；而租房虽然没有房屋的所有权，但具有使用权。与前两种方式相比，租房有其自身的比较优势：经济划算、负担轻、压力小，且能与大学毕业生工作之初流动性较强相适应。所以，租房是当代大学毕业生首选的住房方式。根据相关调查，大学毕业生为了节约住房成本，往往选择两三个人合租住房从而分摊成本，即使这样，房租也达到其月收入的 30% 以上。

4. 在租赁关系中处于被动地位

租房是刚毕业大学生比较合理的居住方案，但是，租房在市场运作中的

---

① 石婷婷. 大学生就业后的住房贫困现象探析基于浙江普通高职毕业生的调查［J］. 浙江社会科学，2010（5）.

② 陆少妮，马彦琳. 城市住房夹心层问题分析［J］. 中国房地产，2011（20）.

不规范、不诚信等现象，为大学毕业生租房造成了不小的障碍。一是国家在立法上的欠缺。目前还没有出台针对租房市场的法律，现行地方性法规在针对性、强制性上明显不足。二是房屋中介机构运营不规范、管理差、信誉低，从业人员素质不高，纠纷屡见不鲜。三是大学毕业生合同意识不强，主观上缺少社会经验，在租房市场上处于弱势、被动的地位。①

（二）大学毕业生住房保障问题的原因探析

1. 住房市场化

1998 年，国务院下发《关于进一步深化城镇住房制度改革加快住房建设的通知》，改变了我国房地产市场的命运，房地产市场由原来的国家管制转变为市场调节。房地产业成为地方经济的支柱产业，甚至在某些地方其财政收入一半来源于房地产行业。在这种状况下，我国商品房价格一路走高，导致房屋租赁价格的上涨，这就是大学毕业生刚刚离开校园迈入社会所面临的现实环境。在现有住房保障未能覆盖大学毕业生的情况下，他们只能租住价格较低、各方面条件都较差的城中村住房。

2. 国家宏观调控存在困难

20 世纪 90 年代初，当时房地产市场处于低迷的状态，国家解决居民住房问题出现困难，于是鼓励社会各界来参与房地产开发（如国家鼓励个人出资建设住房）。1998 年住房市场化改革后，我国房地产产业得到空前发展，它为地方政府带来了不菲的财政收入，一定程度上解决了自 1994 年分税制改革以来中央政府与地方政府财权与事权不对等（中央政府与地方政府的财权比例为 6:4、事权比例为 4:6）的困难。地方政府热衷于大力开发房地产产业，这样能够带来巨大的财政收入，"土地财政"已经成为地方政府的普遍选择。当然，代价就是商品房价格逐年攀升，大大超过了普通百姓的支付能力。中央政府意识到商品房价格过度上涨给人民造成了严重的经济负担，已经把稳定房价作为一项保民生的重要任务。近年来，中央政府多次出台政策

---

① 曹易，等. 当代大学毕业生住房保障现状与对策分析 [J]. 经济视角（下旬版），2010 (7).

措施，要求稳定房价，保证人民的正常住房需求，然而成效甚微。分析原因，笔者认为有中央政府和地方政府两方面。一方面，从中央政府来说，房地产市场在各方的推动性高速发展犹如高速行驶的列车，突然让它刹车停下是不现实的，也是很危险的。房地产市场的发展带动了相关产业的迅猛发展，特别是金融业大量的信贷资金涌入相关行业，此时如果一味使用行政手段强行干预商品房价格，势必造成许多行业资金链断裂，形成金融风险，造成社会动荡。这也就解释了为什么中央政府屡次颁布政策稳定房价却难以取得好的效果。另一方面，对地方政府而言，首先是好不容易找到一个财政收入的来源，突然要切断，在没有找到其他收入来源的前提下一时难以接受。毕竟地方政府承担着大量的事权，需要财政收入作为后盾；其次是房地产市场化在我国不过短短十几年时间，地方政府没有足够的实践经验来处理如何稳定房价这类问题，一切都处在摸索之中，这就有个时间问题。

3. 大学生自身的定位问题

受传统观念影响，大学生在人们心中属于社会精英阶层。特别是 20 世纪七八十年代，大学生是人们眼中的天之骄子，是时代的弄潮儿，大学生毕业以后国家安排工作，住房问题自然也能得到解决。随着经济的发展和社会的进步，特别是随着我国高校大规模扩招，大学生的社会地位已经由精英变成平民。由于大学生数量陡增，国家已经不可能再为大学生毕业以后分配工作，大学生毕业后需自谋职业，因此大学毕业生的住房问题也就成为一个社会问题。很多大学生并没有对自己有一个正确的定位，在毕业后择业时，往往青睐于经济发达的地区，例如，北京、上海、广州、深圳等大城市，而这些城市的人口已经饱和甚至过剩，正是这些刚性需求推动了房价（包括租金）上涨，从而造成他们住房困难。

（三）对大学毕业生进行住房保障的必要性

1. 有助于大学生实现自我价值

住房问题是基本的生存问题，大学毕业生是特殊人群，社会应该给予这一群体必要的关怀。从短期效用来看，住房问题的解决消除了大学毕业生在走上工作岗位之初的实际困难，使得他们有一个相对宽松的环境去适应新角色、新岗位，尽快融入社会。从长期效用角度讲，国家提供住房保障是关注特定人群、重视人才的表现，为大学毕业生充分持续地发挥才智与潜能创造了必要的条件，最大限度地创造社会财富。

2. 有利于地方人力资源积累

现代社会竞争的核心是人才的竞争。大学毕业生虽然在短时间内是低收入群体，但是由于他们十几年尤其是大学所积累的文化资本可以转化成为巨大的生产力，且具有年富力强、朝气蓬勃的特点，是社会人才资源中的重要部分。对于刚刚毕业的大学生来说，他们渴求所在的企业、城市出台相关的措施，为他们解决所面临的住房困难。在北京、上海、深圳、南京、杭州等这些大城市中，购房支出占总支出的30%以上。过高的房价将会把人才挤出城市，影响了人才资源的合理配置，对地区城市的发展极为不利。

3. 有利于房地产业健康发展

目前，随着大学毕业生人数的逐年上升，越来越多的大学毕业生也被迫加入购房大军。房地产开发商正是看中了这一巨大的市场，不断更新项目，房地产市场显得愈发混乱。在这样的情况下，推行大学毕业生住房保障制度，既是一项利民、便民、为民的措施，也是政府宏观调控的一个重要方面。政府通过推行大学毕业生住房保障，引导房地产市场上的供需双方，避免因众多大学毕业生"扎堆"购房而造成的市场混乱。同时，间接调控了房屋租赁市场，一定程度上控制大学毕业生大量进入租房市场，解决租房市场潜在的问题。另外，也促使房地产开发商看到潜在的商机，根据实际情况改变投资方式，促进房地产市场走向成熟。

逐渐走上工作岗位的大学生们，有着极强的工作热情和展示自我的意愿，渴望着在新的岗位上实现自身的价值。而理想与现实总是有差异的，这种差异可能会带来种种消极的后果。就住房问题而言，大学毕业生难以接受现在住房难、买房更难的社会现实，容易产生消极的情绪，做出不恰当的行为，影响到整个社会的健康与稳定。对大学毕业生实行住房保障政策可以在一定程度上释放、缓解这一类人群的压力，调节大学毕业生的行为，减少隐性不安定因素，保证整个社会在稳定中不断发展。

（四）解决大学毕业生住房保障问题的对策思考

由于高等院校持续扩招，每年的大学毕业生人数不断增加，大学毕业生就业难已成为严重的社会问题，大学生毕业后暂时的低收入导致的住房支付能力不足，由此造成的住房问题日趋严重。为此，政府应提高认识，尽快完善现行住房保障体系，将新就业的大学毕业生群体纳入现行的住房保障的覆盖范围。我国现行的住房保障政策没有将大学毕业生纳入住房保障对象范围，因此，国家应尽快完善住房保障政策。根据不同层次的大学毕业生分别制定相应的保障措施。可将大学毕业生分为三个层次：一是高职高专和职业教育的大学毕业生，每年大约有 800 万人，这一部分群体适用于采取租房的保障方式，政府可以为他们修建大学毕业生公寓，同时将他们纳入廉租房的保障对象。此外，一些大型企业为职工修建职工宿舍，政府可以通过税收减免以及其他政策优惠来鼓励企业为职工解决住房问题。二是本科毕业生，这部分人群纳入经济适用房的保障范围。有的地方政府开始建设两限房（限房价，限户型），这也是解决本科毕业生住房的另一途径。考虑到高职高专和职业教育的毕业生和本科毕业生刚就业时的收入水平较低，建议政府设立大学毕业生住房补贴基金，补贴标准根据当年的经济发展水平和财政收入确定，毕业时一次性发放。三是硕士和博士群体，考虑到这部分群体人数较少，且工作以后收入水平相对较高，可通过购房优惠利率等方式鼓励其购买商品房。当然，在实际操作层面，应根据具体情况区别对待。

1. 建立专门负责大学毕业生住房保障的机构

解决大学毕业生的住房保障问题，首先应该建立专门负责大学毕业生住房保障问题的政府机构，该机构根据城市的行政级别而定，从属于该城市的住房保障管理机构，从而做到利用原先的行政资源，无须增加过多的行政成本。

2. 政府主导建立大学毕业生公寓

大学毕业生作为现代社会的一个特殊群体，具有与其他人群不同的特质，应该将大学毕业生和其他社会群体区分开，建立针对大学毕业生的住房保障体系。结合国内外的相关经验，并适应我国的情况，应由政府主导，社会力量广泛参与，建立面向大学毕业生群体的"青年公寓"。

首先，大学毕业生的青年公寓应坚持政府的主导作用，并引入市场机制。建设青年公寓应由政府组织筹划，划拨土地资源、投入启动资金，并且鼓励各种社会资金的介入。房地产开发商、用人单位甚至大学毕业生本人均可参与，共同筹资建设。其次，大学毕业生青年公寓在设计上必须保持针对性。建筑地址应选择城市周边地区、卫星城为宜；居住类型以小户型为主，单人间、双人间保持均衡；引入大学校园寝室的管理机制，既有利于所居住环境的安全，也有助于大学毕业生从学校向社会逐步过渡。最后，青年公寓应严格准入转出机制。青年公寓的所有权归当地政府，由专门部门进行管理。在准入上，大学毕业生必须持个人、单位或民政部门的证明进行租赁申请；个人根据自身实际情况申请租期，一般为 3~5 年，租金逐年上升；对逾期不能按时退房的大学毕业生，必须采取强制手段迁出等。

3. 完善租赁市场的监管机制

一是进行有效的立法保证。根据我国目前的实际情况制定相关法律以规范房屋租赁市场，是解决这一问题的前提与保证。二是加强行政许可与行政执法的力度。相关行政部门应该加强市场准入机制，严格对房屋中介机构的认证，加强对中介从业人员的资格审查，定期对市场上的中介机构考核，保证市场资源的优化配置。三是鼓励房地产开发商进入租赁市场。房地产开发商以往只是单一的进行房屋的建设与销售，应鼓励房地产开发商由"只售不租"向"租售并举"转变，扩大房源，为大学毕业生提供更多的优质住房。

4. 倡导树立正确的住房观念

在住房观念上提倡"住房梯次消费观念"。将人们对住房的要求随着参加工作时间的增加和支付能力的增强分为 3 个阶段：生存型住房阶段（满足最基本的住房需求）；卫生型住房阶段（标准化住房建设）；享受型住房阶段。大学毕业生群体应该意识到相当长的时间内以生存型住房为主，以满足自身最基本的需要。[1] 随着自身收入水平的提高和支付能力的增强，在住房

---

① 曹易，等. 当代大学毕业生住房保障现状与对策分析 [J]. 经济视角（下旬版），2010（7）.

取向上一步步向上发展。

5. 探索"共有产权"模式，帮助大学生实现"居者有其屋"

（1）"共有产权"的特点。

共有产权住房保障模式，是变划拨土地为出让土地建设普通商品房，以共有产权形式供应给城市中低收入住房困难家庭，房价参照商品房，执行政府指导价（一般低于同期、同区段商品房价格 5%～10%），购房人与政府按出资比例共同享有房屋产权，主要有两种比例，分别为 7∶3（个人占 70%、政府占 30%）和 5∶5（个人和政府各占 50%）。共有产权住房具有以下特点①：第一，共有产权房的产权根据政府和购房人的初次购房出资比例确定，分别享有对应的比例产权。如果购房人偿还完政府的购房款后，即可拥有该房屋全部产权。第二，共有产权房以城市的中低收入群体为主体，实行严格的准入机制，并且在房价上比同期、同区域、同楼盘的商品房价格优惠 5%～10%，且即使 5～8 年无力偿还政府出资款仍可以通过廉租房的方式继续入住，对购房人具有较强的保障作用。同时，购房人按出资比例拥有所属产权的抵押、转卖等权利，个人资产将随着房屋的增值而上升。第三，有利于实现资源的最优配置，实现资源效益最大化。政府与购房人共同享有共有产权房产权，购房人必须先购买政府拥有的产权方能进行房屋买卖。同时，共有产权房的《房屋登记簿》和《房屋所有权证》明确了政府与购房人的比例及权属关系，一旦发生房屋买卖，买卖双方都因构成侵占共有产权人即国家的利益，而受到政府的制止、纠正和打击，风险极大。

（2）将"共有产权"模式引入大学毕业生住房保障体系。

共有产权住房模式为解决大学毕业生的住房问题提供了很好的借鉴作用。以解决大学毕业生住房为中心，在现有基础上对共有产权住房模式进行改进，并完善相关配套政策，探索建立大学毕业生共有产权住房模式，以期为破解大学毕业生住房困局提供新的尝试和思考。

---

① 王政武，等. 基于共有产权模式的大学毕业生住房问题研究 [J]. 广西民族师范学院学报，2010（8）.

首先，大学毕业生共有产权住房模式应具有多层次性、灵活性和多样性。共有产权房参照商品房与同期、同地段普通商品房价格的定价模式，决定其价格因地域和时间的区别而存在差异性。加上大学毕业生具有收入增长潜力大且住房需求随之变化的特点，大学毕业生共有产权房应该坚持"区别对待，分层优惠"原则，根据各地的经济发展水平、商品房价格和大学毕业生收入的整体水平来确定政府与购房人的出资比例、优惠幅度和大学毕业生的保障范围，体现出更强的阶梯性、层次性和灵活性，使之更加趋合于大学毕业生的实际购买水平。

其次，增收与稳定房价并重化解资金制约。收入的稳定和快速增长是解决居民住房负担问题的根本之路，对于大学毕业生而言亦是如此。因为不论共有产权房的门槛如何降低，还是大学毕业生购房比例如何调整（基于政府财力的局限性和庞大的大学毕业生数量，购房款不可能全部由政府承担），终究还是有部分大学毕业生面临着购房出资款和偿还政府款的资金制约问题。鉴于此，只有实行增加大学毕业生工资收入，提高其住房消费支付能力和稳定房价，抑制房价过快上涨并重的策略，才是破解大学毕业生购买共有产权房资金制约的关键。

最后，完善大学毕业生共有产权住房的准入和退出机制。完善的共有产权住房准入和退出机制，是实现大学毕业生共有产权房资源配置效益最大化和福利最大化的保证。大学毕业生共有产权房供给的有限性与庞大的大学毕业生数量的矛盾，决定了必须建立完善、灵活、动态的共有产权房的准入和退出机制。

在准入机制方面，实行"低收入优先"的原则，由政府相关部门根据当地大学毕业生的收入水平确定大学毕业生享受共有产权住房的保障范围。鉴于大学毕业生大部分由外地流入的实际，大学毕业生共有产权房应取消共有产权房中对购房人具有市区城镇常住户口5年以上的限制，扩大大学毕业生购买共有产权房的参与面。建立健全个人网上诚信制度，对购房人的家庭收入状况、收入水平、住房现状及其变化等情况予以整合，为对购房人的购房资格审核提供全面准确的信息。

在退出机制方面，应在共有产权房的退出机制（即个人购买政府产权部分形成完全产权；直接通过市场转让，按比例与政府分成收益；共有产权房购买家庭收入高于政府规定标准时，仅对政府产权部门缴纳市场租金，无须向政府退回住房）的基础上，增加"合理性退出"的规定。即在大学毕业生中，每个家庭只允许购买一套共有产权房。例如，结婚时，两方均有共有产权房的，其中一方必须退出；一方有共有产权房而另一方有商品房房产的，拥有共有产权房的一方也必须退出。

6. 鼓励大学毕业生到二、三线城市创业

从政策层面来看，国家应该鼓励大学毕业生进入中西部地区二、三线城市。这些中小城市由于大多是城镇化以后新建，住房市场供需相对平衡，甚至供大于求，大学生进入中小城市就业，不仅能够解决其住房问题，同时为这些城市的建设发展增添活力。大学生个人应对自己有清晰的定位。在毕业后选择就业地时，尽量避免到房价高、住房压力大的一线城市。随着工业化和城镇化的进程加快，许多二、三线城市以及中小城市将得到快速发展，大学生可以优先考虑这些城市作为就业地，这样一方面能解决住房问题，另一方面也能够加速这些城市的发展。作为大学毕业生，应该根据自身条件，理性选择住房。在毕业初，应该以满足基本的生活要求为住房标准，随着能力的提高和收入的增加，然后再逐步改善住房条件。总之，应该一切从实际出发，切勿好高骛远，加重自身以及家人的经济负担。

## 第三节　城市内生型低收入群体住房保障研究

城市内生型低收入群体受其收入制约，无力承担在市场经济条件下的住房成本，只能依赖政府提供的保障性住房。政府的职责包括相关立法工作、确定保障目标、制定建设计划、提供保障性住房的实物供给或货币补贴、保障房的监管。目前，政府的责任存在对社会保障的认识偏差、廉租房制度缺陷、棚户区改造中政府责任不到位等问题。因此，政府需要转变执政观念，明确职责，完善廉租房制度，加快棚户区改造进程。

## 一、城市内生型低收入群体的住房现状及成因

### （一）城市低收入群体的内涵

研究城市内生型低收入群体的住房问题，首先需要界定城市低收入群体的标准。由于各地经济发展水平不均衡，目前对于城市低收入群体的界定没有统一的量化指标。通常学界在进行居民收入调查时主要运用五分法，即对全体人群的收入水平分为五个档次：低收入、中下收入、中等收入、中上收入、高收入，并假定这五个群体的人口数占总人口数的比例相等，即每个群体的人口数占社会总人口数的20%。①《中国统计年鉴》中的收入调查则采用七分法，即将家庭按照收入状况从低到高依次分为最低、低、中低、中、中高、高和最高收入七组，并假定其中的最低、低、高和最高的比例各为10%外，其余三组的比例均为20%。在进行收入状况调查时，主要指标包括人均年收入和人均可支配收入。城市居民家庭收入是指居民家庭实际收入的全部，即固定收入和一次性收入；居民可支配收入指在支付个人所得税、获得补贴后得到的实际收入。民政部制定的城市低收入家庭认定办法是通过家庭成员人均收入和家庭财产状况两个指标来认定，标准由各地区人民政府制定。

据民政部2019年2月份社会服务统计月报资料显示，我国城市居民最低生活保障人数为987万人，最低生活保障户数为593.8万户。②

### （二）城市内生型低收入群体界定

城市低收入群体覆盖范围广，且呈现动态化趋势，不同时期其对象构成

---

① 孙荣飞. 国家部委对低收入人群的界定 [N]. 第一财经日报，2008 – 02 – 29.
② 民政部：2019 年 2 月份民政统计月报 [EB/OL]. http：//www. mca. gov. cn/article/sj/tjyb/qg-sj/201902/20190203221720. html.

也不同。城市低收入群体可分为城市内生型低收入群体和城市外生型低收入群体。前者主要是指 20 世纪八九十年代我国经济体制改革中的部分国有企业和集体企业的下岗工人及离退休人员。截至 2003 年，这部分群体的人数为 2053.6 万（未包括大量没有登记在册的"应保未保"人员）。[①] 随着时间的推进，这些下岗工人的人数占城市内生型低收入群体总人数的比重在逐年减少，截至 2017 年末，我国城镇登记的失业人数达到 972 万。[②] 后者是指城镇化以来大量流入城市的农民工以及其他外来人员。1984 年 1 月 1 日，中共中央《关于 1984 年农村工作的通知》提出"允许务工、经商、办服务业的农民自理口粮到集镇落户"，此后农民开始向城镇流动。随着城市化进程的加快，大量农村人口进入城市，从而形成了城市外生型低收入群体，其特点是收入较低、无城市户籍、流动性较强。

本书所研究的城市内生型低收入群体，主要是以住房为基点，指那些长期生活在城市且存在住房困难的低收入群体，包括经济体制改革中的部分国有企业和集体企业的下岗工人、离退休人员以及城市棚户区居民。

城市内生型低收入群体具有以下特点：第一，年龄偏大，文化水平偏低。这些人在改革开放前以"工人"身份进入企业，享受国家或企业包办的各种福利，生活条件相对优越。随着改革开放不断深化，大量国有企业或集体企业改制，导致这些学历不高、就业面较窄的职工大多下岗或提前退休。有的职工是被一次性买断，即企业支付给职工一笔钱，然后职工跟企业没有任何关系。20 世纪 90 年中后期，大量国企职工下岗。根据当时的政策，下岗工人可以与原单位保留最多 3 年的劳动关系，工人下岗后需要到企业再就业中心登记并与中心签订协议，企业有权与拒签协议的工人解除劳动关系，工人重新就业后与原单位脱钩。第二，生活状况堪忧。由于原来在岗时工资不高，主要是依靠企业各种福利，因此积蓄甚少，下岗时年龄较大，再就业非常困

---

① 魏立华，李立刚. 中国城市低收入阶层的住房困境及其改善模式 [J]. 城市规划学刊，2006 (2).

② 2017 年度人力资源和社会保障事业发展统计公报。

难，从而沦为没有收入来源或收入微薄的低收入群体。其生活状况表现为收入低、负担重，生活支出主要是解决基本生存必需，极少用于发展和享受。第三，心理负担沉重。许多职工下岗后不愿与企业脱离劳动关系而拒签下岗协议，消极对待再就业问题。

（三）城市内生型低收入群体住房现状及成因

1998 年住房商品化改革以前，我国城市居民的住房需求主要依靠国家统筹统建、低租金分配来满足，只有极少数陈旧的私人住房交易。以下岗职工为主的城市内生型低收入群体，其住房大多来源于原单位分配公房、政府直管公房、家传私房以及自建房等。这些房源建造年代久远、结构简陋、配套设施落后。随着我国城市化进程的加快以及住房制度市场化改革，全国各地进行了大规模的旧城改造以及新城区建设，城市的房地产业由原来国家分配的同质化变为以市场主导的差异化，形成了房地产市场。这种差异化表现在房地产市场由三个层次组成，分别是以豪华别墅区、高级公寓区以及高档小区为代表的高收入人群居住区；以国家安居工程和经济实用型小区为主的中等收入群体居住区；以旧城街区、衰败企业的单位旧公房、自建简陋房以及政府新建廉租住房为代表的低收入群体居住区。在旧城改造过程中，城市内生型低收入群体受自身收入水平所限，被迫迁至城市郊区或指定的低标准社区。这种市场主导的结果导致房地产市场的社会阶层化，即根据个人收入水平将居住区划分为高档、中档、低档居住区。

城市内生型低收入群体作为城市低收入群体的一部分，其住房问题有着特殊性，尤其是棚户区改造问题。城市棚户区主要居住着低收入群体，我国最早的城市棚户区居民是新中国成立前的产业工人和城市贫民。新中国成立后原有棚户区未得到及时改造和治理，由于当时的人口政策导致人口的急剧增加，在棚户区周围搭建了大批简易住房，这些住房建造质量低下，历经多年风雨，房屋结构严重受损。以乌鲁木齐为例，其棚户区大多是破旧的平房，其中40%建筑结构简单，材料以砖木为主，房屋面积狭小，人均住房面积不足 8 平方米。棚户区的配套设施缺乏及环境问题严重。主要表现在：第一，建筑密度大，达到 50% ~ 60%，人均绿地面积只有 0.58 平方米；第二，道路排水设施落后，遭遇风雨天气容易积水，从而损害房屋；第三，消防设施缺乏，存在安全隐患；第四，房屋配套设施不足，缺乏供暖、供气设施，居民生活质量低下。此外，棚户区还存在住户交通困难等问题。①

2004 年，自辽宁省率先在全国启动全省范围内的棚户区改造以来，全国各地都在加快城市棚户区改造，但从实际效果看，普遍存在两方面的问题：一方面，棚户区改造计划未纳入城市总体建设规划，地方政府只重视短期利益，损害棚户区居民利益。棚户区改造涉及拆迁问题，拆迁户的安置往往不到位，容易发生群体性事件。同时，居民的就业安置存在困难。另一方面，棚户区改造存在腐败问题，主要发生在项目审查、工程立项及招投标等领域。

## 二、低收入群体住房保障的政府责任

### （一）政府承担住房保障责任的必要性

社会保障体系和社会信用体系，是市场经济体制运行的两大支柱，同时也是维系社会经济有效运行的体制基础。② 目前，中国正处在全面深化改革时期，经济结构优化升级导致大量从业人员下岗不可避免。这些下岗人员从原有体制的受益者变为市场经济改革的利益受损者，最终成为低收入群体。改革在牺牲这小部分群体既得利益的同时，促进了全社会福利的增加。因此，政府有责任通过社会保障的手段弥补这部分群体的损失，维护其基本生存和发展的权利。

根据经济学公共产品供给理论，公共产品非竞争性、非排他性的本质特征决定政府提供公共产品的必要性。住房保障作为一项公共产品（服务），其供给理应是政府义不容辞的责任。在市场经济条件下，房地产的供给主要

---

① 苏巴提·阿合买提. 乌鲁木齐市棚户区居民住房保障问题［J］. 今日中国论坛，2013（8）.
② 邓大松，等. 社会保障理论与实践［M］. 北京：人民出版社，2007：221.

是以企业为主，房地产企业的逐利性致使其不愿也无能力满足全民的住房需求。政府通过国家强制力采取税收等手段，能够有效解决公共产品的本质特征带来的"搭便车"现象。①

（二）住房保障政府责任的内容

政府在住房保障中所承担的责任和功能主要有三种：一是政府被动承担责任的雏生型，二是采用市场手段为主政府计划为辅的社会型，三是政府全面保障的责任型。② 宏观上讲，政府在住房保障方面的主要职责包括相关立法工作、确定保障目标、制订建设计划、提供保障性住房的实物供给或货币补贴、通过宏观调控保证保障房的管理与正常运行等方面。具体来说，政府解决城市低收入群体的住房问题主要通过廉租住房来实现。廉租房制度是我国住房保障制度的重要组成部分，有助于保障公民最基本的居住权，从而保证其生存权和发展权，是政府解决城市低收入群体住房困难的重要手段。

住房保障是政府提供的公共产品，政府的责任贯穿从生产到消费（公民享受住房保障服务）的全过程，即公共产品供给的全过程。政府供应公共产品，可以选择自己生产，也可以选择委托私人部门生产（私人部门通常比政府更能有效控制成本），关键在于对公共产品生产什么、为谁生产、如何生产、怎样分配做出决策。

1. 科学界定住房保障的供给对象

产品的公共程度越高，企业越不愿意生产，因此需要政府来提供。政府在有限财力的前提下，依据产品的公共程度科学界定其供给范围。主要包括两方面：一是维持社会稳定和健康发展的公共产品，如国防、社会秩序、公共建设等；二是市场主体无力承担的公共产品，如社会保障服务等。住房保障作为社会保障的一部分，科学界定其供给范围，能够保障政府更有效地提供资源，避免资源浪费。界定供给范围，实质是确定供给对象。根据保障性

① 蔡冰菲. 政府住房保障责任的理论基础论析 [J]. 社会科学家，2008（3）.
② David Donnison, Clare Ungerson: Housing Policy [M]. London: Penguin Books Ltd, 1982.

住房的内涵及要求，借鉴国外经验并结合我国实际情况，建立起民政、财税、房产、银行、证券等多部门联网的"中国城镇居民收入核算系统"，不断完善追踪居民收入的真实情况，并与其申报情况进行比对，尽可能掌握保障对象的真实需求。[①] 力争从源头上杜绝真实保障对象范围之外的人进入，及时掌握收入的动态信息，实现住房保障对象的动态甄别管理，使更多真正有需求的住房困难群体得到基本住房保障。同时，建立住房保障全程监控的动态管理系统，按照约定的保障条件，一旦达到退出住房保障的条件要求，应及时督促住户退出，并及时轮后递补的住房保障对象，坚持"达到退出标准一户退出一户、递补一户"的原则，确保住房保障的实效性，提高住房保障利用效率。[②] 总之，应从制度层面和技术层面共同完善我国住房保障体制机制，切实保障住房困难需求群体的全覆盖，真正达到住房保障制度设立的初衷。

2. 提供住房保障服务

保障房和货币补贴是住房保障服务的两大内容。货币补贴主要是通过财政转移支付方式完成，程序相对简单。保障房则是解决住房问题的主要方式。保障房建设是系统工程，包括保障房的选址、资金来源、建设、分配、物业管理等，这一过程符合经济学产品生产什么、为谁生产、怎样生产、如何分配的规律。生产什么确定保障房的类型；为谁生产决定保障房的供应对象；怎样生产事关保障房的建设和管理；如何分配则要求保障房的公平分配。在这一过程中，政府并不意味着必须亲力亲为。根据新公共管理理论的契约主义，通过一种承诺或协议规定双方的义务从而保障产品或服务的交换。契约主义分为签约外包制和内部契约制。对于保障房的建设权主要通过签约外包方式出让给房地产企业，政府和企业订立合同，对保障房的质量、户型、建筑面积、配套设施等在合同中明确规定，企业到期交付符合合同标准房屋的同时获得相应的利润。新公共管理理论作为 20 世纪 50 年代以后公共部门治理方式的重大转变，通过引入市场力量提高了政府的执政效率。政府在提供

---

① 贾淑军. 城镇住房保障对象标准界定与机制构建 [J]. 经济论坛, 2012 (7).
② 武妍捷, 牛渊. 住房保障对象范围界定及机制构建研究 [J]. 经济问题, 2018 (3).

保障房等公共产品时，可以委托给私营部门，政府的责任主要是计划（制定相关标准的契约）、筹资和监管。

在市场经济条件下，政府不可能也不必是住房保障的唯一供给主体，而应当建立起以政府为主导的多元供给保障体制。建立健全政府对于住房保障的主导职能及其机制，是建立健全政府主导的多元供给体制的主要内容。从总体上来把握，就是要求必须建立健全政府对房地产市场的一般干预职能和公共服务职能，并建立起相应运行机制。具体来说，政府的这种主导体制重点应把握好以下几点：

（1）组织与供给保障。在住房保障的组织安排和提供上，政府应成为主要组织者和提供者。这包括：负责制定保障规划和计划，指派生产者给消费者、指派消费者给生产者或选择物品的生产者，提供公共政策与服务及监控等。一般而言，纯公共产品要由政府直接组织提供，而准公共产品、准商品、商品则可以考虑通过准市场机制或市场机制，交由社会其他行为主体来提供，政府只是制定规划，或进行鼓励、扶持，并对其进行绩效评估和监督。①

（2）财政保障。政府作为保障主体，对于作为纯保障性的廉租房和准保障性的经济适用房来说，财政保障是关键。对廉租房而言，政府财政无疑应占主体。目前，从财政角度提出的保障性住房的资金来源主要有以下八个方面：第一，住房公积金增值收益扣除计提贷款风险准备金和管理费用后的全部余额；第二，从土地出让净收益中按照不低于10%的比例安排用于廉租住房保障的资金；第三，市县财政预算安排用于廉租住房保障的资金；第四，省级财政预算安排的廉租住房保障补助资金；第五，中央预算内投资中安排的补助资金；第六，中央财政安排的廉租住房保障专项补助资金；第七，社会捐赠的廉租住房保障资金；第八，其他资金。其中，财政保障的主体职能已初步显现。但财政保障一方面要承担起生活居住困难人群的保障功能，另一方面还应通过对社会大多数成员提供公共福利来回报纳税人。因此，为低收入人群提供基本住房保障是政府的职责，对中产阶层提供必要的居住方面

---

① 蒋华东. 住房保障：建立健全政府主导的多元供给体制［J］. 经济体制改革，2009（3）.

的支持，同样是政府所承担的提供公共福利责任的题中之义，当中等收入及中偏低收入人群同样面临居住权难以实现的窘境时，政府也应责无旁贷地予以扶持和提供保障。有鉴于此，无论是对经济适用房，还是普通商品住房、限价房，或其他保障性住房，财政保障从而政府的保障主体或主导的功能作用都还有待进一步健全完善。

（3）土地保障。土地保障是政府作为保障主体或主导的又一核心功能及体现。房地产市场主要要素是土地及其供给，而土地和供给都在政府，因而政府成了这个市场的最重要主体，并具有双重身份：行政主体和经营主体。政府在规划、土地供应、财税、行政调控等方面，具有平衡市场与保障供给的机会和手段。其中，重点是规划、土地供应结构、方式与总量、财税经济办法，各地各级政府和有关部门应从国家角度而不仅是经营者角度按保障性市场需求做好引导、调控、平衡，定出制度并落到实处。尤其是土地供应的数量、结构、方式，是政府作为保障主体应驾驭和调控好土地要素的三个主要方面。一个地方的土地资源毕竟是有限的，不能突破土地规划搞房产开发，也不能将留给子孙后代的资源开发殆尽，还要统筹城乡发展、大中小城市和城镇建设布局，同时还要考虑房产开发与其他城市建设资源（如水、电、交通、环境）的配套是否协调与优化。在此前提下，土地供应结构直接影响保障性住房与其他商品房供应结构、房价和房市的正常化。政府根据规划和需求明确各类住房比例供应是必要的，但主要还在于土地供应比例上应当按相关规定落实才行。为调控住房保障，土地出让方式上政府也要体现双重身份、市场与计划两种运作机制的结合，无限制地追求"招拍挂"最大价值化和市场化，只是体现了政府唯利是图和市场运作的一面，而忽略了政府公共服务职能和宏观调控职能的另一面。因此，除了现行正向的土地"招拍挂"出让方式，为了调控住房保障，先明确经济适用房、限价房等的价格，再反向"招拍挂"是必要的；也可先明确土地价格，再反向"招拍挂"运作，在房价和其他环境、质量等方面形成竞争。总之，政府要灵活土地出让或划拨方式，体现双重身份和双重手段，从机制上确保政府主体保障功能的实现。

## 三、政府在低收入群体住房保障方面存在的问题

（一）对社会保障的认识存在偏差

如何看待社会保障的作用，政府的认识存在偏差，认为提供社会保障服务（特别是救助型）是对公民的恩赐而不是对公民权利的尊重。以北京××廉租房项目为例，其供应对象是符合特定条件的城市住房困难低收入群体。通过对廉租房住户的调查得知，目前廉租户实际居住存在许多困难，一是房屋面积太小，难以满足家庭生活基本需求；二是房屋空置率太高；三是房屋续租机制不明确，导致廉租户不能安心居住；四是由于地处黄金地带，消费水平过高，廉租对象经济压力大等。① 面对这些问题，住户却敢怒不敢言，主要是担心有关部门得知后迁怒于他们，从而影响其继续居住。即使有关问题反映到相关部门，相关工作人员却不以为然，认为廉租对象有房子住已经很不错，还提"过分"的要求。这种现象在全国普遍存在，根源在于漠视弱势群体应有的权利。

城市内生型低收入群体作为直接受益者，在政府提供保障性住房的决策中究竟应该发挥多大的作用？是毫无条件地接受救助并感恩戴德，还是参与到决策的制定过程中来？前者是把受助对象视为乞讨者，政府作为施舍者；后者则体现现代社会人人享有公民权，是社会进步的表现。"乞讨者"与"公民"代表不同的社会地位，公民是法律意义上的概念，包含国家对本国居民的身份认可及居民依法享有的权利和义务，公民权包括生存权、发展权等基本权利。乞讨者只是一类特定的人群，没有法律赋予的基本权利，但有特殊的生存权利，这种权利的实现没有法律保障，只能依靠施舍者的施舍，施舍者把对其救助看成是一种恩赐，救助与否、救助的标准、方式完全由施舍者主观意志决定。因此，对受助对象的身份认同（公民还是乞讨者）不仅

---

① 繁易. 走进北京廉租户 ［J］. 中国经济周刊，2007（48）.

决定受助群体对社会保障需求的大小，同时决定提供社会保障服务水平的高低。北京××廉租房项目中的工作人员认为廉租户提出的要求"过分"以及廉租户因顾虑不敢提出合理的要求，说明政府部分工作人员忽视低收入群体的公民权，以乞讨者的标准为其提供住房救助。事实上，随着现代国家的发展，社会保障已从恩赐型发展为权利型，廉租户有权向政府提出住房方面的合理诉求。

（二）棚户区改造中责任落实不到位

棚户区是我国特定历史时期遗留的问题，棚户区居民属于城市内生型低收入群体的一个重要部分。棚户区所在城市一般属于资源型城市，如煤矿、油田、林区等资源较丰富的城市。这些资源型城市由于过度开采，导致资源枯竭以及严重的环境污染问题，在进行棚户区改造时，产业转型和城市治理成为改造的难题。在棚户区改造时政府理应加速城市转型，不仅需要改善棚户区居民的住房条件，同时还需要提供更多的就业岗位，帮助居民提高其收入。而在棚户区实际改造过程中政府的职责大多落实不到位。

（三）廉租房制度本身存在缺陷

为了解决城市低收入群体住房困难，我国实行廉租房制度，但这一制度本身存在以下缺陷。

1. 房源渠道较少

我国廉租房房源主要来自四种途径：一是空置的符合廉租标准的公有住房；二是政府和单位新建或购置的住房；三是社会捐赠；四是廉租对象自行租住符合标准的住房。实际上只有第二和第四这两种途径具有可操作性。第一种途径所涉及的公有住房属于计划经济时代的产物。自1998年实行住房货币化改革以来，我国已停止住房的实物分配，公有住房的数量急剧减少，大量公房通过房改出售或出租给职工。因此，通过公有住房为廉租房提供房源难以实行。而通过社会捐赠为廉租房提供房源更是杯水车薪。首先，我国的社会慈善事业发展水平落后，相关法律法规以及政策配套不完善，社会捐赠成功率低。其次，住房与其他商品不同，其巨额价值令一般单位或个人没有能力或意愿无偿提供。少数捐赠行为尚未形成规模，且因户型标准不符合规定、改建成本高等原因不能作为廉租房的来源。实际上，廉租房主要来源于政府新建或购置住房以及廉租对象自行租住的住房。

2. 建房资金难以保证

无论是政府修建或购买住房，还是廉租对象自行租住住房政府提供货币补贴，都需要政府提供大量的资金支持。《廉租住房保障资金管理办法》虽然明确规定了廉租房建设的八个资金来源，并从政策上不断加大廉租房资金的扶持力度，但地方政府在具体实施时难以落实到位。原因在于，一方面，廉租房建设所需资金数额庞大，且物价、人力成本逐年递增；另一方面，中央拨付的资金平摊到各地区相对较少，大部分资金来源于地方政府，地方政府的筹资压力大。

我国公租房、廉租房的建设资金主要依赖银行贷款和财政预算资金，市场资金介入较少。第一，公租房、廉租房的建设资金受到财政收入的制约，过分依赖财政拨款会给国家财政带来一定的压力。第二，随着房地产市场的降温，地方政府缺乏有效的融资渠道，有赖于土地财政的收入也有缩水的趋势。此外，地方政府的还债压力、公租房及廉租房的非营利性导致地方政府缺乏投资热情，影响地方政府对保障住房建设资金的投入。第三，针对住房公积金增值收益，可用于保障住房建设的资金规模实则有限，而且住房公积金收入用于保障房建设贷款的用途存在很多争议。根据试点城市住房公积金支持保障性住房建设的实际情况，在支持保障住房建设方面住房公积金具有更大的潜力，也有许多需要完善的地方。第四，保障住房建设资金过分依赖银行贷款，将直接带来地方债务的持续增加。[①]

当前，相关政府部门安排了一部分住房公积金增值资金、财政拨款、社会捐赠等多种筹资渠道和资金筹措机制，但是在实践中，政府财政资金、住

① 赵健，王欣怡，阚永生. 中国公租房、廉租房融资困境的突破 [J]. 上海金融学院学报，2013 (1).

房公积金增值收益等资金来源缺乏制度保障，落实情况不尽如人意，这严重阻碍了廉租房修购工作的顺利开展。①

3. 公租房、廉租房并轨后的利弊分析

2013 年 12 月 6 日，住房和城乡建设部、财政部、国家发改委对外公布《关于公共租赁住房和廉租住房并轨运行的通知》，从 2014 年起，各地公共租赁住房和廉租住房并轨运行，并轨后统称为公共租赁住房。公租房和廉租房的申请对象分别为城市中低收入群体和城市低收入群体（夹心层）。总的来说，两者的并轨，有利于政府降低因住房政策过细带来的管理成本以及减少寻租空间。具体来看：

第一，有利于房源的集中和统筹管理，房源相对充足。并轨后，廉租房统一转并为公租房，二者房源打通使用，集中管理、统筹分配，解决了原来分类房源紧缺或者闲置等问题，有利于整合住房保障资源，改善政府专项资金和房源的使用效率，充足租赁房源供应。同时，也有利于促进租赁型保障住房专业化管理，提升服务品质，做实做强公共租赁住房运营机构，推动可持续发展。

第二，有利于扩大保障范围，简化申请审核程序。并轨后，首先，覆盖范围更广了，无论申请者有无工作或居住生活城市的户口，只要名下没有房产，就能申请公租房。如此，大量新就业职工和外来务工人员被纳入公租房保障范围，城市用工中的住房困难人员也都有机会住进公租房。其次，申请程序更简单了，居民只需要对公租房提出申请即可，管理部门只要依据申请人的收入等条件，给予不同层次的房租补贴，实行阶梯式租补政策。并轨管理后，公共租赁住房保障受理工作也由原来的政府房屋管理部门下放到社区居委会（村委会）组织受理。

第三，有利于提升管理效能，方便住房后续管理。并轨后，解决了以前申请不同种类保障房需要经过不同部门审批，申请审核时间长等问题，解决住房困难的时间更快了，外来务工人员、新就业职工还可通过"绿色通道"

---

① 汪文忠. 我国廉租房发展现状与对策 [J]. 广东经济, 2016 (2).

方式申请,更快实现住房保障。入住和退出相对便捷,实行公租房属地管理,由政府统一配租、统一管理,不仅政府管理更方便,房屋出了问题老百姓也知道该去找谁。同时,通过健全监管考核机制、坚持市场机制运作,对于过去困扰管理部门多年的保障房"能进不能出"的问题,充分运用租金的杠杆作用,通过补贴方式来实现,一旦保障对象不再符合保障条件,政府将会停止发放住房补贴,按照市场标准收缴租金,最大限度地强化管理力度。

第四,有利于房源向城市适居、宜居、聚居区靠拢。并轨后,为能满足社会不同需求的公租房,产业聚集区和产业园区可统筹规划建设公租房,解决居住困难员工的就近入住;通过从在建房地产项目中按比例配建公租房,面向社会供应,使保障房跟着商品房走,解决保障房位置偏远、配套落后的问题;建设多种户型的公租房,解决城市中等偏下收入家庭、新就业职工等的住房难题。

第五,有利于共有产权房事业的探索。并轨后,针对城市里既不符合廉租房申请条件,又买不起普通商品房,处境尴尬的"夹心层"市民群体,提供了解决他们住房难题的"共有产权房"改革探索之道。共有产权是购房人和政府按一定的出资比例占有产权,购买人收入增加后,可出资购买政府的部分产权,目的在于降低门槛,减小购房者的购房压力,保障更多"夹心层"群体。①

诚然,公租房与廉租房的并轨将产生积极的效应,但对于城市内生型低收入群体而言,并轨后虽然增加了部分房源,但符合条件的申请者数量的增长远远超过房源的增长。城市内生型低收入群体将与中低收入群体竞争公共租赁住房,其自身条件的限制会导致其成为申请者中的弱势群体。因此,从长远看,公租房与廉租房并轨有利于我国住房保障制度的健全和发展,但对于城市内生型低收入群体,则应优先保障其住房需求。

---

① 张改平. 浅谈公租房和廉租房并轨后的运行管理 [J]. 经济师, 2017 (10).

## 四、解决城市内生型低收入群体住房问题的对策思考

（一）转变执政观念，明确政府职责

政府作为公共服务的供给者，为城市内生型低收入群体提供住房保障是其应尽的义务。政府工作人员观念的转变直接影响其提供的（住房保障）服务质量。城市内生型低收入群体作为城市的一部分，有享受住房保障的权利。这种权利不仅在于被动接受政府提供的住房安排，同时有权提出合理的意见和建议，从而促进其居住条件的改善。为此，应建立弱势群体利益表达机制，弱势群体可通过各级人大代表向有关部门表达利益诉求。关于城市内生型低收入群体住房保障的政府责任，各级政府应厘清职责，明确分工。中央及省级政府主要负责资金来源；地市级政府主要负责土地审批以及资金的拨付和监管；县（区）级政府主要负责房屋具体建设和日常管理。

（二）完善公共租赁住房制度

完善公共租赁住房制度，可从以下方面着手：第一，用制度解决资金问题。公共租赁住房制度具有长期性，应将建设资金来源纳入各级政府财政预算（以中央及省级财政预算为主），确保资金来源的可持续性。第二，建立居民住房登记系统，科学识别住房保障对象。第三，针对内生型低收入群体的特点，加大货币补贴。建立临时性救助和长期性救助相结合的长效机制，将货币补贴涵盖水、电、煤气、物业费、社会保险等居民生活相关费用。第四，针对公租房和廉租房并轨后内生型低收入群体的弱势地位，应通过相关政策措施优先保障其住房需求，在公共租赁住房轮候摇号时，通过技术手段增加其中签概率。

（三）加快棚户区改造进程

棚户区改造是城市化进程的重要组成部分。对城市而言，改造旧房能改

变城市面貌，提高城市竞争力；对低收入群体来说，可以改善其居住条件。由于城市内生型低收入群体在利益表达上处于弱势，政府在改造过程中往往忽视其正当权益，该群体由于无法通过正当手段维权，导致发生冲突甚至群体性事件，严重威胁社会安全。因此，政府在进行棚户区改造中应做好以下方面的工作。

1. 做好确权工作

棚户区改造涉及的建筑物、居民数量巨大，同时还涉及土地的权益。国土部门应组织力量，科学测量居民占有的土地情况，做好确权工作，为以后的补偿提供依据。确权关系到棚户区千家万户的切身利益，应严格依照《中华人民共和国土地管理法》中的有关条例进行。在房屋测量时，应委托第三方机构进行科学评估，保障居民的合法利益。

2. 拆迁必须依法

随着全国各地城市化进程的加快，拆迁工作成为城区（棚户区）改造的首要任务。作为一项政策性、社会性、群众性很强并且牵扯到广大拆迁对象（棚户区居民）的切身利益的重大任务，其完成的质量好坏直接关系到国家形象以及党和政府在人民群众中的威信。因此，必须依法实行房屋拆迁，维护每一位拆迁户的合法权益，保证经济社会发展的和谐稳定，推进城镇化的有序进行。

棚户区改造是一项复杂工程，必须依照《中华人民共和国土地管理法》《中华人民共和国物权法》等有关法律切实维护城市内生型低收入群体的利益。棚户区改造作为"民心工程"，相关部门应尽可能满足民众的合理要求，保障其合法权益，特别是补偿和安置工作要充分考虑各户的实际情况，禁止强制拆迁。

3. 落实监管责任

在棚户区改造过程中，政府应居主导地位。政府的职责主要是规划和监管。前者包括根据城市发展规划科学确定棚户区的改造区域以及改造后的用途，做好改造计划（包括工程及居民安置等），通过公正、公开的招投标方式将改造工程分包给开发商，在改造中发挥协调作用；后者包括在工程建设中对建筑质量、资金运用情况进行监管，防止寻租和腐败，维护拆迁居民的正当权益（包括补偿资金是否足额到位，后续安置工作居民是否满意以及日后居民的生存发展问题）。改造棚户区不仅要考虑经济利益，还应注重生态效益。在整个改造进程中，政府应倾听各方的意见，防止走"先污染、后治理"的老路，用科学的方式进行改造。

（1）从棚户区改造的本质属性出发，采取"政府主导、市场参与"模式。棚户区改造，应当采取政府引导、市场运作的方式，有效利用社会资源，提升棚户区改造的利润空间，增加开发商参与的积极性，同时政府的引导也可以增强居民对开发商棚户区改造的信任。[1]

（2）加强政府能力建设，规范政府的行政权力。一是提升地方政府的独立性。地方政府的独立性指政府免受某一特定利益群体左右而独立制定政策的能力。如果政府没有较高的独立性，在政策的制定过程中就会向强势利益群体倾斜，无法平衡社会公共利益。[2] 目前我国棚户区改造工作中存在多方利益群体，政府在棚户区改造工作中不能代表某个特定群体的利益，而要做好裁判员和规则制定员的角色。二是规范地方政府的行政权力。在棚户区改造的过程中，政府的行政权力会不可避免地干涉居民的私人权利，要解决棚户区改造中的矛盾冲突，地方政府的行政权力需要严格限制在公共利益拆迁的范围内。在商业利益拆迁中，政府作为政策的制定者、市场的监管者和矛盾纠纷的仲裁者，不能滥用行政权力，实现行政与市场的分离。[3] 三是地方政府应树立正确的政绩观。不良政绩观包括在旧城改造中盲目攀比等建设行为，正确的政绩观应以坚持科学发展观为指导，从人民群众的根本利益出发，建立政府的责任感和使命感，结合实际实事求是地进行城市建设。

（3）加强开发商资金和市场的监管。在棚户区改造过程中，开发商会尽力追求利润最大化，若不对开发商的行为进行合理监管，则有可能损害被拆

---

① 齐骥. 提高认识，务实创新，做好棚户区改造工作［J］. 管理世界，2007（11）.

② 赖小慧，唐孝文，冯华. 利益分析视角下棚户区改造问题与对策［J］. 广西社会科学，2017（7）.

③ 吴曦. 和谐的城市房屋拆迁——谈拆迁中的政府角色［J］. 城市房屋拆迁，2007（12）.

迁方的利益甚至是社会效益。一是加强对开发商棚户区改造安置资金的监管。从以往的棚改工作经验分析，棚户区改造安置过程中的问题主要是因为开发商资金不能及时到位引起的。为杜绝此类问题的再次发生，棚户区改造专项资金必须按时到位一次付清，在审批过程中，开发商资金应由政府管理部门直接监管发放。同时，应加大对棚户区改造安置资金的审查力度，设立专门账户专款专用。二是加强对棚户区改造市场的监管。政府要对涉及棚户区改造项目的房地产开发商实行严格的市场准入机制，加强资质审查。同时坚决取缔实施主体的不规范操作、暴力拆迁等行为。政府还可以建立健全社会信用网络平台，实时对开发商进行评估，建立监督机制和惩戒制度。

（4）加强被拆迁户群体的保护和扶持力度。目前我国在棚户区改造安置工作中尚有许多不到位的地方，例如，部分项目安置不及时、补偿不到位等。在棚户区改造过程中，大部分被拆迁户都处于弱势地位，所以棚户区改造制度应加强对被拆迁方弱势群体的保护。一是完善棚户区改造被拆迁方群体参与机制。棚户区改造工作中，完善被拆迁方的参与机制是及时沟通政策、维护其合法权益和减少纠纷的重要环节。通过健全棚改工作中被拆迁方的参与机制，可将城市的现代化建设进程与民主完善进程有机结合。被拆迁方对棚户区改造的短中期规划方案有知情权，同时也有权利对规划方案提出建议。①在棚户区改造项目的前期准备阶段，应该全面征求各方利益群体，特别是被拆迁方对安置补偿的建议，为制订详细安置补偿方案奠定基础。被拆迁方了解棚户区改造项目情况及其维权途径，有利于减少棚户区改造阻力。二是加强被拆迁人在棚户区改造项目中的司法救济权。当被拆迁方认为棚户区改造项目侵犯了其合法权益时，可以表达自身利益诉求维护自身权利。为了有效预防矛盾和妥善处理棚户区改造过程中产生的司法纠纷，政府应提倡通过司法途径解决各类纠纷。同时，法院的司法权不能受到地方政府的行政干预，让司法救济得到切实保障。三是提高被拆迁户群体的组织化程度。被拆迁方

---

① 秦晖. 城市新贫民的居住权问题——如何看待"棚户区""违章建筑""城中村"和"廉租房"[J]. 社会科学论坛，2012（1）.

组织化程度低，需求杂乱，话语权微弱，因而往往难以引起决策者的注意。在棚户区改造工作中，被拆迁户不能通过正常有效的渠道和途径进行利益表达，则往往会采取非制度化和非常规的途径进行利益表达，这种状态长期存在会引起严重的社会后果。① 由于被拆迁方组织性不强，他们缺乏与开发商平等对话和互动的能力，同时由于他们的综合利益表达存在缺陷，很难制约政府的行政权力，因此，应提高被拆迁方群体的组织化程度，倡导建立社会中介组织作为被拆迁方的代表与开发商及地方政府进行协商沟通，同时，此类中介组织还可以带有被拆迁人的"工会"性质，监督地方政府及开发商的违法行为。

（5）从棚户区改造的公共利益性质出发，完善法制化制度建设。在棚户区改造实施前，明确公共利益下的棚户区改造法规。从公共利益出发，棚户区改造法规的完善可以做到以下三个方面：一是对公共利益的范围进行列举限定。对似是而非的项目进行重点列举和限定，明确范围。二是要通过审查和各类评估对公共利益予以确认，做到程序的公开公正。三是发生的公共利益争执应交由司法部门裁决，以限制约束行政部门的公权意志及权利滥用，实现棚户区改造行为的法治化与规范化。

在棚户区改造实施过程中，完善棚户区改造许可听证制度。从公共利益出发，在棚户区改造的过程中举行听证程序，可以充分保障被拆迁方的诉求得到明确表达，同时，听证会制度是各国进行棚户区改造的必要程序。然而，在我国目前的棚户区改造工作中很多听证会流于形式，无法对被拆迁方的权益予以保护。因此，我国必须提高听证制度的立法层次，增加对开发商的约束力，同时，大范围推行棚户区改造行政裁决听证制度，充分听取被拆迁方的意见，从货币补偿标准等方面保护被拆迁方的合法权益，可以有效减少棚户区改造中有可能出现的诸多矛盾。在棚户区改造实施后期，将安置补偿政策与住房保障政策相结合。从公共利益出发，城市棚户区改造项目中的安置

---

① 魏立华，阎小培.中国经济发达地区城市非正式移民聚居区——"城中村"的形成与演进——以珠江三角洲诸城市为例［J］.管理世界，2005（8）.

补偿政策要与现有的住房保障政策相结合，特别是优先安置符合廉租房条件的被拆迁居民。[①] 一是扩大保障房制度的覆盖范围，加快保障房建设。[②] 《国务院关于解决城市低收入家庭住房困难的若干意见》中明确提出"全国廉租住房制度保障范围要由城市最低收入住房困难家庭扩大到低收入住房困难家庭"。二是要明确界定住房保障对象的范围和保障的相关标准。由政府通过评估经济发展水平和房屋价格来确定城市保障对象的家庭收入标准和住房困难标准。三是要多方位多渠道的增加各类保障房的房源。例如，可通过行政手段，按照适当比例强制建设保障房，把已建经济适用房和廉租房应用于棚户区改造的安置工作中。四是为有特殊困难或符合申报公租房的棚户区改造居民开设绿色办理通道，简化相应的审批流程，使其更早更快地享受到保障房政策。五是应加大纪检监察部门对房地产开发商和相关利益群体的监督力度，对侵占保障政策性房源的行为坚决阻止和进行大额处罚。

---

① 叶晓甦，黄丽静. 公平和效率指导下的我国保障性住房体系建设 [J]. 城市发展研究，2013 (2).

② 高波，李国正，陈琛. 新型城镇化过程中农民工居住现状及住房选择 [J]. 甘肃行政学院学报，2015（6）.

第五章

# 住房"租购同权"探析

## 第一节 住房"租购同权"政策简介

### 一、政策背景

城镇住房"租购同权"政策出台的背景是在两大历史潮流交汇之处提出的。第一大潮流是新型城镇化。新型城镇化首先是人的城镇化，是常住人口平等享受基本公共服务的城镇化。《国务院关于深入推进新型城镇化建设的若干意见》提出，"推行居住证制度覆盖全部未落户城镇常住人口，保障居住证持有人在居住地享有义务教育、基本公共就业服务、基本公共卫生服务等基本公共服务。鼓励地方各级人民政府根据本地承载能力不断扩大对居住证持有人的公共服务范围并提高服务标准，缩小与户籍人口基本公共服务的差距。推动居住证持有人享有与当地户籍人口同等的住房保障权利。在我国，城镇住房保障体系逐步将流动人口纳入"。以重要的公共服务之一住房保障体系为例，2010 年城镇住房保障体系开始覆盖外来务工人员。住房和城乡建设部、国家发改委等七部委《关于加快发展公共租赁住房的指导意见》提出，"有条件的地区，可以把新就业职工和有稳定职业并在城市居住一定年限的外来务工人员纳入（公共租赁住房）供应范围"。2011 年，取消了"有条件的地区"的限制，将范围进行扩展，如《国务院办公厅关于保障性安居工程建设和管理的指导意见》要求，"公共租赁住房面向城镇中等偏下收入住房困难家庭、新就业无房职工和在城镇稳定就业的外来务工人员"。2013 年，范围又扩大到地级以上城市，如《国务院办公厅关于继续做好房地产市场调控工作的通知》要求，2013 年底前，地级以上城市要把符合条件的、有稳定就业的外来务工人员纳入当地住房保障范围。显然，外来务工人员纳入城镇住房保障体系是一个从无到有、从由社会力量为主到政府保障覆盖面逐步扩大、保障体系逐步完善的过程，城镇住房保障体系逐渐向外来务工人员敞开大门。公共租赁住房是典型的租赁保障，"租购同权"无疑是流动人口平等享受公共服务的重要保障。

第二大潮流是完善房地产租赁市场。房地产租赁市场也越来越注重保护农民工的权益。2016 年 5 月，《国务院办公厅关于加快培育和发展住房租赁市场的若干意见》提出，"完善住房租赁支持政策……非本地户籍承租人可按照《居住证暂行条例》等有关规定申领居住证，享受义务教育、医疗等国家规定的基本公共服务。"2017 年 5 月，住建部发布了《住房租赁和销售管理条例（征求意见稿）》（简称《征求意见稿》）；同年 7 月 20 日，住建部等九部委印发《关于在人口净流入的大中城市加快发展住房租赁市场的通知》，要求大中城市加快发展住房租赁市场，并批准深圳、广州等 12 个城市为首批试点城市。随后，广州出台《广州市加快住房租赁市场工作方案》。以前出台完善租赁市场的方案多是从培育租赁机构主体持有住房、保护承租人租赁权益等角度完善租赁市场。"租购同权"则是从承租人享受公共服务等角度出台政策。"租购同权"属于地方性的制度创新，它意味着在房地产市场逐渐破除藩篱，使得有能力租户的外来流动人口子女获得平等的受教育权（或称为受教育的排队权）。流动人口大多数是以租住为主，此项政策如能推广，受益面较宽。以北京为例，2017 年 7 月 28 日，北京市社科院发布《北京蓝皮书：北京社会发展报告（2016～2017）》，报告显示：流动人口选择租住由私人部门提供的住宅占 61.8%，购买住房的占 14.7%，而住在单位或者雇主提供免费宿舍的占 10.7%，租住单位或者雇主住房的占 8.2%。根据国家人口和计划生育委员会的调查，接近一半的人（46.6%）落户城市是为了子女的教育和升学。①

## 二、"租购同权"本质上是对教育资源的再分配

在我国，教育、医疗、住房等资源都是非常稀缺的。根据国家统计局 2010 年的"六普"数据，流动人口高达 2 亿多，而城镇人口不过 6.67 亿，即在中国任何一个城镇，遇到三个人，其中一人就是流动人口。如此多的流动人口必然给城镇基础设施、公共服务带来严峻的挑战。尽管新型城镇化首先是人的城镇化，但是说起来容易做起来难，不可能做到公共服务完全均等化。在公共资源还比较稀缺的时候，尤其是大城市的教育资源更是稀缺产品，连户籍人口都难以享受到优质的教育资源，况且外来的流动人口，必然存在一个需求满足的排序问题。尽管中小城市的户籍制度已经放开，但是大城市户口却呈现收紧之势，这也是不得已而为之的办法。因此，《国家新型城镇化（2014~2020）》提出，要按照保障基本、循序渐进的原则，积极推进城镇基本公共服务由主要对本地户籍人口提供向对常住人口提供转变，逐步解决在城镇就业居住但未落户的农业转移人口享有城镇基本公共服务问题。政策上均等，只是意味着一种愿景，并非事实上的均等。

以进城落户农民住房保障为例，即使在政策层面，进城落户农民已经完全纳入城镇住房保障体系。但是，多数城市外来务工人员申请住房保障时，不能与原市民享受同城同待遇，表现在三个方面：其一，房源不同。虽然租赁性保障性住房可以配给外来务工人员，但只有原市民才能享受产权性保障性住房，外来务工人员暂时无权申请。但是这种差异性偏小，因为国家已经明文规定住房保障是以公共租赁住房（租赁性保障）为主，产权性保障性住

---

① 钟庭军. 资源稀缺视野下的租购同权 [J]. 城乡建设，2017（16）.

房比例较小。就租赁性保障性住房而言也存在差异，外来务工人员多居住在由单位和企业提供的公共租赁住房，原市民多居住在政府提供的公共租赁住房。其二，覆盖面不同。城镇住房保障体系对原市民已经做到"应保尽保"，企业对自己的职工也尽量提供宿舍、工棚等住所。但是对一些零散的外来务工人员，则缺乏制度性支持手段。其三，配租顺序不同。原市民和外来务工人员同时申请保障性住房，往往优先配租给原市民。也就是说，这种纳入带有一定歧视性。只要大城市和特大城市的公共服务尚处于稀缺状态，户籍制度就难以取消，这种差异性在一定范围一定程度上还会长期存在。教育、医疗、养老等一系列社会保障政策逐渐均等化，事业单位也开始缴纳养老保险金。但是最难平等化的社会资源就是教育资源。教育资源具有区域特性，现有教育资源紧紧依附于住房之上，这才有了"学区房"之称。"租购同权"在某种意义上，打破了"学区房"在教育资源上的垄断，是较为廉价获取教育资源的一种方式，必然引起拥挤效应。"租购同权"意义在于：以前的"学区房"门槛很高，需要花费数百万元去购买，而现在只需要租就够了。但在教育资源稀缺时，如果不能更多地供应教育资源，而只是改变分配方式，降低了进入门槛，很显然过多的需求便会蜂拥而至。

## 三、各地政策实施现状

2017 年 7 月，住建部等九部委《关于在人口净流入的大中城市加快发展住房租赁市场的通知》正式将广州、深圳、南京等 12 个城市确定为全国发展租赁市场的试点城市。为全面贯彻落实党中央、国务院关于深化住房制度改革的决策部署，构建"购租并举"的房地产市场供应体系，广州、南京等地先后以政府文件形式，提出保障"租购同权"政策实施，逐步稳妥推进租房者与购房者享有相同的公共权益。

（一）政策目标

广州出台《广州市加快发展住房租赁市场工作方案》赋予符合条件的承

租人子女享有就近入学等公共服务权益,保障"租购同权",保障承租人健康安全居住和稳定的居住权。该方案规定,具有本市户籍的适龄儿童少年、人才绿卡持有人子女等政策性照顾借读生、符合市及所在区积分入学安排学位条件的来穗人员随迁子女,其监护人在本市无自有产权住房,以监护人租赁房屋所在地作为唯一居住地且房屋租赁合同登记备案的,由居住地所在区教育行政主管部门安排到义务教育阶段学校(含政府补贴的民办学校学位)就读。

南京颁布《南京市住房租赁试点工作方案》,要求结合实际情况,适时出台符合条件的承租人享受与本地居民同样的基本公共服务政策措施,建立承租人在义务教育、基本医疗、公共卫生等方面的权力清单,逐步实现"租购同权"。对于本市户籍承租人子女,按照南京市学前、义务教育阶段招生入学政策接受教育;符合南京市外来务工人员随迁子女义务教育入学政策的非本市户籍承租人,由各所在区教育行政部门统筹安排其随迁子女在居住区内享受义务教育;符合条件的承租人可以享受医疗卫生等国家规定的基本医疗公共服务。[①]

武汉出台《武汉市居住证服务与管理暂行办法》,规定居住证持有人享有基本公共就业、社会保险、教育、基本公共卫生、计划生育、住房保障、公共文化体育、公共交通和旅游、法律援助等基本公共服务。办理居住证的租房户子女能够就近入学享受义务教育的权利,但需满足条件。当学区生源不足时,符合条件的租户子女可就近入学,当学区生源超过招生计划时,实行户口、房屋产权优先政策,即学龄儿童户口、父母户口和家庭住房(父母有房产的,以父母房产证为依据认定)三者一致者,由教育服务区学校优先安排就近入学。

合肥发布的《关于加快推进合肥市住房租赁试点工作的通知》,要求保障接受义务教育权利;享受基本公共卫生服务;享受基本公共养老服务;参加社会保险和享受就业创业服务;提供住房公积金支持;降低户籍准入门槛;

---

① 王红玲. 我国"租购同权"政策实施难点及对策建议 [J]. 金融纵横, 2017 (12).

推进公共租赁住房货币化；保障民主政治权利等。该《通知》具体规定：市城区户籍的适龄儿童少年，其父母或其他法定监护人在本市无住房，以单独租赁的成套房屋作为唯一住房并登记备案，由租住地所在区教育主管部门统筹安排入学；符合"房户一致"条件的，安排相对就近入学。非市城区户籍的适龄儿童少年，其父母或其他法定监护人在本市无住房，取得本市居住证满 1 年，可由居住证所在区教育主管部门统筹安排入学；连续租住同一套房屋并登记备案满 3 年的，且连续缴纳市城镇职工社会保险或法定税费满 3 年的，在区域教育资源许可的条件下，可安排相对就近入学。

（二）政策意图

从国家政策层面来看，发展住房租赁市场，或实行"租购同权"是贯彻落实"房子是用来住的、不是用来炒的"和推进公共服务均等化的重要举措。然而，从地方政府角度看，除了房地产调控、构建房地产市场长效机制等原因，地方政府还有另外的政策考量，这从最先动起来的广州和上海可窥见一斑。在广州的政策文件中，享受"租购同权"的具体规定是："具有本市户籍的适龄儿童少年、人才绿卡持有人子女等政策性照顾借读生、符合市及所在区积分入学安排学位条件的来穗人员随迁子女，其监护人在本市无自有产权住房，以监护人租赁房屋所在地作为唯一居住地且房屋租赁合同经登记备案的，由居住地所在区教育行政主管部门安排到义务教育阶段学校（含政府补贴的民办学校学位）就读"。①

可见，广州市的"租购同权"政策意图有二：一是保障无自有产权住房的本市户籍子女受教育权；二是持有人才绿卡、积分较高的外来人口子女受教育权。特别是对于第二类人群，在当前房价居高不下、限购条件较为严格的环境下，"租购同权"从根本上消除了高端人才子女紧急入学的后顾之忧。

从上海情况看，2017 年 7 月 24 日，上海市两块"租赁住房用地"以超低价转让给两家国有企业，两块地成交楼面均价均不到 6000 元/平方米，与

---

① 黄志龙. 以"租售同权"推动租赁市场建设［J］. 中国房地产，2017（32）.

此前商品住宅地价相比可谓天壤之别。上海市之所以发展以国有企业为主导的住房租赁市场，一方面是响应中央号召，鼓励国有企业发挥住房租赁市场的"压舱石"和"稳定器"作用；另一方面，同样与吸引人才有很大关系。可以预见，国有企业自持租赁住房，将优先满足来沪高端人才的住房需求。同时，在此基础上，上海也可能会推出与广州相似的"租购同权"相关举措，特别是入住国有企业租赁住房的高端人才，子女上学将享有产权住房同等的待遇。

（三）对房地产市场的影响

可以预见，一旦"租购同权"政策在某一城市全面落地，势必将对当地房地产市场、住房租赁市场产生深刻影响。首先，"租购同权"和住房租赁市场的发展，将从供给侧和需求侧两方面对房地产交易市场产生影响。一方面，国家大力发展住房租赁市场，将显著提高住房的总体供应量。如《北京市 2017～2021 年及 2017 年度住宅用地供应计划》，明确未来 5 年内全市计划供应租赁住房用地 1300 公顷，其中 2017 年供应租赁住房用地 227 公顷。上海市也在加大对租赁住房的供地力度，其他住建部选定的广州、深圳、厦门、南京等 12 个试点城市也都有加大租赁住房的供地计划。另一方面，"租购同权"将较大程度上削减部分居民购买产权房的紧迫性。过去 10 余年内，房地产市场中"学区房"之所以屡屡被爆炒，根源在于产权房上附加的子女受教育权利。一旦"租购同权"实施后，将在一定程度上缓解因教育需求而创造的住房刚性需求。对于房价而言，"租购同权"无疑将对整体房价形成一定的压力，特别是因"学区房"虚涨的部分存在一定的回落风险。

其次，"租购同权"和机构化住房租赁企业的发展，将可能对房租形成较大的上涨压力。其影响过程大体有以下两方面：一是"租购同权"中"权"的租金溢价。在大多数城市，房租仅反映了住房居住功能的价格，并没有附加城市公共服务的溢价。一旦"租购同权"实施后，租户享受租赁住房上附加的公共服务溢价，将在房租上体现出来。例如，租赁房每 6 年一个学位，通过充分的市场交易后会有一个合理的估价，该价格将分期折算到房租上。因此，不同学区的租赁住房的房租溢价将会有差异。二是住房自有率的下降，并伴随着房租的上涨。当前，我国住房租赁市场是完全充分竞争的市场，房租价格完全反映了租赁房屋的供需关系和居民的购买力增长情况。然而，"租购同权"后，租房需求会增加，同时租赁住房的供给方市场集中度会上升，机构化租赁企业的出现，则会提升房企的定价权。

## 四、"租购同权"政策实施的障碍

"租购同权"的前景很美好，能否真正落地，似乎并不乐观。从一些新闻报道看，广东资深教育界人士指出，"租购同权"中的"权"，只是指符合条件的租户子女可以拥有就读公办学校的资格，并不是拥有读名校的资格。一直以来，广州一直都有"具备正规租赁合同就有可能入读公校"的规定，新政措施并无多大变化。武汉市教育部门相关负责人表示，武汉已于多年前出台《居住证服务与管理暂行办法》，明确租房子女能够就近入学享受义务教育，但条件是当学区生源不足时，符合条件的租户子女才能就近入学，学龄儿童户口、父母户口和家庭住房三者一致者优先安排就近入学，第二顺位是有房无户者，最后才是租户子女。

（一）租房法律法规体系不健全，租户权益难获保障

目前，我国尚未专门针对住房租赁市场出台相关的法律法规，现行《城市房地产管理法》《城市房地产开发经营管理条例》等着重规范房地产交易市场秩序，住房租赁市场法律法规长期缺位，租房人合法权益得不到法律保护。《中华人民共和国合同法》作为当前租房人维护权益的重要渠道，其中并没有专门针对住房租赁合同的条款，住房租赁合同缺乏统一范本，一旦产生法律纠纷，处于相对弱势地位的租户权益更易受到侵害，不利于"长租"的稳定态势形成。同时，我国缺乏专门的住房租赁管理部门，管理方式主要是社区工作人员及派出所民警上门走访，对房屋和租客信息进行登记备案，管理效率相对低下，对于出租人随意涨租、扣留押金、随意停止租期等侵犯

租房者利益的行为缺乏监管。此外，住房租赁市场还不成熟，多数租赁房源并非由房屋租赁公司统一开发并规范管理，非正规租赁机构较多，市场监管难以有效覆盖。

（二）优质教育资源稀缺，合理分配是难题

目前，大多数公共服务都能公平面向所有居民，确保其共同享有而不产生互斥、竞争状况，租房和购房的差别并不明显。但教育资源较为稀缺，供需存在较大缺口，且分配相对不均衡、不合理。从全国来看，优质教育资源集中在一、二线城市和省会城市，且城市教育资源集中于部分区域，如广州市排名前 10 的小学 70% 位于越秀区，20% 位于天河区；南京市优质学校基本集中在鼓楼区。优质学校学位紧张，必须通过相应的排序机制来解决，这一现状在短期内较难改变，供需矛盾难以解决。因此，一方面，各地突破排位入学阻力较大，需要统筹考虑购房群体的权益；另一方面，"租购同权"仅仅是改变了分配方式，即使执行到位，也只是从购买学区房的竞争体系转换为另一种竞争方式，没有从根本上解决实际问题。

（三）购房承担公共费用支出，租房难享相应权益

公共服务费用的分担也是影响"租购同权"政策落实的重要因素。公共服务筹资方式一般分为房产税模式和土地出让金模式。房产税模式是以房产税作为地方政府公共资金的主要来源，定期征收房产税，房东将税收分摊到租金，间接转嫁给租户，即租户为当地的公共服务缴纳相关费用。土地出让金模式是以土地出让金作为地方政府财政收入的主要来源，所有与房产相关的税收，如耕地占用税、城镇土地使用税、契税、印花税、土地增值税、城市维护建设税和营业税等，由购房者一次性支付，即购房者承担了公共服务费用。在我国，很多地区与土地相关的财政收入占其总收入的 50% 以上，教育经费等公共服务的资金又来源于政府税收，在土地出让金模式下，公共服务费用主要由购房者承担，租户未付费或少付费，因此实施"租购同权"缺乏基础，难度较大。

（四）租赁房源无法满足市场需求，易产生安全隐患

住房制度改革以来，我国住房租赁市场长期处于相对落后状态，租赁额与租赁面积远低于销售额与销售面积。由于房价涨幅远高于租金收益，各地"重售轻租"现象较突出，住房租赁市场与销售市场发展存在明显失衡。与此同时，我国居民住房租赁需求旺盛，2016年我国流动人口数量达2.47亿，占总人口的18%，全国约有25.8%的城市居民以租赁方式解决住房问题。但租赁市场上中小户型住房不足，各地合租比例普遍较高，特别是大城市中，这一比例达到50%以上，存在一定安全隐患。①

# 第二节　住房"租购同权"的权利

## 一、综述

（一）住房"租购同权"的法律解释

综合而言，住房"租购同权"的法律实质是赋予房屋的承租人和所有权人在基本公共服务领域内相同的权利。② 从严格的法律意义上说，住房"租购同权"并不准确，基于买卖合同取得的房屋所有权和基于租赁合同取得的租赁权，作为不同的民事权利，其权能存在根本差异。从现行各地试点和《住房租赁和销售管理条例（征求意见稿）》看，住房"租购同权"结合中国国情，将租赁权这种民事权利和宪法上的平等权紧密联系，可谓是其最大的法律亮点。公民在法律面前人人平等，这是宪法赋予公民的基本权利，也是

---

① 王红玲. 我国"租购同权"政策实施难点及对策建议 [J]. 金融纵横，2017 (12).

② 谢鸿飞. 租售同权的法律意涵及其实现途径 [J]. 人民论坛，2017 (27).

现代社会最为重要的标志之一。公民平等权对应的义务人是国家，国家应承担保障公民平等权的义务。改革开放的一个方向即是实现人口和资源的自由流动，市场经济固有的平等要求促进了经济领域的平等，然而在市场经济以外的社会领域，平等却有些姗姗来迟。就房地产领域而言，房产所有权和户籍的捆绑，加之大城市户籍在社会保障、公共教育等方面的巨大福利和附加价值，客观上推高了房价，进一步又激发了社会的焦虑、不安等多种负面情绪。

2016 年，《国务院办公厅关于加快培育和发展住房租赁市场的若干意见》提出一定程度的住房"租购同权"：非本地户籍承租人可按照《居住证暂行条例》等有关规定申领居住证，享受义务教育、医疗等国家规定的基本公共服务。《住房租赁和销售管理条例（征求意见稿）》更明确规定，承租人可持备案的住房租赁合同依法申领居住证，并享受规定的基本公共服务。其法律实质是赋予房屋的承租人和所有权人在基本公共服务领域内相同的权利，国家作为平等权的义务人，对居住在城市中的公民提供相同的公共服务给付义务，公民取得公共服务的资格大为降低。可见，这一改革与《选举法》废除城市农村居民选举权不同效力的"四分之一条款"，确立"同票同权"原则一样，都是平权原则的基本要求。

从理论上说，平等权与社会权不同，它不应受制于一国经济和社会发展的具体阶段，基于治理伦理和国家权力正当性的要求，平等权应不受任何限制地赋予每个公民。但不能否认，基本公共服务提供的水平和质量取决于国家的经济和社会发展程度，另外，各地发展的不均衡也使公民在公共服务领域内的平等权难以平均实现。住房"租购同权"采取的是单一的承租标准，其实际操作是否要同时考虑其他标准，还有待观察。比如这种平权原则如何与目前大城市吸纳外来人口的"精英主义原则"相协调？平权原则是否会导致大量人口涌入发达的大城市，使其公共服务不堪重负？很明显，这不可能单靠"租购同权"的理念就可以解决，势必还要求国家资源分配等方面的顶层设计。住房"租购同权"当然要求承租人在房屋被征收时，房屋承租权和所有权受法律保护。1991 年出台的《城市房屋拆迁补偿管理条例》第 24 条明确规定，房屋被拆除时，原租赁关系继续保持，因拆迁而引起变动原租赁合同条款的，应当作相应修改。2001 年修改后，也有诸多保护承租人利益的条款，如要求拆迁人与房屋承租人订立拆迁补偿安置协议（第 13 条第 2款）、对产权调换房屋的承租权（第 27 条）、取得临时安置补助费或周转房的权利（第 31 条）等。但《物权法》和《国有土地上房屋征收与补偿条例》对承租人在房屋被拆迁时的权利并未涉及。承租人在房屋征收时，若无法得到合理补偿，当然也违反了"租购同权"的基本要求。

从民事角度看，房屋承租人享有的承租权属于债权，其效力强度远不如物权。在法制史上，立法者假定房屋承租人是弱势群体，对其进行超过普通债权的保护，是相当古老的传统。中国现行法也有对房屋承租人进行特殊保护的规则，如"买卖不破租赁"（《合同法》第 229 条）、承租人对承租房屋享有优先购买权（《合同法》第 230 条）、承租人在房屋租赁期间死亡的，与其生前共同居住的人可以按照原租赁合同租赁该房屋（《合同法》第 234条）、在先成立的租赁权可以对抗在后的抵押权（《物权法》第 190 条）等。《征求意见稿》第 13 条第 2 款规定的承租人同等条件下的优先承租权也值得肯定。

（二）居住证制度改革下的住房"租购同权"

应当说明的是，这种基本公共服务的"同权"肇始于居住证制度改革。2015 年 11 月 26 日颁布的《居住证暂行条例》（以下简称《条例》）明确居住证持有人在居住地依法享受劳动就业、参加社保等权利。县级以上人民政府及其有关部门为居住证持有人提供包括义务教育在内的六项基本公共服务，并提供证件申领等方面的相应便利。《条例》规定，居民离开常住户口所在地在其他城市居住半年以上，拥有合法稳定住所的，可以申领居住证。关于"合法稳定住所"，公安部文件注明是指"公民在居住地实际居住具有合法所有权的房屋、在当地房管部门办理租赁登记备案的房屋、用人单位或就读学校提供的宿舍等"。《国务院办公厅关于加快培育和发展住房租赁市场的若干意见》亦要求，非本地户籍承租人可按照《条例》有关规定申领居住证，享受义务教育等国家规定的基本公共服务。可以说，《广州市加快发展住房租赁市场工作方案》

只是重申了居住证制度改革以来，中央文件对保护承租人享受基本公共服务权利的承诺。方案中的 "保障租购同权"，需要在本地政策的具体实施中展开，即需要符合户籍条件、积分入学安排学位条件和相应租住房屋条件（在本市无自有产权住房，且监护人租赁房屋所在地作为唯一居住地）等具体要求。这种条件限制比本地房屋产权人要严格得多，"同权" 并非 "等权"，在 "租" "购" 与通往公共服务权利之间，会有本地化的制度安排来实施差异化处理。再以另外一个 "租购同权" 为例，无锡市于 2017 年 7 月 4 日发布修订后的《无锡市户籍准入登记规定》，增设了租赁住房落户政策。这里面的 "同权"，首先在于承认购房和租房均有在本市落户的权利，但具体条件也是有差异的：如除了租购行为之外，还需满足缴纳社会保险满一年或五年的期限要求。这种差别对待便体现了同权目标下因租购状况的不同在实现时间方面产生的不对等。

综上所述，住房 "租购同权" 概念并非创设了一种新的法律制度，而是对居住证制度改革进程中承租人享受公共服务权利的历史性突破所进行的抽象概括。受制于各地经济社会发展的不均衡现状以及各地方政府在人口、户籍、住房等各种政策实施上的差异，"同权" 的含义与内容均会有所不同。①

## 二、住房 "租购同权" 的法理基础及其内涵

### （一）住房 "租购同权" 的法理基础

住房 "租购同权" 是指房屋的租赁者与房屋的所有者享有同等的权利。我国现有法律对租住房屋的权利界定是不明晰的，往往是根据租约来约定。房屋产权赋予房屋一定的权利，主要权利包括：第一，公共资源方面的权利。主要是指房屋所在地的公共资源，例如，学校、医院等。拥有了房屋产权，便能享受这些公共资源和服务。第二，处分权。即对房屋进行抵押、质押、出租、改造等权利，这是产权本身所赋予的权利。

① 麦锐. 浅析 "租购同权" 中的承租人权利 ［J］. 法制与经济，2018（7）.

住房"租购同权"的法理基础主要有：一是作为公民权利的住房权。在市场经济环境下，公民有权自主选择租赁和购买的方式满足居住需求，从人权的角度来看，无论是买房还是租房，其作为满足公民居住目的的功能应该是一致的，即无论是租房还是买房，其居住功能都是满足人们的生存、安全、尊严、发展的需要。二是所有权与部分所有权。在住房市场中，个人通过购买房屋和租赁房屋实现居住需求两种方式在法律上的权属关系是有明显差异的。根据公平原则，由于购买房屋和租赁房屋所付出的经济成本存在巨大差异，购买房屋取得的是房屋的所有权，租赁房屋实际上取得的是房屋的定限物权。定限物权是指根据法律规定或当事人的约定（如租赁合同），由非所有人（承租人）在所有权人（出租人）的财产上享有的占有、使用和收益权以及其他权利。在房屋租赁关系中，作为承租人所享有的定限物权实际上是所有权的一部分，其目的就是为了满足承租人的居住需求。

从法理层面来看，住房"租购同权"是可行的，原因在于租房和购房在满足居住权利的功能上是一致的。居住权利实际上是一整套权利体系，不仅是指个人的居住权利，同时也包括相关人（例如家人、亲朋等）的居住权利，即包括对居住本身的权利以及与居住相关的权利等。

（二）住房"租购同权"的内涵

购买房屋主要目的在于取得房屋的所有权，其具有的住房权利是以房屋所有权为基础的权利体系。租房者主要是承租房屋所有者的房屋，其权利的法理基础是基于部分住房所有权基础上的定限物权，具体来说，就是用于居住的用益物权。在房屋租赁关系中，承租人以提供租金为义务取得在约定期限内出租人的部分所有权，用于满足住房需求。因此，住房"租购同权"的内容主要是基于出租人让渡的部分所有权。换言之，租房者和购房者在"租购同权"体系中是部分同权而非全部同权。部分同权体现了法律的公平原则和权利与义务对等原则。众所周知，购房和租房所付出的成本是不同的，有些购房者为了取得房屋所有权可能花费其全部积蓄甚至负债，相对而言，租房者承担的经济压力小得多。因此，住房"租购同权"不可能是全部同权。

从住房"租购同权"政策的设计目标分析,其目的是解决居住问题,并希望在房价高企的今天,通过赋予租房者一定的权限,抑制买房的需求从而在一定程度上起到稳定房价的作用。由于住房既具有消费的特点又有投资的特点,显然,住房"租购同权"的内容主要是基于住房的消费属性—居住功能,即购房者和租房者在住房消费需求的权利方面是同等的。

购房者的权利主要包括房屋所有权以及住房权。房屋所有权包括对房屋的占有、使用、收益、处分、补偿等权利;住房权主要是满足居住需求,使其能够安全、体面、有尊严的生活。租房者的权利包括房屋所有者让渡的部分所有权以及作为公民权利的住房权。住房"租购同权"至少包括两层内容,一是依据租赁合同赋予承租人的权利,具体包括房屋使用权、居住权等;二是公民的住房权,住房权是实现公民安居乐业的重要保证,其不仅为公民请求基本居住提供法律支持,同时也维护了公民及其家人的发展权利。

从《广州市加快发展住房租赁市场工作方案》来看,该方案强调赋予符合条件的承租人子女享有就近入学等公共服务权益,保障"租购同权"。从该方案的内容可知,现阶段住房"租购同权"主要是在公共资源权方面尽量实现同权,并不包括房屋的处分权。

## 三、购房人权利

### (一) 所有权

所有权的概念可以追溯至罗马法,即承认所有人对于物件有一种绝对的权利。在《人权宣言》中,所有权是"指享受和随意支配自己的财物、自己的收益、自己的劳动和勤勉的果实的权利。"《拿破仑法典》第544条规定:"所有权是以最绝对的方式享受和支配物件的权利,但不得对物件采用法律和规章所禁止的使用方法。"[①] 所有权的内涵包括两方面:一方面是支配,另

---

① 蒲鲁东. 什么是所有权 [M]. 孙署冰,译. 北京:商务印书馆,2007:67-68.

一方面是占有。所有权是一种法定的权力；占有是一个事实。在罗马人眼中，占有所代表的就是所有权的形象及其全部内容。① 不过从严格意义上看，罗马人对占有和所有权是有细微区分的。这种区分在罗马法范围内可以抽象理解为有权拥有某物和实际拥有某物。② 以房屋租赁为例，在房屋租赁期间，租赁人实际拥有（占有）房屋，但房屋的所有权却不属于租赁人，而是归房屋所有者。房屋租赁合同约束租赁双方的行为，同时调节双方的权利，使房屋的所有权和占有在一定期限内归属于不同对象，实现了所有权和占有的分离。由此可见，所有权拥有者（简称"所有权人"，下同）在法律状态下对某物的占有与事实状态下的占有是有区别的，这种法律意义上的占有是一种自由的、完全的、正当的占有，是一种不受任何第三方侵害的占有。

在房屋交易中，购房人③取得了房屋的所有权，是房屋的所有权人，购房人拥有对该房屋绝对的所有权。这种绝对性表现在，购房人拥有可以直接支配该房屋并同时排除他人干涉的权利。除了购房人以外，任何人都有义务尊重购房者对房屋行使所有权，当购房人的所有权受到侵害时，其有权依靠法律排除这种侵害从而保证其顺利行使所有权。事实上，法律意义上的所有权概念体现了基于占有事实下的人的需要，这种占有事实主要产生于人的劳动，表达出人与人之间的自由协调和相互并存等理念。④

从住房的特点来看，由于房屋与土地天然的不可分割性，住房所有权可分为土地使用权和房屋权利，即住房所有权是土地权利和房屋权利的叠加。住房所有权既包括对房屋本身的所有，同时包含在一定时期内（房屋产权年限内）对该房屋所关联的土地资源的使用权。众所周知，住房是附着在土地之上，这是住房不同于其他财物所具有的特点。住房作为不动产，必须依赖于土地并与其融为一体，房屋离开了土地便失去了存在空间。基于住房的特

---

① 彼得罗·彭凡德. 罗马法教科书［M］. 黄风，译. 北京：中国政法大学出版社，1992. 272.
② 巴里·尼古拉斯. 罗马法概论［M］. 黄风，译. 北京：法律出版社，2000：110.
③ 为了方便比较，本书中的"购房人"假设其全款购买住房，拥有完全的房屋的所有权，在实践中，由于存在银行按揭等第三方权利体，房屋的所有权人行使所有权可能受到限制。
④ 鄢一美. 所有权本质论［J］. 现代法学，2002（5）.

殊性，住房所有权实际上应该包括房屋和土地两个部分。在土地私有制的背景下，人们可以既拥有住房同时也拥有土地，从而达到拥有完整的住房所有权。在我国土地公有的制度安排下，探讨住房所有权的归属意义变得十分复杂。由于房屋所占土地的所有权为国家所有，从这个角度来看，个人是不可能完整的享有住房的所有权。[①] 虽然存在土地国有这一客观事实，但与住房相连的土地自房屋出售之日起在土地使用年限内其使用权归住房拥有者。[②] 在土地使用年限内住房拥有者对该土地的使用受到法律保护并且土地使用期届满后可依法续租。由于商品住房土地使用年限一般为 70 年，我国自 1997 年以后才全面实施住房交易商品化，因此短期内住房的土地使用权问题可暂时搁置不论。

1. 住房所有权的基本内容

住房所有权即住房产权，主要是指以房屋作为标的物进行直接支配并享受其带来的利益的一种排他性权利，是若干权利构成的权力体系。具体而言，住房所有权可分为：第一，房屋的使用权，即购房人可以按照自己的意志使用房屋，例如居住等行为；第二，房屋的占有权，即实际占用该房屋；第三，房屋的收益权，即购房人享有基于房屋产生的经济利益的权利，例如，出租房屋获得的租金、房屋增值带来的收益等；第四，房屋处分权，即购房人具有在法律规定的范围内处理该标的住房的权利，例如，出售、转让、抵押、赠与等行为；第五，在住房上设置用益物权和担保物权的权利；第六，依法获得补偿的权利。

2. 住房所有权的取得方式

从所有权的内涵看，住房所有权包括住房在法律规定范围内的一切权利。根据权利和义务对等原则，研究住房所有权必须区分取得住房所有权的方式，不同的取得方式其可能享受的所有权内容存在着差异。根据我国实际情况，取得住房所有权的方式主要有以下几种：一是依法新建的住房。二是通过翻

---

① 孙冬花. 浅析我国住房所有权法律制度［J］. 辽宁行政学院学报，2007（5）.
② 事实上，土地的使用年限是从房屋开发商拍得该住房用地的使用权之日开始计算。

建、扩建、加层等方式添置的住房。这种住房在我国农村地区比较常见，因为农村的住房供应来源主要是自行建造，个人新建住房一方面减轻了国家层面提供居民房屋的压力，同时造成房屋建设标准难以统一导致建房的随意性，表现为在原有住房基础上各式各样的翻建、扩建、加层住房。对于此类住房所有权的确权工作是一项极其复杂的任务，涉及个人、集体、国家等多方的利益整合。三是通过买卖、赠送、交换等民事法律行为获取住房的所有权。四是通过继承或者接受遗赠取得的住房。

在以上取得所有权的方式中，依法新建住房和翻建等添置的住房这两种方式是直接取得所有权，通俗讲就是没有原所有权人的一手交易。通过买卖或继承等方式实际上是从原所有权人那里取得住房所有权，是间接取得住房所有权的方式。

3. 住房所有权的种类

从地域来分，住房所有权分为农村住房所有权和城市（镇）住房所有权。我国由于城乡二元结构的显著差异，农村住房所有权和城镇住房所有权背后所依据的法律制度是不同的。由于城镇化是在未来相当长的时期内我国经济社会发展的趋势，住房短缺问题也是城镇化带来的严重挑战。事实上，目前我国快速的城镇化发展过程中出现的住房保障问题重点和难点都在城市。作为住房保障政策的探索——住房"租购同权"模式，其最终目的也是解决城镇居民的住房困难。因此，本书研究住房"租购同权"中的住房所有权也是指城镇住房所有权。

我国城镇住房所有权是基于社会转型背景下而嬗变的。在计划经济时期，我国的住房分配方式是传统的实物分配。国家在住房的生产、分配等整个过程中大包大揽，不仅要筹集巨资修建大量的住房，制定一系列住房政策，同时，在住房的分配环节也要进行干预。这种分配机制是与计划经济时代的短缺经济相适应，一定程度上在保证公平、维护社会稳定方面发挥了积极的作用。其形成的原因主要是由当时我国的经济水平所决定。在新中国成立初期的 20 世纪 50 年代，我国在经济上一穷二白，国家必须集中财力进行经济建设。在当时的条件下，建设资金的来源主要依靠两个途径：一是依靠农业哺育工业（工农业产品剪刀差），二是对城市劳动者实行低工资分配体制。通过这样的方式，使得国家财政能够获得大量的资金进行经济建设。但由此造成的后果是广大人民群众除了穿衣吃饭基本上可以说毫无积蓄。因此，为了解决城镇居民的吃穿住行的后顾之忧，维护社会的稳定，当时城镇住房的分配带有明显的福利性和配给性，表现在住房所有权的性质上也具有福利性和配给性的特点。

在计划经济时代背景下，住房所有权的主要内容体现在使用权，即对房子的用途主要是自住，其他的收益权、有交易的处分权在当时的背景下难以实现。原因有两点：一是政策的限制，在国家作为住房生产者和分配者的制度安排下，个体之间、个体和其他民间组织进行住房交易的行为受到禁止；二是收入水平限制，高福利、低工资的分配体制导致个体之间住房交易难以发生，个体没有经济能力从市场上获取所需住房，导致房地产市场发展的不足。

改革开放以来，市场经济体制逐渐取代计划经济体制，在住房市场方面，住房供应模式发生了重要变化：由单一国家供应转变为国家和市场供应。这种转变反映在住房所有权则是由"福利制"和"配给制"转变为"福利制兼商品制"和"商品制"。在市场经济环境下，住房更多地体现了"商品"的特点，房屋的价值除了占有和使用，更体现在"交换"中，即房屋所有权人可以依法对该房屋进行出租、收益、处分等。例如，房屋所有者作为房屋出租人享有出租人的留置权，即房屋出租人对于承租人对该不动产中的标的物享有优先受偿权。

（二）住房权

住房权是指公民有权利获取适当住房条件或住房的权利。根据《世界人权宣言》的解释，适当的住房条件是指能够满足人及其家属康乐所需的居住生活环境，"适当"的含义具有相对的、动态的特点，即随着生产力的发展，公民有权不断改善其生活条件，包括居住环境、住房等在内的住房权的内容日趋完善。20世纪西方福利国家在保障住房权等基本人权方面起到的作用日趋重要，国家通过各种积极作为保障公民的经济、社会与文化权利，从而提升人们的福祉。由于住房权关系到人类的生存和发展，各国都将住房权作为宪法保障的基本权利。

宪法对住房权的规定仅仅是一种文本上的观察，并不能因此认定宪法文本对住房权的规定必然导致住房权保障制度的完善。不过住房权的宪法规定是确立住房保障制度的前提，不论宪法是将住房权作为公民的基本权利还是将住房权保障作为国家的基本政策，都能够成为政府保障住房权并建立社会福利政策的宪法依据，政府有履行宪法职责的义务。

住房不应狭义和限制性地理解为一个头顶上盖有屋顶的房屋，适足的住房意味着充分的私密，充分的空间，充分的安全，充分的光线和通风，充分的基础设施，充分的居住地点标准，并且所有这一切必须在住房费用水平的力所能及上。虽然住房条件受到国家、地区的生产力发展水平等因素制约，但对住房权有一个普遍的共识：在所有的国家，住房权意味着有权居住在安全、安宁和有尊严的地方。① 根据安全、安宁和有尊严的要求，住房权至少包括适足住房权、公平住房权和住房决定权。

1. 适足住房权

居住权是指公民有通过各种途径获得住房的权利，宪法规定的住房权首先就是居住权。作为一种社会权利，国家有义务为公民提供廉租房、低价房等保障性住房。这些政策适用于所有缺乏住房的公民，其目标是人人均有栖身之所。适足居住权要求国家为公民提供的住房必须是健康舒适而适于居住的。相对于居住权仅仅提供一个栖身之所来讲，适足住房权则是更高标准的要求。它表明国家不仅要为公民提供住房，而且还要通过各种政策努力提高住房的质量和标准，使一切国民享有舒适的居住条件，即适足的住房。

在 1948 年联合国大会通过的《世界人权宣言》中，适足住房权还只是作为适足生活水准权的权利内容之一，并没有单独作为一项权利而提及。《世界人权宣言》强调："每个人都有权享受有质量的生活水准，包括充分的住房"。联合国经社理事会在解释"适足住房"时认为，适足住房权至少包

① 朱福惠，李燕. 论公民住房权的宪法保障［J］. 暨南学报（哲学社会科学版），2009（2）.

括七个方面的内容：安全稳定；便利的服务、物资、交通和基础设施；可负担；可居住；可利用；标准的居住地点和充分的文化设施。

联合国经济、社会、文化权利委员会在《经济、社会、文化权利委员会第六届会议（1991年）第4号一般性意见：适足住房权》这一文件中专门针对适足住房权做了规定。根据相关文件和规定，适足住房权主要包括以下内容：

一是免于强迫驱逐。免于强迫驱逐权是适足住房权的最基本的权利。同时也是保障适足住房权的其他权利落实的前提。免于强迫驱逐权适用于公民合法使用的住房，包括公民通过购买、租用以及其他形式取得的住房。免于强迫驱逐权的重要性在于强迫驱逐带给公民的巨大伤害性。家庭是建立在住房这一实物载体之上，与私人生活紧密相连。强迫驱逐的后果是公民的无家可归，从而可能威胁公民的生命权、人身安全权等一系列基本权利。因此，免于强迫驱逐，是保证居民基本生存，享受其他住房权利的重要保证。

二是机会平等。适足住房权的机会平等包括三个方面：第一，获得住房的机会平等，即公民无论其年龄、性别、职业、地位等因素的差异均能平等拥有获得住房的机会，主要包括获得土地的资格以及申请保障房的机会等；第二，住房权受到保护的机会平等，即地位、收入等方面不同的公民住房权的保护方面也应该平等地对待；第三，住房权获得救济的机会平等，即当公民的住房权利受到侵害时，每个公民能够平等享有获得住房救济的机会。

三是适于居住。适于居住是指住房的环境、质量等符合人类的居住标准，这种标准是人与动物的根本区别，即人不仅要有地方落脚，还要有尊严的居住。适于居住的具体标准有以下几方面：一是房屋的质量。应该达到国家关于住房质量的标准，从而保证公民在居住的房屋能够抵御严寒、风雨等一系列威胁，从而保障公民在此居住环境下能够健康生活；二是住房的配套设施。一定的居住标准不仅是指房屋的质量达到要求，其对住房的配套设施同样具有严格的规定。具体而言，包括室内配套设施和室外配套设施。室内配套设施包括可供人饮用的水源、排水设施、卫生设施、居民用电等基本生活配套设施。室外配套设施包括满足居民基本生活的垃圾处理、应急服务等配套设施。三是住房的位置。住房的位置也要满足一定的条件，首先是住房所在的环境应该符合适宜居住的需要，最低的标准是不能损害人的身体健康，住房环境不能处于或者临近污染源。四是住房的位置应该具有便利性。这种便利性体现在便于居民从事就业、就学、文体卫生等事业，从而保障居民的生存和发展等一系列权利得以满足，使其过上一种有尊严的生活。

四是力所能及。力所能及是指居民获得住房的成本应该与其收入水平呈一定比例，不能因获得住房而承担沉重的经济负担从而导致其生活水平下降以及其他权利的受损。特别是对无力承担便宜住房费用的人群，应该按照力所能及的原则，通过制定合理的住房补助以保证这些人群免受不合理的租金水平或者超出其支付能力的租金水平的困扰。

五是适当的文化环境。事实上，住房的建筑材料本身具有浓厚的文化气氛，从历史发展的角度来看，不同时期、不同国家的住房的建造方式、建筑材料均体现了当时、当地独有的文化方式，彰显了时代性、地域性的文化特征。[①] 适当的文化环境还体现在人们对住房类型的选择上，如传统社会的平房与现代社会的高楼反映了不同历史时期的文化差异。

2. 公平住房权

公平住房权是针对居住者而言，即所有公民作为居住者，有权要求国家为其提供需要的住房，国家必须按照平等、标准统一的原则，不得以性别、种族、职业、家庭出生、宗教信仰、财产状况等因素歧视公民，从而保障公民的住房权。公平住房权是公民的社会基本权利，得到了宪法的确认。世界大多数国家将享有住房权的主体规定为自然人（任何人），如葡萄牙宪法规定享有住房权的主体为"任何人"，瑞典宪法规定为"有需要的人"。除宪法以外，美国 1968 年颁布《公平住房法》，目的就是在于保障公平住房权。该法规定："任何住房歧视性的行为均为非法"。《公平住房法》禁止公民因人种、肤色、性别、国籍、年龄、宗教、残疾、单亲等原因在住房方面受到歧视，从而保障公平住房权。

---

① 陈红梅. 适足住房权法律保障研究［M］. 北京：中国政法大学出版社，2016：15.

从我国现行宪法和法律的有关规定来看，对公民的公平住房权的保障主要停留在国家政策层面。我国历部宪法对公平住房权并没有明确和专门的确认，1954 年宪法和 1982 年宪法对公民的社会经济权利做了规定，将保障人的价值和发展作为宪法的基本目标，公民的住房权只是作为社会经济权利的一部分。自 20 世纪 90 年代我国住房市场化改革以来，经历了二三十年的发展，我国居民的居住条件和环境跟以往相比得到大幅度改善。同时，由于商品房价格过高，导致城市中低收入家庭存在住房困难。住房问题已成为伴随着我国城镇化发展以来日趋严重的社会问题。

3. 住房决定权

住房决定权是公民在住房选择上有权自主作出决定，任何人不得干涉。公民的住房决定权包括消极权利和积极权利两个部分。学界关于消极权利和积极权利的划分源于消极自由和积极自由的区分。森斯坦区分了消极权利和积极权利。他认为，消极权利即"禁止政府行为，并将它拒之门外，积极权利需要并盛情邀请政府。"[①] 消极权利基于理性人假设，即人们会以利益最大化原则为自己行事，前提是摆脱政府的束缚和干涉。积极权利基于有限理性人，即人不是任何情况下都确认任何行为对自己有利，此时就需要政府提供帮助。市场经济条件下的个体拥有自由选择商品和服务的权利。市场经济下的住房供应体系主要是两大部分，一是市场商品房市场，即通过货币支付自由选择住房从而满足多样化、差异化的住房需求；二是以政府主导的住房保障体系，主要是满足低收入群体的住房需求。

从住房决定权的消极权利来看，公民有自由选择住房的权利，国家应该予以尊重。具体而言，公民可以根据需要自由选择住房来源，包括自建住房、购买商品房、租房、申请保障房等，任何人无权干涉。公民的自由权是平等的，不受其年龄、性别、经济地位、其他因素等影响。从住房决定权的积极权利来看，当公民处于不利境况时，仍然有权选择国家或政府提供的保障房，

---

① 凯斯·R. 森斯坦. 权利的成本—为什么自由依赖于税 [M]. 毕竟悦，译. 北京：北京大学出版社，2004. 23.

从而保障其居住需求。此时，公民实现住房决定权的前提是政府的积极作为，即政府通过提供各种政策、立法等手段保证每个人获得符合人权的住房资源，公民有权要求国家和政府通过各种努力从而让有需要的人得到合适的住房。

公民住房决定权的保障需要政府履行积极和消极的义务，以商品房市场和政府保障房市场构成的住房体系应该对公民的住房选择作出适当的回应，从而保障公民自主决定的顺利实施。

## 四、住房承租人的相关权利

### （一）住房"租购同权"视野下的承租人权利概况

长期以来，我国户籍制度等一系列政策虽然在调控经济社会发展方面发挥了重要作用，但也阻隔了本地人与外来人口在经济社会等各个方面享受平等权利的实现。另外，通过自由购买房产落户并得到居住地的公共服务保障，房屋所有权人已经享受到更为充分的迁徙自由，而同样自由租房的承租人同在一地居住、生活、工作，贡献生产力与税收，但其本人及家庭并无法得到与购房人同等的公共保护，这实质上是迁徙不自由。这种本地人与外来人口之间、所有权人与承租人之间巨大的权利隔阂，在一定程度上会激起公民的负面情绪，也会对社会经济的健康发展产生负面影响。

基于购租并举的住房制度理念和居住证制度改革，住房"租购同权"强调拥有合法稳定住所的承租人通过申领居住证享受居住地基本公共服务，包括但不应当限于义务教育、基本公共就业服务、基本公共卫生服务和计划生育服务、公共文化体育服务等。其展示了宪法对公民平等享有政治、经济、文化和社会各方面权利的保护，也深刻体现了宪法的人权保障功能在国家政策和法律制度中的发展。同时，租赁居民可以享受与本地及房产居民相同的社会公共服务，能够进一步消解户籍制度给公民迁徙造成的束缚与隔离，宪法上默示的公民迁徙自由有了更为实质性的保障。

住房"租购同权"具体是由居住证制度来实现的，其途径是：公民离开常住户口所在地到其他城市拥有合法稳定住所居住，持已办理租赁登记备案的房屋租赁合同或出租人出具的住宿证明，到居住地公安派出所或者受公安机关委托的社区服务机构申请办理居住证，凭借居住证依法享受居住地基本公共服务及相关便利。即是说，"租购同权"涉及居住证申领与使用过程中发生的行政确认法律关系，此时承租人具备行政相对人身份。实践中，承租人多是接触出租人与中介服务机构，与行政机关往来甚少；或者说承租人在办理租赁备案和申领居住证的过程中，并没有意识到自己是以行政相对人的身份与行政机关发生法律关系，其自身合法权益应受到行政法律法规的保护。[①]

住房"租购同权"的实质在于满足房屋承租人在居住地与所有权人平等享受基本公共服务和行政便利的要求，而非诉诸基于租赁合同取得的租赁权与房屋所有权拥有相同的权能。所有权人根据《物权法》对其房屋享有完整的占有、使用、收益和处分的权利；而民法上对承租人民事权利的规定主要集中在《合同法》，承租人根据租赁合同依法取得对租赁物使用、收益的权利，此二者具有本质上的区别。

（二）"租购同权"目标下保护承租人权利的新思路

1. 强化政府对承租人权利的行政保护

2015 年 11 月 26 日颁布的《居住证暂行条例》规定，国务院有关部门、地方各级人民政府及其有关部门应当积极创造条件，逐步扩大为居住证持有人提供公共服务和便利的范围，提高服务标准。住房"租购同权"是一个动态发展以及需要全面发展的过程，需要政府在主体范围和服务内容等方面适应当地经济社会发展状况，并为房屋租赁、居住证使用、居住地行政服务平等化的各个环节创造行政保护的全方位的积极条件。

具体而言：第一，要对房屋租赁市场进行有效监管，并为居住证申领的适格主体提供信息印证支持。首先，完善住房租赁供给经营企业、中介服务机构及从业人员信用管理，实行相关市场主体的信息披露制度，并依法加强

---

① 麦锐. 浅析"租购同权"中的承租人权利 [J]. 法制与经济，2018 (7).

对相关市场主体经营违法行为的行政处罚执法力度；其次，根据地方实际情况，发布房屋租赁合同示范文本，加强社区居委会、街道办等基层组织对示范文本应用的援助；再次，落实房屋租赁税收征收与登记备案制度，督促出租人依法申报纳税，并协助承租人做好租赁合同登记备案工作；最后，制度建设上加强统筹协调，保证租赁备案、居住证申领审核、基本公共服务申请审核等各个环节的行政信息交互的畅通。第二，完善政府服务的公示制度，定期并运用多种媒介方式向社会公布居住证持有人享受的公共服务和便利的范围、实施细则、办事程序，并就其政策实施状况接受社会监督，完善居住证持有人咨询、查询、申请信息公开、申诉、控告、信访、行政复议等权利救济措施的渠道与机制。第三，强化对基本公共服务供给侧的监管力度，如加强对执行义务教育、社会保险等政策的有关部门、学校或银行等机构隐性歧视和权力寻租现象的监督管理。第四，落实措施规范多层次住房租赁体系，如自有商品房屋出租、企业运营的住房租赁（如长租公寓）、集体建设用地开发运营的住房租赁、公共房屋租赁等，不仅要规范租赁行为，还要梳理并明确其租赁背后所捆绑的公共服务的内容，正确引导不同租赁目的的承租人对租赁模式进行合理选择。

2. 探索租赁合同规范的立法完善

我国《合同法》及其司法解释的落脚点是规范平等民事主体之间的合同法律关系，侧重于承租人与出租人之间权利义务关系的平衡。住房"租购同权"政策下对承租人的民事权利保护将会提出新要求，主要着力点应当是关注居住证申领条件之一的"拥有合法稳定住所"，保护承租人的民事权利，即是要回应如何保持租赁关系"稳定"的新课题。主要理由是：第一，承租人维持租赁关系的稳定，是其公平享受居住地基本公共服务与便利的前提条件。住房"租购同权"的落实既需要强化行政保护，也需要立法层面重新探讨各主体的权利义务关系，并为行政、司法保护创设法律基础。第二，保护承租人的立场取向有其社会现实诉求、政策导向需求和宪法价值，从国家和各地的政策均可以看出国家回应社会现实所做出的对承租人保护的承诺，这种承诺也是实现宪法上公民平等权与迁徙自由的必然要求。第三，纵观世界众多国家和地区，均已体现出对住房租赁进行单独立法规制的态势。虽然住房租赁是一种合同关系，但由于其事关承租人的基本生存和公共利益，从社会政策和国家义务的角度看，有公权力介入，限制出租人和保护承租人的必要①，实现"租购同权"最重要的前提条件是租赁合同关系体现出倾向于保护承租人的社会保障品质。②

在具体措施上，可以综合借鉴境外立法中的租金管制与合同终止保护（解约限制）制度，以形成对承租人稳定住房的保障。在租金管制方面，重点探讨租金支付、租金增加、租金维系等方面的法律规制，同时应当注意全国规范与地区实际的协调，探索符合国情与本地实情的租金规范措施。在合同终止保护方面，应注重以下方面的立法完善：其一，严格区分终止权实体要件和程序要件在定期租赁和不定期租赁划分下的差异。其二，严格区分出租人终止权和承租人终止权在实体要件和程序要件方面的差异。其三，在具体操作中，用"正当理由规则"③ 对出租人终止租赁合同进行必要限制，并据此平衡双方的合理诉求与合法利益。

（三）承租人权利的内容

1. 租赁权

承租人的权利在法律意义上就是指租赁权，其主要依据是租赁合同。罗马法将租赁权的性质列为债权，多数学者认为，罗马法主张"物权优于债权""买卖破坏租赁"原则，作为债权人的承租人不能以其依据租赁合同所享有的债权来对抗租赁物新的所有权人，新的所有权人基于物的追及权，可以驱逐承租人而夺回标的物。由于许多承租人本身是弱势群体（例如，房屋承租人无力购买房屋，只能通过租赁房屋满足其居住需求），近代以来，许

---

① 谢远扬. 论对出租人解除住房租赁合同的限制 [J]. 暨南学报（哲学社会科学版），2017（10）.

② 郝丽燕. "租购同权"目标下承租人的解约保护 [J]. 济南大学学报，2018（2）.

③ "正当理由规则"大意是指，在住房租赁中，除非具备法律规定或司法认定的正当事由，否则出租人不得任意主张终止租赁关系，以及不得拒绝承租人的续租请求。

多国家为了加强对承租人的保护，承认"买卖不破租赁"的原则，即指在租赁期间，租赁物的所有权变动并不导致租赁关系的解除。我国《合同法》第229条规定："租赁物在租赁期间发生所有权变动的，不影响租赁合同的效力。"该规定实际上是使租赁权具有物权效力，当发生所有权变更时使得承租人能够对抗新的所有权人，从而达到强化对承租人的保护。租房行为是房屋承租人依据租赁合同合法使用标的房屋的行为。房屋租赁权是"使用收益权"，是指承租人依照房屋租赁合同，在租赁物交付后对租赁物享有的为使用收益目的所必要的占有权利的总称。① 通常，定义房屋租赁遵循两种标准：一种是从标的物的角度来看，房屋租赁是以住房为标的物的租赁行为；另一种从租赁目的的角度来看，房屋租赁是将住房出租给人用于居住的租赁，其目的是满足居住需求。② 本书讨论的租房行为采用租赁目的的定义方法，即认为租房行为是为满足承租人的居住需要，这也是讨论住房"租购同权"的基础，"租购同权"中的"租"的含义，是在城市房价高涨的现实背景下居民无力通过购买房屋从而转向租赁房屋满足居住需求。从以居住为目的的视角来研究"租购同权"比从住房标的物的角度能够在更大范围覆盖保障对象，例如可以覆盖将非居住用途的建筑（如仓库等）用于居住的人群。

2. 住房承租人的相关权利

我国租房者享受权利的法律依据是《合同法》第13章"租赁合同"和《房屋租赁合同司法解释》。从住房的居住功能来看，承租人主要具有以下权利：

房屋使用权。承租人有权要求出租人履行租赁房屋交付的义务。在实务工作中，出租人以交付钥匙的方式将租房房屋的直接占有转移给承租人，在约定期限内承租人享有标的房屋的使用权，这里的钥匙包括承租人在该房屋中居住所需的一切钥匙，如房门钥匙、抽屉钥匙、物业大门钥匙等等。

居住权。承租人租赁住房的目的是居住。为了维护承租人的居住权，从

① 邹瑜. 法学大辞典 [M]. 北京：中国政法大学出版社，1991：1328.
② 周珺. 住房租赁法的立法宗旨与制度建构 [M]. 北京：中国政法大学出版社，2013：13.

而保障承租人居住的安全、卫生、有尊严,租赁的房屋必须满足基本的居住要求。包括:第一,房屋墙体、门窗无破损;第二,管道、自来水设施符合法律规定;第三,供暖、供电、供气;第四,卫生环境等。为了保障承租人居住的舒适性,有关法律对"群租"现象做了规定。《上海市居住房屋租赁管理办法》对最小出租单位和最低人均居住面积做了规定,该办法第10条规定出租房屋的居住使用人其人均居住面积不得低于 5 平方米。另外,承租人可就空调、热水器、家具等舒适性设备与出租人进行协商。

用益物权。承租人的用益物权需要出租人履行用益状态之维持义务,即在整个租赁期间,必须保持租赁房屋的可居住性。承租人有权对房屋进行占有、使用,出租人在租赁期间不得无故剥夺、干扰承租人,不得要求承租人搬离租赁房屋。

维修权。《合同法》第 220 条规定,"出租人应当履行租赁物的维修义务,但当事人另有约定的除外"。因此,在房屋租赁期间,当发生房屋损坏,影响其居住,承租人有权要求出租人履行维修义务,合同中有维修的约定除外,如出租可以通过货币补偿等手段取代维修义务。

任意解除权。承租人的任意解除权是指租赁住房如果危及承租人的生命健康,承租人可以随时解除租赁合同,但无权要求出租人承担其他责任,例如主张减免房屋租金等。

承租人的物业权利。在现代社会,物业管理是影响居民居住品质、生活质量的重要因素。由于现行物业管理方面的立法主要是以业主(房屋所有权人)为中心,随着承租人在物业住户中的比例越来越大,为了实现承租人的住房权利,理应厘清其在物业管理方面应有的权利。承租人的物业权利随着时代的发展是不断丰富的,在现阶段,主要涉及以下权利:第一,共有部分使用权。例如,为了实现正常居住生活使用小区道路、电梯、楼梯、基本公用设施等权利,这些权利均属于共有部分使用权,针对车位等专属权利,根据"谁投资,谁收益"的原则,承租人可与出租人进行协商。第二,接受物业服务权,例如,承租人有权享受物业提供的保洁、安保、维修等基本生活所需的权利。第三,妨害行为制止权。为了保障承租人的居住权,当承租人的某些物业权利受到侵害时，例如，任意处置垃圾、噪声、侵占行为影响基本生活，承租人有权要求行为人排除妨害并承担相应责任。由于承租人与业主存在法律上的差异，在物业管理中有关业主方面的权利如业主大会参与权、投票权等方面，承租人较少能享受。

租金调整权。作为具有双务、有偿合同特点的房屋租赁合同，房屋承租人有权要求出租人在租赁期间将标的房屋交付并保持合同约定的用途。房屋租赁的目的是居住，当在租赁期间由于出租人方面的原因导致承租人无法正常使用房屋时，承租人有权向出租人主张租金调整权，例如减免甚至拒绝支付租金。

押金归还权。在房屋租赁中如果存在押金行为，当租赁合同到期终止时，承租人返还房屋后有权要求出租人返还全部押金或经抵扣后的剩余押金。

物业费用请求权。在租赁合同中若无明确的规定，房屋承租人有权要求出租人缴纳租赁期间的物业费用，以保障承租人的物业权利。根据公平原则，承租人在租赁期间产生的水电费、通信费用、停车费等因承租人使用产生的费用，除租赁双方明确规定外，承租人无权向出租人主张。

提前知情权。在不定期住房租赁中，出租人享有合同任意解除权，即随时可以解除住房租赁合同。为了保障承租人的居住权益，在实践中对于出租人任意解除租赁合同作了限制，承租人的提前知情权便是对任意解除权的一个必要约束，主要是指出租人在实现任意解除权之前，必须履行对承租人的提前告知义务，包括提前告知形式、提前告知时间等，目的在于尽可能减轻因解除权对承租人带来的利益损失。

续租权。根据正常理由原则，即在住房租赁关系中，除了法律规定的事由外，出租人不得主张终止租赁关系，在定期租赁到期后，承租人有续租的权利；在不定期租赁中，出租人不享有任意解除权。

买卖不破租赁原则。房屋租赁合同适用"买卖不破租赁原则"，即在房屋租赁期间，租赁房屋所有权人发生变动，房屋新所有权人的权利主张受到租赁合同的限制，合同约定的内容保持不变，发生改变的是房屋新所有权人代替原出租人履行合同。买卖不破租赁原则体现了公平原则，因出租人的行为导致承租人的权利受损明显有失公平,该原则保障了承租人的利益。

承租人的优先购买权。房屋出租人在出卖租赁房屋时,承租人享有优先购买权。

同住人的租赁权。为了保障承租人及其同住人的利益,尽管在租赁合同中,承租人往往只有一个,但作为承租人的同住人在租赁期间仍然享受合同约定的权利。对同住人的租赁权的确定,是对承租人居住权保障的重要举措,具有非常重要的意义。例如作为承租人的子女作为同住人,明确同住人的租赁权为实现租房人的子女享受因居住带来的受教育权利提供了法律基础。

## 第三节 住房"租购同权"的社会学思考

我国古代历来就十分重视住房的意义,不仅仅是满足基本需求,对住房的拥有更是成家立业的象征,拥有住房将带来巨大的成就感。中国历史上有一个被子孙称为"有巢氏"的伟人,他在树上搭盖简易住房,改变了中国祖先穴居的居住方式,后来人们用传说来叙述"巢氏",充分说明了住房在中国人心中的重要位置。[①] 中国古代人对住房的理解包括成家立业和安居乐业。即对住房的拥有是男人(古代男权社会的特点)一生追求的目标,住房与职业、劳动的关系非常紧密。这种居者有其屋的观念一直深深影响着华夏子孙。正是这种传统的观念导致国人对住房有着特殊的感情。历史上人们的迁徙,首先是置业,扎根于当地。这种愿望相对在传统社会土地资源没有充分利用的条件下容易实现,原因是人们只要有土地就可以建造房屋,人们更在乎的是对房屋的拥有,至于房屋的品质则是受到生产力水平的制约,这往往对当时的人们的影响是次要的,巢氏传说中在树上搭建简易住房的例子可以说明这一点。

随着社会的发展,人们对房屋的向往却一直未变。在转型社会的今天,

---

① 包宗华. 中国的住房观念 [J]. 上海房地,2000 (7).

住房问题已成为老百姓的首要民生问题。住房问题不仅是老百姓的个人问题，同时也影响着社会的稳定发展。2017 年 7 月 17 日，广州市政府正式发布《广州市加快发展住房租赁市场工作方案的通知》，加快构建租购并举的住房体系，推动住房租赁市场快速发展。

## 一、传统社会的住房理念

从发展社会学的角度看，社会发展的本质特征是前进性和上升性。同时不同的学派对人类社会发展历史中的类型定义见仁见智。本书研究的主线是以传统社会—转型社会—现代社会这一学术观点，原因是基于我国经济社会发展的现实背景。

一般来说，传统社会是以自然经济为基础、农业为其主导产业，传统社会的同质性强，社会分工水平低。法国社会学家涂尔干（Emile Durkheim）[①]在其代表作《社会分工论》中将传统社会中人与人、人与社会联系的方式、纽带称为机械团结。机械团结是建立在个人相似性和社会同质性基础上，当这种团结主宰社会时，个人之间还没有分化，他们具有同样的生活方式、心理情感、道德准则和宗教信仰。人与人之间彼此相近或相似。在机械团结为主的传统社会里，由于以上特点，导致人们的社会关系相对简单，人们生活在熟人社会，这与今天我们生活在一个陌生人随处可见的社会截然不同。熟人社会和居者有其屋的文化传统导致了住房不仅是满足人们的住房需求，更是一种身份、地位的认可。古代官员的级别与其府邸的奢华程度成正比这一事实更充分地说明了这一点。

关于传统和现代的含义以及特征十分丰富，费孝通先生指出，中国社会从基层上看是乡土的[②]，社会中占总人口绝大多数的基层人民主要以农业为生，以土地为生。由此可见，传统的含义往往与农业相关，与土地相关。古

---

① 涂尔干. 社会分工论 ［M］. 渠东，译. 北京：世界知识出版社，2000.
② 费孝通. 乡土中国 ［M］. 北京：人民出版社，2008.

人云：穷无立锥之地。这说明了住房的意义不仅是居住，而且反映了人的社会性。马克斯·韦伯①的声望、权力、经济地位"三因素"，均能通过个人的住房（产权拥有）得以反映。

## 二、转型社会的住房理念

转型社会则是传统因素与现代因素杂然并存且同时发生作用的社会。②转型社会存在的原因是二元结构。阿瑟·路易斯③在谈到发展中国家的特征时认为发展中国家的本质特征就是二元经济结构。这种二元经济结构表现为：第一，以农业为代表的传统部门，其背后反映的是传统的封建人身依附关系；第二，以现代工业为代表的现代部门，其背后反映的是现代市场关系。这种二元经济结构从社会发展的角度看，就是表现为城乡二元结构，城乡对立，表现在发展中国家的社会、文化、法律、道德等方面。我国社会的二元结构现象十分明显。1979 年改革开放以来，我国实行市场化改革，一个重要的目标就是从传统社会向现代社会转变。我国社会二元经济结构决定了我国现阶段乃至未来较长时期将处于转型社会。决定这种现象的原因众多，主要原因有二，一是几千年根深蒂固的封建残余思想；二是近代殖民国家对我国的掠夺。转型时期是一个过渡时期，一方面传统因素大量存在，另一方面现代因素初见端倪。

我国转型时期的住房市场有以下特点：

1. 住房市场向多元化发展

1997 年住房市场化改革以前，我国住房市场的主要特点是以国家分配住房为主，特点是低租金、住房面积小、住房市场单一等。住房市场化改革以来，我国住房市场正朝着多元化发展，居民满足住房需求的途径除了国家供

---

① 李春玲，吕鹏. 社会分层理论［M］. 北京：中国社会科学出版社，2008.
② 刘祖云. 发展社会学［M］. 北京：高等教育出版社，2006.
③ 阿瑟·刘易斯. 二元经济论［M］. 施炜，等译. 北京：北京经济学院出版社，1991.

给，市场供给也是重要的手段之一，并且越来越发挥主要功能作用。

2. 住房观念的改变

我国住房市场经历了二十余年的市场化改革，人们的住房观念发生了巨变。改革前，因计划经济时期的政策背景形成了依赖政府来满足住房需求的观念。所以，在住房市场化改革初期，出现房屋供过于求的现象，即城市大量的住房无人问津。随着城镇化和市场化的加速，房屋的价值功能重新显现出来，因为市场化的特点之一就是价值属性，越来越多的人从房屋的价值功能中获得巨大的收益，这又反过来刺激更多的人购买住房。人们的住房观念发生了翻天覆地的变化，从不愿意买房的一个极端走向疯狂购房的另一个极端。

3. 住房"租购同权"是现代市场化国家的发展趋势

市场经济发达国家住房租赁率一般在 1/3，美国是最有代表性的国家。自 1960 年以来，美国住房租赁率一直在 33% ~ 38% 之间。其他发达国家如英国 2001 年的住房租赁率为 30%，法国在 1999 年其住房租赁率高达 45%。①

在市场经济较为发达的国家，家庭对住房产权的需求是理性的，根据家庭自身经济条件等因素选择购买住房或租赁住房，这是对住房的商品属性有了一个清晰的认识。在市场化条件下，住房作为一种商品，是使用价值与价值的统一体。住房的使用价值即是满足人的基本生存权的保障，而住房的价值体现的是财富的属性，其功能已经从生物性功能转变为社会性的功能，如衡量个人财富、体现社会地位、文化传承等。

从社会发展的角度来看，社会发展的趋势是由传统型社会向现代型社会过渡。关于现代性，齐美尔②认为现代性是与都市生活联系在一起的，人与人之间交往的范围相比传统社会大得多。因此他提出"陌生人"的概念（相对于传统社会的熟人社会）。我国社会的发展也是遵循着这一规律，以城市化的方式从传统型社会逐渐走向现代型社会。在城市化进程中，原有的乡村

---

① 郭玉坤. 中国城镇住房保障制度设计研究［M］. 北京：中国农业出版社，2010.
② 格奥尔格·齐美尔. 现代性的诊断［M］. 杭州：杭州大学出版社，1999.

逐渐城镇化，人们的生产方式和生活方式也发生了急剧改变。1984 年中共中央《关于 1984 年农村工作的通知》正式批准农业人口可以进城务工，促进了城乡的流动，一方面为城市化的快速发展做出了巨大的贡献；另一方面导致城市资源的过度紧张。住房需求作为人的基本需求，不同于吃和穿，原因在于房屋是与土地紧密联系在一起的，不像其他资源可以在一定范围内进行调剂。

资源配置的方式有计划和市场两种模式，我国计划经济时代城市住房供应主要是依靠国家分配，随着城市人口的逐渐增多以及市场经济的发展，1997 年以后我国住房供应主要采用市场化手段，即国家不再为全体居民直接提供住房。住房的市场化、城市化导致的人口集聚、城乡和城市之间发展不平衡等因素的影响，造成了我国部分城市如北京、上海、广州、深圳等一线城市的房价虽然经多轮调控后仍然超出大部分居民的购买能力。

在现实压力下，传统意义上对住房观念的认识正在发生改变。人类社会终究是从低级阶段向高级阶段发展的，从传统社会发展到现代社会是社会进步的表现，社会分工越来越细极大地促进了生产力水平的提高，丰富了人类的物质财富和精神财富。这也是社会从传统性走向现代性值得肯定的原因，是社会发展的趋势。正是由于分工越来越细，人与人之间的依赖程度加深，社会分工产生的专业性提高了生产效率，同时人的生存需求和其他需求随着生产力的提高变得越来越旺盛。城市化正是适应了这种社会发展的规律。城市化成为从传统社会迈向现代社会的一个桥梁。大量异质化的人口（分工不同的人）必须生活在一定的城市空间内，才能相互满足其生存和发展的需要，进而促进社会的发展。在这样的条件下，可能导致的一个积极结果是，分工越来越细，专业性越来越强，生产效率越来越高，社会的物质水平越来越丰富，人与人之间的联系也越来越紧密。现实的表现就是大量的人必须生活在同一有限的城市空间内，并且人数增加会越来越快，远远大于城市空间的增长速度。事实上城市空间的增长受到科学技术、经济增长、管理水平、行政权力归属、人与自然的关系等因素的制约。以我国北京、上海、深圳、广州这样民间划分的一线城市的发展历程可以说明以上事实，一方面这些城市的生产力水平越来越发达，分工越来越细；另一方面，正是这种发展的优势吸引着大量的人口集聚，城市的空间（承载能力）变得十分有限。城市的扩张速度与人口增长速度相比，显得苍茫无力，杯水车薪。

人们进入城市首先要扎根，这也是几千年乡土社会文化的表现，这一切以对住房的拥有作为一个是否扎根的衡量标准。齐美尔[①]认为，现代人的性格是神经质的，因为他们比传统社会的人的交际范围广得多，他们集聚在一个有限的空间，每天和大量的陌生人有着各种各样的接触，这在传统的乡村生活里人们只跟熟人打交道的社会里是无法想象的。现代人每天交往对象的不确定性以及拥挤的生活环境（相对于分散而居的传统社会）等因素导致现代人对独立空间的追求欲望更加强烈，能承载现代人的独立空间也就只有住房了。现代都市生活的这种人与人之间紧密相连，人与人之间的依赖程度高，可能发生的各种风险就越高。因为在传统农业社会不管怎样可以自己供养自己基本生活（尽管生活标准可能很低），而现在人的衣食等基本生存在某种意义上是依赖他人的，这会造成现代人对风险的认识大大加深。而住房的特点一定程度上满足了人们规避各种风险的需求，所以人们对房屋的追求不仅是居住，更重要的是对所有权的占有，这也从一定程度上解释了为什么城市居民买房的热情那么的高涨并且热情不减。

城市住房需求的强劲，房屋的供给受到土地等因素的制约，在这种条件下出现房价疯狂上涨从而大大超过居民支付能力也就十分正常。政府出台的各种旨在稳定控制房价的公共政策，往往却成为推动房价上涨的一个重要因素。原因也很容易理解，政府好心控制房价可能使现代神经质人格的都市人更加恐慌，更大程度、更大范围刺激了越来越多人购买房屋规避风险的需求，结果可能导致与政策目标背道而驰。政府的住房保障目标也由居者有其屋分成了两步，第一步是实现"居者有其居"，保证城市居民的基本住房需求（安居），然后才是逐步实现居者有其屋。

很明显，住房"租购同权"模式的提出则很可能是住房保障发展的一个

---

① 格奥尔格·齐美尔. 现代性的诊断［M］. 杭州：杭州大学出版社，1999.

重大转折，是传统住房观念向现代住房转念的表现，也是适应房价高涨、越来越多人选择租房以保障其基本住房需求的现实需要。从社会学的角度来看，现代城市社会的发展导致居民的居住成本增加，大多数难以购买房屋的居民只能通过市场租赁来取得房屋的使用权，这种客观现实正在改变社会各层面对住房观念的认识，即从"居者有其屋"到"居者有其居"。"租购同权"模式的提出正是公共政策层面的一种观念转变。笔者非常认可这一模式，因为这或许是在城市人口增长与城市空间制约矛盾下解决大多数居民住房需求的一剂良药。"租购同权"，这个针对社会变迁条件下提出的住房观念值得我们深刻思考。

## 三、住房"租购同权"的意义

### （一）适应我国城市化发展的需要

从传统社会向现代社会发展的过程中，伴随着工业化与城市化，大量分散居住在乡村的人口涌入城市，导致住房紧张（城市土地有限）。工业化、城市化改变了传统社会的特点，以机械团结为主的社会变成了有机团结为主的社会。有机团结是建立在社会分工和个人异质性基础上的一种社会联系方式。社会分工使得人与人之间的合作变得异常紧密，个人异质性进一步深化了社会分工，这一方面极大地提高了社会生产力水平，提高了人们物质生活水平，丰富了精神文化生活；另一方面人与人之间的依赖变得越来越紧密，从乡村到城市，人的生活来源从自给自足的农业生产变成相互依赖的非农生产，表现形式就是大量人口聚居在某一地区的城市。[①] 我国的城市化，从新中国成立初期至今，经历了一个由慢变快的过程。1949 年，我国城镇化率只有 10.64%，"大跃进"等运动使城市化率在 1958 年达到 18.4%。在 1958～1978 年的"上山下乡"运动的影响下，我国的城市化发展出现了逆城市化的

---

① 涂尔干. 社会分工论［M］. 渠东，译. 北京：世界知识出版社，2000.

特点。1978 年以后，在改革开放的时代背景下，我国的城市化水平经历了四十余年的发展有了突飞猛进的提高，现已超过 50%[①]。我国城市化发展的一个特点是各地城市发展水平参差不齐，民间的"一、二、三、四、五线城市"的城市划分标准是对我国城市化发展水平的一个较为客观的反映。发展较好的一、二线城市，其城市经济实力、公共服务水平、公共资源等方面的优势，吸引了大量的人口落户，从而加重了城市的负担。这些城市的人口持续快速增长已成为制约其发展的一个瓶颈。

一线大城市，人口增长的来源主要有两大类群体，一类是毕业求职的大学生，另一类是其他人群（如来城务工人员）。以北京为例，其特有的魅力每年吸引着大量大学毕业生留京发展。由于北京的特有优势，大量的毕业生是希望在北京择业。一个不争的事实是每年有大量的人口希望留在北京发展，留京指标这一计划经济模式下的资源分配模式则是最好的证明。人口的大量涌入带来城市住房资源的紧张导致住房成本（特别是购房成本）的剧增，越来越多的人必须在一定时期内依靠租房来落户城市。由于社会的传承性，涌入城市的新增人口往往会面临生存、发展的需求，具体表现为成家立业、养育后代、赡养老人等，这就需要除了满足居住需求的同时，还应享受教育、医疗等公共资源的权利。而这些权利往往与住房产权相关。住房"租购同权"实际上就是把租户也纳入公共资源的服务对象里，是促进公平的一个重大举措。

（二）在人的社会化的过程中做到起点公平

社会化是社会学的一个重要概念，是指人们学习与特定文化相适应的态度、价值观和行为的长期过程。社会化是人从生物人向社会人转变的方式，其伴随人的一生。人的社会化是否成功，与家庭、学校、社会等因素紧密相关。从广州和杭州的政策内容来看，我国住房"租购同权"涉及的实际内容

---

① 宋媛媛. 中国城市化 37 年路线图已达世界城市化平均水平［EB/OL］. 搜狐新闻，http://news. sohu. com/20151230/n433027746. shtml，2015 - 12 - 30.

主要是子女的教育权，即租户和房主的子女能同等享受公办学校的受教育权。这项举措具有积极的意义。

大量新增人口落户城市，受条件限制只能依靠租房满足居住需求，在其发展过程中面临最大的问题是子女的社会化问题，也就是子女的成长问题。子女最初的社会化是由家庭完成，适龄儿童就要接受学校教育这种正式的社会化手段。优质的教育资源是成功社会化的重要因素。让租户的子女能顺利享受教育资源，实际上就是在下一代的社会化过程中做到起点公平。一个人的成长要经过学校教育学习知识、发展技能，才能成为社会有用之才，保障租户子女的受教育权利对于个人、家庭、国家都有着长远的积极意义。

## 四、未来我国住房保障政策展望：租购同权到租售并举

住房制度改革以来，我国住房租售市场发展不平衡，住房销售市场蓬勃发展，而住房租赁市场却一直处于落后状况。如何改变租售结构失衡的现状，建立我国住房租赁市场发展的长效机制成为亟待解决的问题。在此背景下，构建租售并举的住房市场成为新一轮住房体制改革的重要目标，"租购同权"的提出成为住房租赁市场建设的破局之举。

住房"租购同权"是培育住房租赁市场、完善租赁市场发展机制的重要环节。以"租购同权"促"租售并举"，对于我国房地产租赁从短租市场到长租市场的转变具有重要意义。政府应注重"租购同权"建设，一方面，加快"租购同权"的立法进程，以法律形式确立这一原则；另一方面，构建相应的社会政策体系，积极促进"租购同权"落地。此外，还要逐步扩大政策范围，最终实现全国范围内多种市民待遇的"同权"，满足租户的公共服务需求；从单项同权到多项同权，最终是从满足市民待遇到实现市民权利。①

---

① 黄燕芬，等. 建立我国住房租赁市场发展的长效机制——以"租购同权"促"租售并举"[J]. 价格理论与实践，2017（10）.

（一）构建住房"租购同权"政策体系，为住房租赁市场提供配套政策

住房"租购同权"涉及的范围较为广泛，例如教育、医疗等多项公共服务权利的同权，我国应该借鉴美国对迁徙教育权利的保护，结合中国具体的现实，解决大城市中承租人子女的教育问题；改革医疗保险制度，实现全国范围内标准和权益的统一，打破地区藩篱；改革住房公积金制度，充分发挥其在补贴租房者的作用。这些问题的解决既包括资源稀缺下分配的公平问题、原高价学区房的购房者权益等理论上的问题，也包括就近入学、就近就医等具体操作问题。其中所涉及公共资源分配的公平性、均等性等问题，单单依靠一个政策或是一部法律是无法解决的。这就需要社会政策来托底。国家应该通过构建全方位的政策体系来保障承租者享受市民待遇，将户籍制度和社会福利制度剥离，增进各种公共服务和社会保障的灵活性和广泛性，减少对承租人和产权人的差别对待，从单向权利同权到多项权利同权，从"市民权利"同权、到"市民权力"的同权。更多社会政策的配合以及具体的落地细则来配套，对于落实住房"租购同权"、发展住房租赁市场具有重要的意义。

（二）保持住房"租购同权"政策定力，最终从实现市民待遇到实现市民权利

政府应以住房"租购同权"为突破口构建房地产长效机制，通过"租购同权"推动"租售并举"的住房供给制度建设，在促进住房租赁市场建设中发挥更重要的作用。长期来看，如果租赁同权得到有效实施，对于提升和稳定租金回报率具有重大的意义，将成为住房租赁市场发展的支撑力量。政府应该保持"租购同权"这一政策的定力，对于实施过程中遇到的困难和问题认真研究解决，而不应轻易中断。同时，逐步扩大这一政策的实施范围，从一地试点到多地试点，各地应根据本地区的特点，因地制宜，制定适合本城市发展的政策，坚持"租购同权"，完善和培育住房租赁市场。同时，"租购同权"也是一个长期的发展过程，"同权"意味着市民共同享受均等的公共资源和发展的红利，未来更需要从同"市民待遇"到实现同"市民权利"。

　　无论是从平等的价值理念还是法律的原则来看，住房"租购同权"都是促进住房租赁市场发展的必然要求。目前我国大城市中，"新市民"因住房是否自有、户籍等限制条件而享有与"老市民"不同的待遇乃至权利，因而具有强烈的购房意愿。如果逐步实现住房"租购同权"，从单项权利到多项权利，最终实现同"市民待遇"和"市民权利"，"新市民"即使租房也能享受到与"老市民"同等的权利，住房租赁市场也就可以得到健康持续发展。住房"租购同权"是突破住房租赁市场发展瓶颈的关键点，以"租购同权"促"租售并举"，将建立起我国住房租赁市场发展的长效机制。

第六章

# 新时代人口老龄化背景下的住房保障研究

经过长期努力，中国特色社会主义进入了新时代，这是我国发展新的历史方位。"新"是相对于过去的历史方位而言的，也是从过去的历史方位中走来的。"新时代"其来有自，且来之不易。在人类社会发展史上，这个新时代就是进入到我国日益走近世界舞台中央、不断为人类做出新的更大贡献的时代，它意味着中国的探索和成就拓展了发展中国家走向现代化的途径，给世界上那些既希望加快发展又希望保持自身独立性的国家和民族提供了全新选择，为解决人类问题贡献了中国智慧和中国方案。

## 第一节　新时代住房的特点和人口老龄化时代

### 一、新时代的住房特点

近年来，住房迅猛发展对宏观经济、地方财政、金融资产以及家庭财富等方面产生了巨大拉动作用。从经济发展规律、新型城镇化建设要求以及金融系统稳健性来看，房地产的高速发展具有阶段性，并且是不可持续的。

（一）房地产投资对宏观经济带动作用下降是经济发展的客观规律

根据全国第六次人口普查数据和近年来住房建设竣工情况测算，在全国城镇常住人口中，家庭户均住房套数已经达到 1 套以上，即过去住房供不应求的总体矛盾已经得到缓解，本地户籍城镇居民的住房问题已经得到基本解决。中国住房已经进入新的发展阶段，原来动辄两位数的投资增速将不会成为常态。

（二）房地产吸引大量财富涌入的"一枝独秀"局面不可持续

除了一般意义上的银行信贷，一些金融资产还通过信托、理财等渠道进入房地产领域，有些人还通过消费贷、经营贷等方式为房地产提供杠杆。这必然带来两方面严重结果。一方面，家庭消费潜力萎缩，特别是一些住房抵押贷款还款比例过高的家庭，消费能力和发展能力被严重削弱；另一方面，由于资金过度配置给房地产领域，直接导致实体经济融资被挤占，经济结构出现失衡局面。

（三）房地产市场高位运行导致新型城镇化成本抬升，进城门槛提高

相当一部分农业转移人口的家庭财富积累还相对薄弱，高企的房价势必增加新市民进城的综合成本，进而影响到新型城镇化建设进程。

（四）房地产泡沫逐步积累将对金融体系的稳健性产生潜在风险

从美国和日本住房市场变化和政策变化情况观察，过度加杠杆甚至较长时间维持低利率是房价大幅上涨并产生房地产泡沫的重要原因。

（五）住房的财富效应导致社会群体分化，有房无房家庭之间的财富悬殊

由于近年来房地产市场持续普涨且幅度较大，前期购房家庭的资本利得丰厚。同时，住房资产在信贷杠杆的作用下，催生了自我强化的马太效应。对于中高收入家庭来说，由于更具备使用信贷杠杆的能力，所以也更容易享

受到住房资产增值的收益。对于中低收入家庭来说，商业性信贷支持不足，即使是购买首套、中小户型的住房也往往会面临贷款额度不足、贷款成本压力相对较大的问题。另外，住房市场的区域分化也造成不同地区的家庭财富差距拉大倾向。

面对新时代的新特点、新要求和住房领域发展不平衡、不充分问题，必须转变过去供不应求阶段的住房发展理念，坚持"房子是用来住的、不是用来炒的"定位，真正形成以人为本的住房发展理念，在发展中保障和改善民生，补齐民生短板、全面改善居住条件。与此同时，要提高防范房地产市场系统性风险能力，不断完善财政、税收、金融、土地、规划等相关公共政策体系，有效控制防范房地产系统性风险，从而实现住房平稳健康发展，确保广大居民能够安居乐业，实现住有所居的发展目标，不断满足人民日益增长的对美好生活的需要。[①]

## 二、人口老龄化时代

### （一）人口老龄化的内涵

人口老龄化指的是总人口中因年轻人口数量减少、年长人口数量增加而导致的老年人口比例相应增长的动态过程。人口老龄化包含两层意思：第一，（一个国家或地区的）老年人口相对增多，在总人口中所占比例不断上升的过程；第二，社会人口结构呈现老年状态，进入老龄化社会。国际上对老龄化社会划分的标准有两种：一种是60岁及以上人口所占比例超过10%；另一种是65岁及以上人口所占比例超过7%。一般而言，人口老龄化程度较轻的国家或地区选取60岁作为判定标准，人口老龄化程度严重的国家或地区则选取65岁作为判定标准。我国目前主要采用60岁作为人口老龄化的评价标准。

---

① 刘卫民. 住房发展进入新时代需要新思路［N］. 经济参考报，2017 – 12 – 13.

（二）人口老龄化是现代社会的产物

自古以来人们便认识到人的生老病死这一自然规律。人类认识到自己必经出生、成长、发育、成熟、衰老、死亡的过程后，产生长生不老甚至返老还童的愿望，这种愿望导致各种延缓衰老和照顾老人的做法和想法。在古代，由于受自然和社会知识的限制，研究老年问题的人常常既是医生又是哲学家或其他学者。研究内容不仅限于医学，还涉及伦理道德、世界观和社会问题，带有神秘的宗教色彩，并表现出一定的阶级特点。到了中世纪，研究老年生理、病理问题的学者增多，他们的成就使得人类对老龄化的认识又向前迈进了一步。从 15 世纪末 16 世纪初开始，对老年的研究才逐渐摆脱宗教迷信的束缚，向科学的老年学迈进了一大步（老年医学、老年生理、病理、生物等方面）。由于老年人在人口中的比例很小，老年学还仅限于对个体老年化的研究，面对群体老龄化还处于几乎茫然无知的阶段。

工业化以来，人类社会生产力的提高，饮食、住房、医疗条件极大改善，抵抗自然灾害的能力显著提高。随着全球化、一体化的发展，大规模战争逐渐减少。基于以上原因，社会中老年人的人数越来越多，老年人问题已经从过去的一个家庭问题逐渐成为社会问题。根据文字记载的历史，人类社会始终以年轻人居多，世界人口的年龄结构在相当漫长的岁月里保持相对稳定。直至 20 世纪初，15 岁以下的儿童仍占全球人口总量的 1/3 强，总人口中 65 岁以上的老年人口则维持在 3% 左右。这种状况随着社会经济的发展和人口转变的加快而改变，目前已经进入到急剧变化并持续发展的阶段。[①]

（三）人口老龄化成为常态化的全球性问题

卫生条件的改善、医疗技术的进步、生活水平的提高以及保健意识的增强，大大降低了人类的死亡率，使人类寿命普遍延长。这一进步被视为 20 世纪最为重要的社会发展成果之一。世界人口的平均预期寿命已从 1950～1955

---

① 彭希哲，胡湛. 公共政策视角下的中国人口老龄化［J］. 中国社会科学，2011（3）.

年的 46.6 岁提高到 2005 ~ 2010 年的 67.6 岁。[①]

在人类寿命普遍延长的同时，人们的生育行为也发生了显著变化。在经历了第二次世界大战后的人口快速增长以后，发达国家与发展中国家的人口生育水平依次开始下降，全球的总和生育率已从 1965 ~ 1970 年期间平均每个妇女生育 5.0 个子女下降到 2005 ~ 2010 年期间平均每个妇女生育 2.6 个子女。[②]

人口增长模式的这些变化不可避免地加速了老龄化进程，人类社会开始全面进入老龄化阶段。作为一种必须面对的客观趋势，人口的老龄化在任何国家和地区都概莫能外，差别只是出现的早晚和进程的快慢。目前全球 60 岁以上老年人口比例超过 10%（即按照国际通行标准进入老龄化社会的基本标志）的国家和地区已有 77 个，到 2050 年，这一数字可能增长到 165 个。[③]不仅如此，全球的老年人口每年正以 2% 的速度增长，[④] 不仅高于同时期的整体人口增长率，而且超出其他各个年龄组的增长速度，老龄人口的剧增一定程度上是由于第二次世界大战以后婴儿潮时期超大出生人群逐渐进入老龄阶段所致。[⑤]

（四）中国逐步进入人口老龄化时代

自 20 世纪 70 年代以来，中国人口生育水平显著下降，全国的总和生育率从 1970 年的 5.8 下降到目前的 1.6 ~ 1.7 左右。中国人口的膨胀性增长得到有效抑制，人口自然增长率目前远低于世界平均水平，2008 年仅为 0.5%。[⑥] 计划生育政策的实施无疑是中国生育率下降最为关键的推动力之

---

① ③ United Nations. World Population Prospects：The 2008 Revision ［R］.

② UNFPA. World Demographic Trends：Report of the Secretary-General ［R］. New York：UN Documentation Database，2009：6.

④ DESA of United Nations. World Population Aging：1950 – 2050 ［M］. New York：UN Publications，2002：24.

⑤ 彭希哲，胡湛. 公共政策视角下的中国人口老龄化 ［J］. 中国社会科学，2011（3）.

⑥ 国家统计局. 中国人口和就业统计年鉴（2009）［M］. 北京：中国统计出版社，2009.

一，与此同时，经济社会的发展、妇女地位的提高、教育的普及、家庭规模的缩小、人口流动的加剧，以及生活观念和生活方式的改变，都直接或间接地对生育率的下降发挥着作用。

根据中国国家统计局所发布的数据，60 岁以上老年人口占中国人口的比例在 2000 年首次突破 10%，[①] 并在 2009 年达到 12.5%。截至 2008 年，在中国的 33 个省份中（包括香港、澳门，不包括台湾地区），除了西藏（9.68%）、青海（9.85%）和宁夏（9.47%）之外，其他 30 个省份的老年人口比例均超过了 10%，老龄化程度最高的上海老年人口已经占户籍人口的22.5% 以上。从长远看来，中国老年人口的数量在未来 40 年间将持续快速增长，并预计在 2050~2055 年达到峰值，即使以后的人口老龄化速度会有所放慢，但总的趋势是 2100 年时中国人口中老年人口比例将维持在 34% 的水平。[②]

在一个相当长的时期内，中国乃至全球人口老龄化的趋势在总体上是不可逆转的，老龄化现象将在整个 21 世纪持续存在。而随着人类社会的进一步发展，现代医学及生命科学可望获得新的突破，进一步延长人类寿命的可能性将会不断增大，而回复到传统社会的高生育率和大家庭模式的概率微乎其微，至少现在还难以想象这个世界会再次年轻。人口老龄化将成为人类社会的常态。它不仅是社会经济发展的必然趋势，也是人口再生产模式从传统型（高出生率—高死亡率）向现代型（低出生率—低死亡率）转变的必然结果，甚至可以说是社会现代化的一个重要标志。人口老龄化绝不是一种短期现象，无论今天或是未来，每个人都注定生活在一个老龄化社会，那种"年轻"的社会已经一去而不返。既然如此，我们就应该正视人口老龄化并适应人口老龄化，对这一社会基本特征进行深入的研究，使人类社会在老龄化的前提下继续健康、协调地运行和发展。

---

① 国家统计局. 中国统计年鉴（2009）[M]. 北京：中国统计出版社，2009.
② 杜鹏，翟振武，陈卫. 中国人口老龄化百年发展趋势 [J]. 人口研究，2005（6）.

### 三、人口老龄化的理论认知

人口老龄化是出生率和死亡率下降、人口平均预期寿命延长的结果，是经济社会发展的必然现象。人口老龄化不是我国特有的人口现象，而是具有全球性。我国老年人口基数大，发展速度快已经成为不争的事实。我国关注和研究人口老龄化是从 20 世纪 70 年代末至 80 年代初开始的。由于我国人口基数大，增长速度快，压迫生产力的矛盾突出，国家实行了偏紧的生育政策，大力提倡一对夫妇生育一个孩子。由此，学术界对偏紧生育政策所带来的正负效应展开研究，人口老龄化成为研究的重点领域，其中对我国人口老龄化的经济社会背景做出研判并形成了理论认识，影响着顶层设计和实际操作。

（一）人口老龄化对经济社会的影响

首先，人口老龄化会减少劳动年龄人口，进而会导致劳动力市场供需关系相对紧张，甚至会出现劳动力结构性缺失。面对这种局面，人们不会束手无策。现代思维和理念，借力现代高科技成果解决劳动力供给问题，这时劳动力的替代作用就会充分显现，各种智能机器人就会进入劳动力市场，起到填补劳动力短缺的积极作用。因此，劳动力的短缺可以为智能机器人市场发育带来机遇，推进科技大发展。

其次，人口老龄化会增加纯消费人口，增加政府的民生投资，加重财政负担。人口老龄化会改变社会的抚养系数，使纯消费人群扩大，医疗保健费用、老年服务设施建设和养老金增加，进而导致用于民生的支出上升，财政投入增加。同时，消费支出的增加会刺激生产的发展，比如针对老年需求市场研发新产品、开发新产业，形成新业态和新的经济增长点，它所产生的经济效益一定会大于投资，推动经济的良性发展。

最后，人口老龄化会引起产业波动式变化，引导新产业发展。人口规模和人口结构对产业的兴衰有着直接的影响，具有托起和跌落的助力作用。比如在"二战"后的婴儿剧增时期，由于出生婴儿集中且数量庞大，婴幼儿市场快速发育，产品迅速跟进，形成了婴幼儿保健品、儿童玩具、服装等新兴产业。20 世纪 70 年代末，我国大力推行一对夫妇一个孩子的政策，人口环境发生了变化，婴幼儿产品需求量出现断崖式下降，迫使许多生产儿童产品的厂家转产或休业。人口老龄化对产业同样会产生类似的影响，也同样会根据老年人口的需求变化，加快产品的研发，形成与人口老龄化相协调的新的产业链条，保证市场活力有增无减。①

（二）新时代人口老龄化顶层设计的主要思路

我国在决胜全面建成小康社会的新征程中正式开启了中国特色社会主义新时代。按照中共十九大勾画出的新时代宏伟目标是：到 2050 年把我国建成社会主义现代化国家；其中分为两个阶段：第一阶段从 2020~2035 年，在全面建成小康社会的基础上，再奋斗 15 年，基本实现社会主义现代化；第二阶段从 2035 年到 21 世纪中叶，在基本实现现代化的基础上，再奋斗 15 年，把我国建成富强民主文明和谐美丽的社会主义现代化强国。同时，由于以往生育率的持续下降、平均预期寿命不断延长等综合因素所引起人口年龄结构的嬗变，客观上引发了加速的人口老龄化进程。正是在这一宏观背景下，中共十九大报告中明确提出"积极应对人口老龄化，构建养老、孝老、敬老政策体系和社会环境，推进医养结合，加快老龄事业和产业发展"等一系列应对人口老龄化的新理念。毋庸置疑，伴随着我国社会经济发展水平的深刻变化，人口老龄化将是 21 世纪不可逆转的客观现象。2000 年第五次全国人口普查数据资料显示，我国 60 岁及以上老年人口占总人口的比重为 10.33%，表明在 21 世纪初中国正式进入老龄型社会。自 2000 年以来，我国人口老龄化进入了快速发展的时期。2016 年国家统计局最新数据显示，中国（不含港澳台）60 岁及以上老年人口的规模超过 23086 万人，占总人口的比重为16.7%，在中国人口发展史上老年人口规模与比重首次超过 0~14 岁少儿人

---

① 王胜今，舒莉. 积极应对我国人口老龄化的战略思考［J］. 吉林大学社会科学学报，2018 (6).

口的规模与比重，也从一个侧面反映出人口老龄化进入了加速度发展的阶段。① 为了适应新时代人口老龄化的新国情和超前谋划解决人民群众日益增长的美好生活需要同老龄事业及其产业发展不平衡、不充分之间的新矛盾，我们需要在新时代积极应对人口老龄化顶层设计上探索更多的新思路。

一是进一步加强积极应对人口老龄化顶层设计的超前性与整体性。21 世纪将是我国人口老龄化不可逆转的世纪。新时代积极应对人口老龄化顶层设计需要改变以往"涉老"公共政策设计中的短视思维，避免阶段性应急或补救性的政策设计思路，将以往"涉老"公共政策重点从事后补救转向事先防范，基于人口老龄化的变化趋势及其阶段性特点来加强"涉老"公共政策体系设计的前瞻性、系统性、全局性与战略性。

二是应对人口老龄化的理念应从以往被动式适应到积极性应对方向的转变。人口老龄化是社会经济发展的必然产物，老龄化也并非是洪水猛兽。事实上，人口老龄化对于我国社会治理和经济转型也带来了千载难逢的黄金机遇期，应努力挖掘人口老龄化给国家发展带来的活力和机遇。因此，新时代需要善于应用坚持积极应对人口老龄化与促进经济社会发展相结合的新思维。

三是注重积极应对人口老龄化顶层政策设计的地区及其城乡平衡性。新时代积极应对人口老龄化顶层设计的重点还包括补齐区域及其地区老龄事业与养老服务体系建设的短板，重点加大对中西部、农村地区、偏远地区及其贫困地区养老服务基础设施的规划、配套及其公共财政投入，力争缩小乃至拉平地区及其城乡养老服务供给的落差。

四是更加关注积极应对人口老龄化公共政策的公平性。老龄公共政策是政府积极应对人口老龄化理念与态度的重要体现，其制度性安排将深刻影响着老年人的社会共享。老龄公共政策制定的最重要出发点是公平性，旨在缩小老年群体中不同性别、不同阶层、不同地区的差异性。从这个意义出发，老龄公共政策不仅具有普惠的特性，更应当具有特惠的内涵，这样才能真正

---

① 陆杰华. 新时代积极应对人口老龄化顶层设计的主要思路及其战略构想［J］. 人口研究，2018（1）.

是每个老年人共享改革发展的成果，普遍提高他们的获得感和幸福感。

五是进一步明晰老有所养中的政府、家庭、与个人的责任以及处理好基本养老公共服务与非基本养老公共服务的关系。新时代积极应对人口老龄化顶层设计必须处理好两个重要关系。一方面，家庭承担着养老的主要功能，政府对失能、高龄、低保等特殊群体提供兜底的养老功能，满足困难老年人的基本养老服务需求；另一方面，还要厘清基本养老公共服务和非基本养老公共服务的关系，前者应当主要由政府提供养老制度供给，后者应当则是家庭和老年人的责任。

六是坚持积极应对人口老龄化顶层设计的分类指导、因地制宜的基本原则。我国不仅老年人口规模庞大，而且地域广阔，不同地区、城乡、不同阶层差异性极大。因此，新时代积极应对人口老龄化顶层设计在注重趋同性的基础上，从分类指导、因地制宜的原则出发，基于不同地区人口老龄化发展趋势、社会经济发展阶段性、养老服务体系建设等现状制度符合本地区的差异性应对策略。

## 第二节　人口老龄化背景下城镇老年人 住房保障政策探析

据预测，到 2025 年，中国老龄人口将达到总人口的 20%，绝对数将超过 3 亿。一对夫妇照顾 4 位老年人不久将成为现实，我国"四二一"式的家庭结构将承受巨大的压力。面对中国庞大的老龄人口，及现代社会家庭生活方式和观念变化，在弘扬中国传统家庭养老方式的基础上，充分挖掘老人居住消费带来的巨大市场商机，构建新型的以市场运作为主的养老消费模式具有十分重要的意义。无论是家庭养老方式还是社会养老方式，生活居住方式决定人们养老方式的选择，决定老人的生活水平和生活质量。因此，研究老人问题首先应从居住条件入手，以居住条件为基础，研究老人的家庭生活、消费活动和文化活动特点，提高和改善老年人的晚年生活质量，在很大程度上要依赖居住区的社区生活设施、服务设施、环境条件等因素，依赖于养老社会化等多种途径（这些途径主要是以不同的居住生活方式来划分的），探讨老年人的居住和住房建设模式的是研究养老问题的重要内容，① 同时也是我国住房保障制度的发展方向之一。

老年住房既包括普通住宅、公寓及高档住宅，也包括了为老人建造的各类特殊养老场所及各种设施，这些均与家庭、社区、城市建设、社会保障等息息相关。研究老年住房问题不仅是研究老人居住功能和空间的需求，更主要的是研究一种家庭生活方式、一种"以人为本"的居住理念，体现亲情关系和良好的社会风尚。因此，老年住房问题不仅仅老人的事，需要全社会的共同面对。我国的《老年人权益保障法》中规定："国家与社会应当采取措施，健全对老年人的社会保障制度，逐步改善保障老年人生活、健康以及参与社会发展的条件，实现老有所养、老有所医、老有所为、老有所学、老有所乐。"这一中国特色的养老形式，必须建立在满足衣食住行的基础上，否则就谈不上老人的更高层次需求。而在衣食住行中，老人的居住条件将决定其养老方式和晚年生活，以及与家庭、邻里、社会和环境的关系。因此，建设适合老年人特点的住房，就是要设计和建设充分考虑老人生理、心理和行动特点的、室内外环境俱佳、设施完备的无障碍住宅，以增强老年人的生活自理能力，提高他们的生活质量。

## 一、老年住房问题的特点

新建城市小区及住宅时考虑老人特点，完善房屋内部和外部环境，配备一定的保健、救助和治疗设施，以及无障碍设施十分必要，要达到这一点，在小区建设时就要预先增加相应的预算支出，所需增加的建设资金也需要合理规划，分摊到小区居民、社会福利城市管理等多方面，这是全社会共同承

---

① 汪霄，岳昌年. 城市老年住房建设模式的探讨［J］. 南京工业大学学报（社会科学版），2003（4）.

担的责任。

居住社区的生活服务设施的建设和管理是老人生活得以保障的重要内容，对现有居住社区，应本着政府拨一点、社会筹一点、个人（住户）出一点的原则，着重改善小区的居住环境，改造和增加无障碍的活动空间和设施，建设社区配套设施、附属用房以增加居住区的生活服务和医疗服务项目，提供便利的金融和理财服务。尤其是注重帮助老人将住房、保险、医疗和养老金、储蓄等资产流动起来，为老人的生活消费和养老提供资金保证。

由于老龄人口数量的增多和寿命的延长，对于一部分老人来说，必须依靠社会化养老形式解决不同阶段的住房问题。对于低龄老人、高龄或患病老人，均有与子女同住、两位老人独居、入住养老院等多种选择，其对住房、医疗条件和服务的要求却各不相同。选择不同的养老方式，要考虑家庭、健康和服务等多种因素，其中最为重要的是经济承受能力，当市场提供多层次的老人住房满足了老人需求时，才能促进老年住房市场的发展，引入市场化运作机制，将不断提高老人商品和服务水平，以满足老人住房和养老的不同需求。

## 二、老年住房问题的影响因素

对于老年人来说，住房不仅仅是一个抵挡风雨、吃饭睡觉的安身之地，还是一个从事娱乐消遣、社会交往的重要场所。但是，孤立地考虑住房质量本身是不够的，住房所处的社区必须提供适宜的基本设施和公共服务。而这些设施和服务对于随着年龄增长而日益依赖他人照料的老年人来说，意义重大，有时甚至超过住房本身。[①] 老年人住房问题的产生，与一个国家或地区的人口结构、社会保障、住房政策、卫生保健、社会福利等因素存在密切的关联。

---

① 周春发，朱海龙. 老年人住房政策：国际经验与中国选择 [J]. 人口与经济，2008（2）.

（一）人口状况

人口状况决定了老龄化时代住房问题的发展阶段和重要程度。

（二）居住安排状况

比如老年人属于单独居住还是与配偶同住，是否与子女居住在一起等状况。它决定了老年人能否从其家庭成员那里获得称心如意的照顾和支持。而老年人的居住类型又与当地的家庭结构与文化传统存在着关联。

（三）产权类型

住房产权有自有、租住、机构所有等多种类型。它决定着老年人处置住房的自主程度。

（四）住房政策

政府的住房政策对普通人及老年人的住房都具有重要影响。无论是政府致力于促进住房所有权还是租住权的获得，都将对住房市场的供求关系产生重大影响。当老年人退休之后，他们通常依赖于他们的积蓄、家庭成员的支持、退休金和政府福利。

（五）社会保障

一个社会的社会保障体系大体决定了老年人的经济状况。在他们没有收入或者仅有少量收入的退休期间，住房费用包括偿还抵押贷款、租金、维修费用等。如果老年人没有经济上的保障，他们支付这些住房费用就会存在困难。

（六）健康状况

随着年龄的增长，老年人的生理机能逐渐退化，这必然增加对健康照顾服务的需求和依赖。老年人退休以后，他们的社会交往领域从工作岗位退缩至家庭及社区，这需要维持和重建他们对社会生活的需求。

（七）社会服务水平

如果老年人倾向于居住在熟悉的环境（即他们自己的住房与社区）里养老，这就需要提供多样的社区支持服务，使他们能够实现"居家养老"的理想而不是搬迁至专业化的养老机构。

## 三、城市老年住房保障制度的目标：老有所居

居住是一项基本的人权。人如果没有安全和安心的居住，就难以生存，就没有基本的人权，人的尊严会受到损害。所谓"居住福利"意指人人能够有适当的住房可住，能够维持自己的尊严，能够安全、安心地生存和生活的状况。"居住福利"是人类生存和幸福生活的基本条件，是人应有的基本权利，是人类社会必须实现的目标。因此，老有所居是未来城市老年住房保障制度的基本目标。为了实现老有所居，应该从以下方面努力：

（一）增强老年人的经济自主

老龄政策的核心价值观是维护老年人的自立、自主、自尊、自我实现等。其中，经济自主是至关重要的自主权。大多数城市退休老人在经济上仅仅处于收支相抵的水平，在贫困线以下的老人也不在少数。政府应适时调高老年人的退休金水准，增强老年人的经济权能，提高老年居住选择的自主性，维护其自尊、自立的生活。

（二）在新建住宅设计规范中推行通用住宅设计

通用住宅又称长寿住宅、终生住宅等。所谓通用住宅就是在设计和建造时，就把老年人的需要考虑进去，预留日后改造的空间。这样虽然会增加一部分建设成本，但如果能大力推行，将有效减轻政府建设专门的养老机构的压力，同时大大节省居民日后住宅改造的费用。

（三）倡导多代共住式与邻住式的居住模式

借鉴日本、新加坡等国的成功经验，大力发展多代共同居住或邻近居住的住宅类型。也可以考虑住宅小区开发时布置若干老年公寓。这样既可满足两代人追求独立的心理需求，又便于成年子女对老人的照料，满足两代人对亲情的追求。政府可考虑对有此类购房需求的居民提供贷款利息减免、税费减免等优惠政策。

（四）对老年人居住的老旧住房进行维修、改造

例如，增设独立的卫生间、厨房、无障碍改造、平改坡、加装电梯等等。当然改造费用是一笔巨额的支出，政府、居民个人都无力单独承担。这就需要进行制度的创新。上海有些城区开始尝试引入房地产企业参与旧房改造中来，允许企业在楼顶加层，作为商品房出售。经专家测算，这个方案经济上完全可行。但是旧房改造牵涉面广，政府、居民、企业等利益关系难以理清，民间资本参与旧房改造的模式还有待实践的检验。

（五）培育健康的老年服务市场

对民间资本参与养老院、老年公寓等老年服务机构，应该进一步解放思想，实行更多的优惠政策，同时加强监管，实施星级评定制度，培育健康的老年服务市场。

## 四、人口老龄化时代的住房保障机制

作为现阶段最重要公共政策之一的住房保障政策，在解决中低收入家庭的住房问题发挥着重要的作用，一定程度上缓解了由于城镇化改变了城市人口结构所带来的住房矛盾，维护社会的稳定。同时，我们必须看到，我国住房保障政策的社会背景是基于城镇化的发展而非人口老龄化的变化。事实上，人类对人口老龄化的认识是不断深化的，从认识个体老龄化逐渐深刻认识到

群体老龄化。群体老龄化即国家、地区层面上人口结构的老化。人类认识到群体老龄化是意识形态上的进步，有助于抓住老龄化带来的机遇，实现积极老龄化，即面对老龄化的客观现实，各方（国家、社会、个人）采取积极态度对待人口老龄化，尽量规避其带来的风险。基于人口老龄化这一长期存在的客观现实，本课题选择人口老龄化背景下中国住房保障机制研究作为研究题目，其意义不言而喻。一方面，具有理论意义，本研究将丰富人口老龄化背景下的住房保障理论；另一方面，具有实践意义，本研究从国家老龄化背景下分析各个群体的住房需求，比较与城镇化背景下我国住房需求的异同，从而为我国住房保障制度不断完善提供事实依据和政策建议。

人口老龄化将成为我国社会经济发展过程中所必须面对的现实，它所带来的挑战源于人口老龄化过程中社会人口结构的客观变化，表现为在岗劳动者（年轻人口）逐渐减少、老年人口不断增加。之所以称为客观变化，是相对于国家政策导致的人口移动（农民工进入城市等）而言，这种变化一方面是由于社会进步导致人口寿命的不断延长，另一方面是生育率持续降低的客观现实。因此，在人口老龄化的社会中，公共政策的制定必须充分考虑到这一客观条件。我国住房保障制度承担的责任大小的变化主要基于地区人口结构的变化带来的住房压力。住房保障制度的压力来源于政策层面的变化导致人口结构的变化（地区人口之间的流动）。未来若干年，我国将处于新时代和人口老龄化双重背景下，住房保障政策作为一项重要的民生工程，对其进行理论和实践研究具有时代意义和重要价值。

# 参考文献

［1］阿瑟·刘易斯．二元经济论［M］．施炜，等译：北京：北京经济学院出版社，1991．

［2］巴里·尼古拉斯．罗马法概论［M］．黄风，译．北京：法律出版社，2000．

［3］包宗华．中国的住房观念［J］．上海房地，2000（7）．

［4］北大中国社会科学调查中心．中国民生发展报告（2012）［M］．北京：北京大学出版社，2012．

［5］彼得罗·彭凡德．罗马法教科书［M］．黄风，译．北京：中国政法大学出版社，1992．

［6］蔡冰菲．政府住房保障责任的理论基础论析［J］．社会科学家，2008（3）．

［7］曹易，等．当代大学毕业生住房保障现状与对策分析［J］．经济视角（下旬版），2010（7）．

［8］陈红梅．适足住房权法律保障研究［M］．北京：中国政法大学出版社，2016．

［9］成立．我国公共租赁住房制度建设探析［J］．现代商贸工业，2009（14）．

［10］成思危．住房政策探讨：基本观点和优先顺序［J］．城市住宅，2010（11）．

［11］程恩富．新"房改"的未来方向［J］．人民论坛，2011（9）．

［12］褚超孚．城镇住房保障模式及其在浙江省的应用研究［D］．杭州：浙江大学，2015．

［13］邓大松，等．社会保障理论与实践［M］．北京：人民出版社，2007．

［14］刁圣．我国经济适用住房发展研究［D］．西安：山西财经大学，2009．

[15] 丁维莉, 等. 局部改革与公共政策效果的交互性和复杂性 [J]. 经济研究, 2009 (6).

[16] 杜鹏, 翟振武, 陈卫. 中国人口老龄化百年发展趋势 [J]. 人口研究, 2005 (6).

[17] 繁易. 走进北京廉租户 [J]. 中国经济周刊, 2007 (48).

[18] 方和荣. 我国公共租赁房政策的实践与探索——以厦门、深圳为例 [J]. 中国城市经济, 2010 (1).

[19] 费孝通. 乡土中国 [M]. 北京: 人民出版社, 2008.

[20] 高波, 等. 新型城镇化过程中农民工居住现状及住房选择 [J]. 甘肃行政学院学报, 2015 (6).

[21] 高培勇. 财政与民生 (中国财政政策报告 2007/2008) [M]. 北京: 中国财政经济出版社, 2008.

[22] 格奥尔格·齐美尔. 现代性的诊断 [M]. 杭州: 杭州大学出版社, 1999.

[23] 葛扬. 以公共供给为取向的计划经济发展模式的历史评价——基于新中国 60 年经济发展的整体视角 [J]. 经济纵横, 2009 (7).

[24] 郭魏清, 江绍文. 混合福利视角下的住房政策分析 [J]. 吉林大学社会科学学报, 2010 (12).

[25] 郭玉坤. 中国城镇住房保障制度设计研究 [M]. 北京: 中国农业出版社, 2010.

[26] 国家发改委课题组. 我国城镇住房保障制度主要问题和建设 [J]. 宏观经济管理, 2009 (2).

[27] 国家统计局. 中国人口和就业统计年鉴 (2009) [M]. 北京: 中国统计出版社, 2009.

[28] 国家统计局. 中国统计年鉴 (2009) [M]. 北京: 中国统计出版社, 2009.

[29] 韩丹. 我国廉租房政策的主要矛盾与政策选择 [J]. 福建论坛 (人文社会科学版), 2008 (11).

[30] 韩立达, 等. 我国经济适用房制度的演变、问题及对策探析 [J]. 西南民族大学学报 (人文社科版), 2009 (11).

[31] 韩立达, 等. 我国廉租房制度发展演变及对策研究 [J]. 城市发展研究, 2009 (11).

［32］郝丽燕．"租购同权"目标下承租人的解约保护［J］.济南大学学报，2018（2）.

［33］胡家祥．马斯洛需要层次论的多维解读［J］.哲学研究，2015（8）.

［34］黄安永，等．我国保障性住房管理机制的研究与分析［J］.现代城市研究，2010（10）.

［35］黄安永，等．我国保障性住房管理机制的研究与分析——对加快落实保障性住房政策的思考［J］.现代城市研究，2010（10）.

［36］黄志龙．以"租售同权"推动租赁市场建设［J］.中国房地产，2017（32）.

［37］贾康，等．我国住房改革与住房保障问题研究［J］.财政研究，2007（7）.

［38］贾康，等．中国住房制度与房产税改革［M］.北京：企业管理出版社，2017.

［39］贾淑军．城镇住房保障对象标准界定与机制构建［J］.经济论坛，2012（7）.

［40］贾鋆．公共租赁房发展模式分析［J］.理论观察，2011（5）.

［41］姜华未．解析美国房产抵押债券［J］.调研世界，2014（3）.

［42］姜吉坤，张贵华．解决限价房实施过程中存在问题的建议［J］.科技情报开发与经济，2008（15）.

［43］蒋华东．住房保障：建立健全政府主导的多元供给体制［J］.经济体制改革，2009（3）.

［44］金三林．解决农民工住房问题的总体思路和政策框架［J］.开放导报，2010（3）.

［45］凯斯・R．森斯坦．权利的成本——为什么自由依赖于税［M］.毕竟悦，译.北京：北京大学出版社，2004.

［46］柯年满．美国的公共住宅政策及启示［J］.中外房地产导报，2000（11）.

［47］赖小慧，等．利益分析视角下棚户区改造问题与对策［J］.广西社会科学，2017（7）.

［48］郎启贵，等．我国公共租赁房运作模式的实践与探索——基于部分城市公共租赁房运行情况的比较分析［J］.中国房地产，2011（20）.

［49］李春玲，吕鹏．社会分层理论［M］.北京：中国社会科学出版社，2008.

［50］李国敏，卢珂．公共性：中国城市住房政策的理性回归［J］.中国行政管理，2011（7）.

［51］李俊夫，等．新加坡保障性住房政策研究及借鉴［J］.国际城市规划，2012（4）.

［52］李俊江，等.美国住房金融运行机制与监管改革［J］.商业研究，2013（4）.

［53］李利纳.基于公共产品理论的保障性住房制度建设探析［J］.人民论坛，2013（20）.

［54］李秋勇.我国经济适用房发展研究［D］.重庆：重庆大学，2003.

［55］李然.关于"租购同权"的五点建议［J］.中国房地产，2017（26）.

［56］李艳华.毕业大学生住房保障问题的困境及出路［J］.四川理工大学学报（社会科学版），2010（3）.

［57］栗占勇.农民工市民化政府需要多少成本［J］.燕赵都市报（数字报），2013（4）.

［58］梁运斌.安居房，你能走多远［J］.外向经济，1998（1）.

［59］廖俊平，等.住房券美国最大的直接住房补助项目［J］.中国房地产，2006（7）.

［60］刘旦.美国住房政策的若干启示［J］.上海房地产，2012（7）.

［61］刘琳."城中村"住房发挥了廉租房的作用［J］.中国投资，2009（3）.

［62］刘友平，张丽娟.住房过滤理论对建立中低收入住房保障制度的借鉴［J］.经济体制改革，2008（4）.

［63］刘祖云.发展社会学［M］.北京：高等教育出版社，2006.

［64］柳德荣.美国住房市场的税收调控及其借鉴意义［J］.现代经济探讨，2010（7）.

［65］陆少妮，等.城市住房夹心层问题分析［J］.中国房地产，2011（20）.

［66］路君平，等.我国保障房的发展现状与融资渠道探析［J］.中国社会科学院研究生院学报，2011（11）.

［67］罗萍，等.浅谈我国经济适用住房制度［J］.金卡工程，2009（9）.

［68］罗应光，等.住有所居：中国保障性住房建设的理论与实践［M］.北京：中央党校出版社，2011.

［69］马光红，等.美国住房保障政策及实施策略研究［J］.建筑经济，2006（9）.

［70］马克思，恩格斯.马克思恩格斯选集（第二卷）［M］.北京：中央出版社，1972.

［71］马克思，恩格斯.德意志意识形态（节选本）［M］.北京：人民出版社，2005.

［72］马斯洛.动机与人格［M］.许金声，等译.北京：华夏出版社，1987.

[73] 麦锐. 浅析 "租购同权" 中的承租人权利 [J]. 法制与经济, 2018 (7).

[74] 孟星. 中国住房保障制度建设 20 年 [J]. 中国房地产, 2012 (22).

[75] 倪鹏飞, 等. 中国住房发展报告 (2012～2013) [M]. 北京: 社会科学文献出版社, 2012.

[76] 倪志纯, 等. 美国住房保障、监管制度及借鉴 [J]. 宏观经济管理, 2013 (5).

[77] 彭希哲, 等. 公共政策视角下的中国人口老龄化 [J]. 中国社会科学, 2011 (3).

[78] 蒲鲁东. 什么是所有权 [M]. 孙署冰, 译. 北京: 商务印书馆, 2007.

[79] 齐骥. 提高认识, 务实创新, 做好棚户区改造工作 [J]. 管理世界, 2007 (11).

[80] 秦虹. 住房保障应以廉租房为核心 [J]. 中国改革, 2007 (1).

[81] 秦晖. 城市新贫民的居住权问题——如何看待 "棚户区" "违章建筑" "城中村" 和 "廉租房" [J]. 社会科学论坛, 2012 (1).

[82] 秦丽, 等. 关于廉租房几种房源的优劣分析 [J]. 中国房地产, 2001 (7).

[83] 秦萍. "美国模式" 公共住房制度及其对我国的启示 [J]. 行政与法, 2013 (11).

[84] 任越. 新加坡住房政策对我国的启示 [J]. 合作经济与科技, 2008 (18).

[85] 闰妍. 低收入住房税收优惠证: 美国廉租房发展的金融激励机制 [J]. 北京规划建设, 2007 (4).

[86] 尚教蔚. 住房过滤理论在美国的应用及对我国住房保障的启示 [J]. 福建省委党校学报, 2013 (12).

[87] 申振东, 等. 廉租房制度研究综述 [J]. 中南林业科技大学学报 (社会科学版), 2008 (4).

[88] 沈丽. 美国住房抵押贷款证券化的运作及对我国的启示 [J]. 经济问题探索, 2001 (7).

[89] 石婷婷. 大学生就业后的住房贫困现象探析基于浙江普通高职毕业生的调查 [J]. 浙江社会科学, 2010 (5).

[90] 苏巴提·阿合买提. 乌鲁木齐市棚户区居民住房保障问题 [J]. 今日中国论坛, 2013 (8).

[91] 孙冬花. 浅析我国住房所有权法律制度 [J]. 辽宁行政学院学报, 2007 (5).

[92] 孙弘. 住房双轨制的成因和发展 [J]. 城市开发, 2000 (8).

[93] 孙蕾. 中国城市住房政策选择——住房保障中的政府责任问题 [J]. 科教文汇, 2007 (2).

［94］涂尔干 . 社会分工论［M］. 渠东，译 . 北京：世界知识出版社，2000.

［95］汪文忠 . 我国廉租房发展现状与对策［J］. 广东经济，2016（2）.

［96］汪霄，等 . 城市老年住房建设模式的探讨［J］. 南京工业大学学报（社会科学版），2003（4）.

［97］王红玲 . 我国"租购同权"政策实施难点及对策建议［J］. 金融纵横，2017（12）.

［98］王祎，等 . 论我国城镇廉租房的房源及其资金保障［J］. 资源与产业，2004（5）.

［99］王继明 . 城市低收入人群的现状及其原因研究［J］. 山西高等学校社会科学学报，2007（12）.

［100］王培刚 . 当前我国住房福利政策的问题与政府角色定位探讨［J］. 重庆社会科学，2007（8）.

［101］王腾飞，等 . 租金补贴各国有妙招［J］. 数据，2012（7）.

［102］王炜 . 城乡和谐 住有所居［N］. 人民日报，2009 – 09 – 03.

［103］王吓忠，等 . 廉租房相关问题研究［J］. 城市问题，2006（6）.

［104］王重润，等 . 小产权房现状及政策研究——基于制度经济学的分析［J］. 经济与管理，2011（12）.

［105］王政武，等 . 基于共有产权模式的大学毕业生住房问题研究［J］. 广西民族师范学院学报，2010（8）.

［106］魏立华，等 . 中国经济发达地区城市非正式移民聚居区——"城中村"的形成与演进——以珠江三角洲诸城市为例［J］. 管理世界，2005（8）.

［107］魏立华，李立刚 . 中国城市低收入阶层的住房困境及其改善模式［J］. 城市规划学刊，2006（2）.

［108］吴曦 . 和谐的城市房屋拆迁——谈拆迁中的政府角色［J］. 城市房屋拆迁，2007（12）.

［109］武恒聚 . 廉租房制度与住房保障［J］. 学理论，2008（10）.

［110］武妍捷，等 . 住房保障对象范围界定及机制构建研究［J］. 经济问题，2018（3）.

［111］夏建中 . 健全廉租房制度的关键：强化政府公共服务职责［J］. 教学与研究，2008（1）.

［112］谢鸿飞 . 租售同权的法律意涵及其实现途径［J］. 人民论坛，2017（27）.

［113］谢远扬 . 论对出租人解除住房租赁合同的限制［J］. 暨南学报（哲学社会科学

版），2017（10）.

[114] 新加坡《联合早报》. 李光耀40年政论选 [M]. 北京：现代出版社，1996.

[115] 许益军，等. 大都市社会治理：理论、实践与政策 [M]. 北京：中国社会科学出版社，2014.

[116] 薛德升，等. 德国住房保障体系及其对我国的启示 [J]. 国际城市规划，2012（4）.

[117] 鄢一美. 所有权本质论 [J]. 现代法学，2002（5）.

[118] 颜春梅. 经济适用房的问题与解决对策 [J]. 城市问题，2003（1）.

[119] 杨善华. 解决安居房建设隐患的几点思考 [J]. 玉溪师范学院学报，2011（11）.

[120] 杨晓楠. 国外公共住房模式比较及对中国的借鉴 [J]. 大连海事大学学报（社会科学版），2015（12）.

[121] 杨瑛. 借鉴德国经验，加快建设以公租房为主的住房保障体系 [J]. 城市发展研究，2014（2）.

[122] 叶晓甦，等. 公平和效率指导下的我国保障性住房体系建设 [J]. 城市发展研究，2013（2）.

[123] 袁杰. 新加坡公共住房政策及其对中国的启示 [J]. 学理论，2012（2）.

[124] 张晨子. 新加坡住房保障政策对我国保障性住房建设的启示 [J]. 成都大学学报，2011（4）.

[125] 张改平. 浅谈公租房和廉租房并轨后的运行管理 [J]. 经济师，2017（10）.

[126] 张红宇，等. 城镇化进程中农村劳动力转移：战略抉择和政策思路 [J]. 中国农村经济，2011（6）.

[127] 张建坤，等. 现阶段大学毕业生住房问题分析及对策 [J]. 东南大学学报（哲学社会科学版），2009（2）.

[128] 张军，等. 中国为什么拥有了良好的基础设施？[J]. 经济研究，2007（3）.

[129] 张桥云，等. 美国住房金融市场：运行机制、监管改革及对中国的启示 [J]. 经济社会体制比较，2011（3）.

[130] 张清勇. 中国住房保障百年：回顾与展望 [J]. 财贸经济，2014（4）.

[131] 张宇，等. 美国住房金融体系及其经验借鉴——兼谈美国次贷危机 [J]. 国际金融研究，2008（4）.

［132］张跃松. 住房保障政策——转型期的探索、实践与评价研究［M］. 北京：中国建筑工业出版社，2015.

［133］张占斌，等. 中国城镇保障性住房建设研究［M］. 北京：国家行政学院出版社，2013.

［134］张振勇，郭松海. 国内外住房保障理论与政策述评及对我国的启示［J］. 山东经济，2010（1）.

［135］张祚，等. 经济适用房空间分布对居住空间分异的影响——以武汉市为例［J］. 城市问题，2008（7）.

［136］章鸿雁. 限价房定价机制研究［J］. 价格理论与实践，2008（4）.

［137］赵健，等. 中国公租房、廉租房融资困境的突破［J］. 上海金融学院学报，2013（1）.

［138］郑云峰. 德国住房保障：制度构成、特征及启示［J］. 北华大学学报（社会科学版），2016（2）.

［139］郑梓岑，等. 中国城市"夹心层"群体住房问题与对策研究［J］. 汉江师范学院学报，2018（4）.

［140］中国发展研究基金会. 中国城镇化进程中的住房保障问题研究［M］. 北京：中国发展出版社，2013.

［141］钟庭军. 资源稀缺视野下的租购同权［J］. 城乡建设，2017（16）.

［142］周春发，等. 老年人住房政策：国际经验与中国选择［J］. 人口与经济，2008（2）.

［143］周珺. 住房租赁法的立法宗旨与制度建构［M］. 北京：中国政法大学出版社，2013.

［144］朱福惠，李燕. 论公民住房权的宪法保障［J］. 暨南学报（哲学社会科学版），2009（2）.

［145］朱亚鹏. 住房制度改革：政策创新与住房公平［M］. 广州：中山大学出版社，2007：77.

［146］邹瑜. 法学大辞典［M］. 北京：中国政法大学出版社，1991.